苏海漫游

东坡文化研究丛书

东坡教育思想与书院文化研究专辑

眉山三苏祠博物馆 ◎ 主编

世界知识出版社

图书在版编目（CIP）数据

东坡教育思想与书院文化研究专辑 /眉山三苏祠博物馆主编.— 北京：世界知识出版社，2022.11
（苏海漫游——东坡文化研究丛书）
ISBN 978-7-5012-6569-5

Ⅰ．①东… Ⅱ．①眉… Ⅲ．①苏轼（1036-1101）－教育思想－学术会议－文集 Ⅳ．①G40-092.441

中国版本图书馆CIP数据核字（2022）第195821号

书　　　名　东坡教育思想与书院文化研究专辑
　　　　　　Dongpo Jiaoyu Sixiang yu Shuyuan Wenhua Yanjiu Zhuanji
策　　　划　席亚兵　苏灵芝
责 任 编 辑　苏灵芝
责 任 校 对　张　琨
责 任 出 版　王勇刚
封 面 设 计　北京麓榕文化

出 版 发 行　世界知识出版社
网　　　址　http://www.ishizhi.cn
地址邮编　北京市东城区干面胡同51号（100010）
电　　　话　010-65265923（发行）　010-85119023（邮购）
经　　　销　新华书店
印　　　刷　汇昌印刷（天津）有限公司
开本印张　787×1092毫米 1/16　18印张
字　　　数　270千字
版　　　次　2022 年11月第 1 版　2022 年11月第1次印刷
标 准 书 号　ISBN 978-7-5012-6569-5
定　　　价　85.00元

▲▼《苏海漫游》序言

宋人李耆卿《文章精义》评韩愈、柳宗元、欧阳修、苏轼之文为："韩如海，柳如泉，欧如澜，苏如潮。"明末清初，吴梅村在《苏长公文集序》改易其说为"韩如潮，欧如澜，柳如江，苏其如海乎！夫观至于海，宇宙第一之大观也"。以海喻苏轼文章博大精深，并盛赞其为宇宙第一大观。苏轼恣游于儒释道三家，对形而上的哲学概念与生命真谛持续追问，又在政治、经济、历史、文学、艺术等众多领域留下丰富言论与创见，甚至于美食、医药、养生、农业、技艺等都表现出充分的兴趣与关注。所以，不唯文章似海，苏轼在各个门类的创造都可以"苏海"称之。

由于"苏海"涯涘无边，褚人获《坚瓠九集》引董退周语："大苏死去忙不彻，三教九流都扯拽。"任何阶层、流派都能从苏轼那里获得滋养、启迪。也正如王水照、朱刚二位先生合著的《苏轼评传》所言："每一个中国人，若认真省视自己的精神世界，必会发现有不少甚为根本的东西是直接或间接地来自苏轼的（这里指的当然不仅仅是文学观念，而主要是就世界观、人生观而言），称他为中国人'灵魂的工程师'，绝不过分。就此而言，历史上罕有人堪与相比。"千年以来，苏轼在文史、艺术、哲学诸多学术领域都是难以回避的典范人物，光芒闪耀古今。时至今日，每个人、每一个研究者依然能从"苏海"之中汲取一瓢清澈澄亮的水源，获取启沃生命的力量。

古时，祠堂是地方公共文化空间。三苏祠又与一家一姓奉祀先祖的宗族祠堂不同，是文化巨擘三苏父子的故居祠堂，不拘名姓、身份，皆可入祠拜谒参观，其公共性、开放性、文化性更为显著。三苏父子尤其是苏轼留下了皇皇巨著，眉州地方官员于三苏祠主持刊刻三苏诗文集的记载屡屡见之于方志，三苏祠藏版书籍至今依然有数种存世。20世纪，三苏祠改弦更张，成为眉山三苏祠博物馆，研究、阐释三苏学术、文化对于博物馆而言，更是责无旁贷。有感于此，2017年，眉山市举办首届"东坡文化国际学术高峰论坛"，此后一年一期，一期一题，延续至今。《苏海漫游——东坡教育思想与书院文化研究专辑》即为第四届论坛特邀论文汇编，由三苏祠编辑发行，力图从教育维度揭示"苏海"波澜壮阔、无边浩瀚的面貌。

"大海洋洋，谁涉其涯?"涉"苏海"之涯，其艰、其难可想而知。但又何必惧怕"苏海"无涯，进一寸有一寸的欢喜。每一本《苏海漫游》论文集不正是进一寸之欢喜吗?

眉山三苏祠博物馆

2022年10月18日

目 录
CONTENTS

魏了翁书院教育思想及其影响和价值

蔡方鹿

摘 要：魏了翁创办著名的蒲江鹤山书院和靖州鹤山书院，以"求仁""明人伦"为教育的目，贯彻保持人的善良本性和初心的教育思想。他强调以义理思想教授学者，而不是记览为文词以获取功名利禄，这也是他创建书院、传播理学的宗旨。他依托书院，著书立说，讲学交流，确立鹤山学派，不仅扩大了理学在蜀地的影响，也最终使理学占据了宋代四川学术文化发展的主导地位。眉州是他曾经治理并从事教育活动之地，眉州士风民俗也为之大变。魏了翁批评教育界"工文艺""取科第""善权利"的不良学风，重视义理，以"求仁"和"明人伦"为教育目的的思想对现代社会的教育亦具有重要的借鉴意义，这体现了其书院教育思想的价值。

关键词：魏了翁 书院教育思想 影响 价值

2020 年是南宋著名理学家魏了翁创办著名的鹤山书院 810 周年。魏了翁是朱熹之后继承并发展朱子学的著名人物，在宋明理学史上占有重要地位。鹤山书院是四川最著名的书院之一，历史悠久，在四川及中国书院史上占有重要地位。魏了翁在此讲学授徒，著书立说，确立学派，发展理学，与叶适等著名思想家交往，培养了众多人才。当时蒲江鹤山书院藏书十万卷，其规模之宏富，实为宋代各书院之首，甚至超过了当时朝廷秘阁所藏。魏了翁创办鹤山书院为

本文作者蔡方鹿，现为四川师范大学教授，博士生导师，中华朱子研究会副会长。

宋代新儒学和巴蜀学术的发展作出了突出贡献，在宋明理学史、经学史、教育史和巴蜀文化发展史上产生了深远影响。因此，在鹤山书院创办 810 周年之际，探讨魏了翁书院教育思想的现代价值，认真挖掘其内在的价值，吸取其可供借鉴的思想，为我国社会主义经济建设、政治建设、文化建设、社会建设以及生态文明建设服务，在全球化背景下为中华文化的持续发展，提供一定的借鉴，并为四川省文化建设、文化强省服务，具有重要意义。

一、魏了翁的书院教育活动及思想

魏了翁一生共亲手创办了两所鹤山书院，即蒲江鹤山书院和靖州鹤山书院。在办书院的过程中，提出了自己的教育思想。

（一）执教鹤山，传播理学

开禧二年（1206 年），因为父母年迈患病，魏了翁选择辞掉京官，改任四川的地方官，陪伴父母于次年回到蒲江。

嘉定二年（1209 年），魏了翁父亲逝世。他守丧期间，在父亲墓地旁的蒲江白鹤冈下创建了鹤山书院。鹤山书院的创建，始于嘉定二年，完成于嘉定三年（1210 年）春。正值准备参加秋试的邛州学子没有讲习之所，魏了翁把他们作为书院的第一批学生招来授业。由春至秋，经在书院学习半年后，这批学生参加类省试，上榜率极高，考中者"自首选而下拔，十而得八。书室俄空焉，人竟传为美谈"①。其中包括考取第一名即"类元"的王万里。尽管鹤山书院开办的第一年就取得了考中"十而得八"的好成绩，一下子声名远播，更多学子慕名而至，但魏了翁却认为，"是不过务记览为文词，以规取利禄云尔"②。他明白现在的学生为了科举，只专注于背诵记览文章词句，而对义理却知之甚少。为了改变这种现状，魏了翁扩建书院，增修房屋，修建了由叶适题字的"师立斋"。又将家中原本就有的一些藏书，以及后来他入京任秘书省正字时从禁中书籍抄录带回的一些，并搜集寻访公家、私人所刊行之书，包括朱熹学生辅广和李方子赠送给他的朱熹的著作，共得十万卷，藏于书院的"尊经阁"内，由四川著名学者、被打入"伪学逆党籍"的刘光祖为之作记。魏了翁《书鹤山书院始末》记其事云："某又得秘书之副而传录焉，与访寻于公私所板行者，凡得十

---

① 魏了翁：《鹤山集》卷四十一《书鹤山书院始末》。
② 同上。

万卷，以附益而尊阁之；取《六经阁记》中语，榜以'尊经'，则阳安刘公为之记。"①其藏书量居全国书院之首。魏了翁阐明办书院的目的，不是为了务记览为文词以获得功名利禄，不在于科举考取率的高低，不是为科举服务的，而是为了明义理、贯彻理学明人伦的教育思想，培养品德高尚的人。

此次魏了翁讲学于蒲江鹤山书院，大概一年半的时间。到嘉定四年冬，知汉州离去。后在四川各地任地方官。

嘉定十一年（1218年），魏了翁在知泸州任上，其母病逝。于是魏了翁回到家乡蒲江守丧三年，并在蒲江鹤山书院教书。与堂弟魏文翁、友人李坤臣一起读"三礼"等儒家经典，并带动学生们形成了一股学习热潮，师生之间教学相长，各有收获。

魏了翁在蒲江鹤山书院讲学的前后四年半的时间里，著书立说，授徒讲道，传播理学，"由是蜀人尽知义理之学"，可谓是对理学传播发展的一大贡献。后来多名学子先后考中进士，桃李满天下的魏了翁为提高蜀地的教育水平作出了突出贡献。

（二）被贬靖州，再建书院

嘉定十六年（1223年），功利学家叶适去世，带走了朱熹、陆九渊那一个时代的传奇，也带走了南宋学术的鼎盛期。第二年，宋宁宗驾崩，权臣史弥远胁迫杨皇后，拥立宁宗的远房堂侄赵昀继承皇位，即为理宗，而把原来的皇位继承人赵竑封为济王，出居湖州。其后赵竑被部分湖州兵、民逼迫为帝，兵败后被史弥远逼死。之后，魏了翁对史弥远专权、包办皇位废立之事表示不满，结果被朝廷革职，贬往靖州居住。

宝庆二年（1226年），四十九岁的魏了翁抵达谪所靖州（今湖南省靖州苗族侗族自治县）。靖州地处偏僻，较为落后，当时居民不满四十户，但士风民俗淳朴。被贬的魏了翁人生地不熟，少了应酬，更少了公务，时间充裕的他又一次选择了教书治学。不久，当地和外地学子纷纷前来求学。于是，魏了翁在靖州城北的纯福坡修建了鹤山书院，作为教学授徒、读书治经的场所，以教育当地的少数民族人士为己任。这是魏了翁继在蒲江创建鹤山书院十六年之后亲自创办的第二个鹤山书院。靖州鹤山书院的创建，沿用了蒲江鹤山书院之名。

同时，著名理学家、以"真魏"并称于世的真德秀、理学家张栻的门人张

---

① 魏了翁：《鹤山集》卷四十一《书鹤山书院始末》。

忠恕、心学家陆九渊的后学袁甫、四川学者虞刚简等诸多学者也始终与魏了翁保持着联系。

魏了翁在偏僻的靖州教书育人，和友人进行学术交流，把比较先进的汉文化带到了苗乡侗寨，培养了当地的少数民族人才，促进了靖州文化教育的发展。不少湖湘、江浙、广西的学子，不顾他已是获罪被贬之人，不远千里前来求学，其中包括陆九渊之子陆持之的门人叶元老、绥宁的戴立本、全州的滕处厚和蒋公顺，以及四川学者高斯得、程掌、虞忱等人。真可谓是桃李满天下。

绍定四年（1231 年），魏了翁五十四岁时，朝廷恢复他的官职，但他上书请求返回家乡蒲江，而不担任职务。魏了翁流放的这五年一直在靖州鹤山书院教书。后来理宗皇帝为了表彰魏了翁的教学活动，特御书"鹤山书院"为赠。这段教书经历，不仅提高了魏了翁的声望，传播了理学及其教育思想，更重要的是教育活动十分成功，甚至得到了最高统治者的重视。

而在学术研究上，魏了翁在靖州办鹤山书院期间，把儒家经典和后世对经典的解读重新整理编订，以儒学原著为依据进行解读，撰写了《九经要义》等著作。他又与蒋山等靖州二三十个士人商量读《易》，讨论《周易》的象数、义理问题和如何解卦的问题，著《周易集义》。

他坚持自主思考，善于反思，既批判汉学的烦琐和宋学的空洞，也不盲从理学大师的解读。他认为，读书首先要自己脚踏实地，像汉学那样对经典原文"要一字一义不放过"。在对原文含义加以训诂、有了把握之后，才能进一步像宋学那样探求经典原文所包含的道理，最终求得儒学的"活精神"。即把宋学义理与汉学训诂结合起来，分别吸收宋学重义理和汉学重训诂的长处，而克服各自的不足，并结合时代发展的需要来创新理论，发展经学。

这种思想也表现在他对儒家经典《周易》的研究上。他不仅认真把握象数的含义，也注重从这些含义中阐发儒家义理，认为"易学则义理、象数俱当留意"，逐步形成了折中易学义理派与象数派的倾向，并最终完成了《周易集义》的写作。

（三）教育目的："求仁""明人伦"

魏了翁从事书院教育所面临的最大课题是要解决受教育者求学的目的问题，这因科举和教育的弊端日益严重而更显重要。他一再强调，要端正学者的求学态度，向学生贯输理学的价值观，使学生认识到，读书固然重要，但必须是以

"求仁""明人伦"为目的。他说:"圣贤之学在于求仁。"①读书不是为了获取功名利禄。尽管人们可以做官,也可以参加科举,但不论是居官,还是求学,都必须以义理为指导,目的在于"求仁",否则教育的目的就没有达到,培养出来的人只会给社会带来不利,从而使社会更加腐败。从学风、士风、朝风到整个社会的民风民俗,都得靠教育来维系,这是魏了翁对教育寄予的希望,也是他对教育高度重视的表现。他在企图解决教育面临的课题时,所提出的把握教育发展方向的观点,对当时的教育产生了重要影响。这不仅是对当时追逐语言文辞之末的一种批判,而且强化了义理思想在教育领域的贯彻。

魏了翁培养的考取"类元"的鹤山书院著名弟子王万里即是"明人伦"的典范。魏了翁说:"予友人王万里时为博士,应诏言事,其略有三:一曰厚风俗必本于明人伦。"②强调"明人伦"的重要性,体现了教育的重要目的在于培养良好的社会风俗,而必本于"明人伦"。

魏了翁撰《书鹤山书院始末》,详细记述了自己建书院的目的,"了翁曰是不过务记览为文词以规取利禄云尔,学云学云,记览文词云乎哉?……退而聚友于斯,藏修息游于斯,相与诵先王之遗言,随事省察,万有一不坠厥初,以为朋友羞,尚不虚筑室、贮书之意也。"③称自己是"穷乡晚进"之人,虽然通过了科举,涉入官场,但过去所学未能尽信。请免官回乡,退而聚友在书院藏修息游,与诸学者诵读经典之遗言以及朱熹的著作。阐明其办书院的目的不是为了记览文词以获取功名利禄,而是为了传播"先王遗言",随事省察,目的在于"求仁""明人伦",以求不失善良之本性和人的初心,"尚不虚筑室、贮书之意也",即以义理思想教授学者。这就是魏了翁筑室藏书建书院讲学的目的,体现了他的书院教育思想,也是他创建书院,传播理学的宗旨。

二、魏了翁创办鹤山书院的影响

魏了翁创办鹤山书院,刊印理学书籍,主持书院教学,为四川培养了不少理学人才。他以书院为基地,彰明传播理学的宗旨,著书立说,讲学交流,确立鹤山学派,不仅扩大了理学在蜀地的影响,也最终使理学占据了宋代四川学术文化发展的主导地位。

---

① 魏了翁:《鹤山集》卷三十二《上建康留守叶侍郎书》。
② 魏了翁:《鹤山集》卷八十六《太常博士知绍熙府朝散郎王聘君墓志铭》。
③ 魏了翁:《鹤山集》卷四十一《书鹤山书院始末》。

　　魏了翁鹤山学派的创立，在巴蜀文化史上占有重要地位。鹤山学派主要由魏了翁家学和他的弟子组成（其中大部分是蜀人），或从学于魏了翁的外地学子。他们占据了南宋后期思想界的重要位置，其卓越的学术、教育活动，不仅促进了理学的发展，也促进了蜀学的发展，而魏了翁集宋代蜀学之大成，并享有"南方共宗鹤山老"①之盛誉。《宋元学案》专门为鹤山学派立《鹤山学案》，给予较高评价，认为在魏了翁兄弟中，他闻道最早，又集诸家学术之长而发扬光大，成为魏高氏家族学术思想的带头人，也是鹤山学派的代表人物。

　　鹤山学派中有不少当时著名的人物。如反抗侵略、牺牲在战场上的高稼，深研学术而有成的高斯得、吴泳、税与权、史绳祖，治理有方、官居丞相的游似等。据不完全统计，鹤山学派中人物，《宋史》为之立传的就有八人，为进士（包括进士第一）者达十四人。除魏了翁以外，鹤山学派重要人物有：高载、高稼、高崇、高定子、魏文翁、高斯得、王万、史守道、程掌、吴泳、牟子才、税与权、史绳祖、游似、蒋重珍（状元）、叶元老、蒋山、滕处厚、蒋公顺、李登、许德夫、文元等。鹤山学派的学术活动和学术思想是宋代蜀学的重要组成部分，为巴蜀文化的发展作出了重要贡献。魏了翁作为鹤山学派的代表人物在蜀学乃至整个巴蜀文化史上的地位不可低估。

　　魏了翁在谪居靖州、创办第二个鹤山书院时，对儒家经学做了大量的研究，著《九经要义》等经学著作，并与诸生讲经学。魏了翁的经学思想以宋学为主，兼采汉、宋，实开明清之际"舍经学无理学"思想的先河。魏了翁经学思想的特色不仅在于他以宋学为主而批评汉学，而且在于他在宋学内部对宋学加以扬弃，对汉学加以吸取。其对宋学的扬弃表现在他批评宋学学者只讲义理，而不讲义理的来源、根据，脱离训诂考据，流于"束书不观，游谈无根"的弊端。由此他主张义理从考据出，把求义理与训诂考据的方法结合起来。他对汉学的吸取表现为重视"名物度数、音训偏旁"，强调"名物度数，有一不讲，便是欠缺"，提出"一字一义不放过"的重考据的思想，这是对汉学的继承，其目的在于从训诂考据中求义理，而不是为考据而考据。他认为义理蕴藏在经典的字里行间，要掌握理，就需要对儒家经文做一番深入细致的考据工夫。为达到此目的，在魏了翁看来，吸取汉学重训诂的长处是必要的。魏了翁兼取汉、宋的经学思想特色有对朱熹思想借鉴的因素，这预示着经学发展的方向。

----

　　① 家铉翁：《则堂集》卷五。

也就是说，魏了翁经学思想的特点主要表现在：一是兼容汉、宋，既对汉学烦琐释经，严守师法、家法，讲灾异谶纬的流弊以及汉唐经学家"疏不破注""惟古注是从"的学风提出批评，又吸收汉学重视训诂考释的治经方法，把义理与训诂相结合，兼容汉、宋，开明末清初重考据学、文字训诂学、音韵学和校勘学的先风。二是批评宋学兴盛后出现的只讲义理而不讲义理的来源根据、把朱熹对经典的解说作为猎取功名利禄手段的弊病。魏了翁既宣传朱学，又不盲从朱熹，而是超越朱学，勇于创新，以求之于"圣经"来寻找思想理论的根据。这两个特点在经学史上影响甚大，体现了魏了翁经学思想的重要性。

由此出发，魏了翁提出超越朱熹，直接从儒家"圣经"中求得"活精神"并落实到社会实践中去的思想。他说：

> 又见得向来多看先儒解说，不如一一从圣经看来。盖不到地头亲自涉历一番，终是见得不真；又非一一精体实践，则徒为谈辩文乘之资耳。来书乃谓"只须祖述朱文公诸书"。文公诸书，读之久矣，正缘不欲于卖花担上看桃李，须树头枝底，方见得活精神也。①

魏了翁把朱熹等先儒对经典的解说，看成是"卖花担"上的桃李，而直接从原始经典出发，才是"树头枝底"的桃李，提倡读"圣经"原文。在魏了翁看来，经典原文的重要性超过了"先儒解说"的二手材料。这里魏了翁所谓的"活精神"，既是古经上的，又是与现实紧密联系着的。魏了翁超越朱学，直接返之于"古经"而求"活精神"的目的，是为了提供解决现实社会治乱问题的理论依据。通过"一一精体实践"，把圣人之道贯彻到社会生活的各个领域及百姓日用中去。他对仅把"圣经"及先儒的解说"徒为谈辩文乘之资"、实际并不付诸实行进行了批评。

眉州是魏了翁曾经治理并从事教育活动之地。嘉定六年（1213 年），魏了翁知眉州，十月开工新修蟆颐堰水利工程，次年三月完工。"复元官，知眉州。眉虽为文物之邦，然其俗习法令，持吏短长，故号难治。闻了翁至，争试以事。乃尊礼耆耈，简拔俊秀，朔望诣学宫，亲为讲说，诱掖指授，行乡饮酒礼，以示教化；增贡士员，以振文风。复蟆颐堰，筑江乡馆，利民之事，知无不为。

---

① 魏了翁：《鹤山集》卷三十六《答周监酒》。

士论大服，俗为之变，治行彰闻。"①魏了翁到眉州后，尊敬六十岁以上的老人，选拔俊秀之才。每月初一、十五两次到州学亲为诸生讲学，重礼尊贤，以示教化。增加贡士名额，由庆元以前的三十六人，增为五十二人，以振兴文风。修复蟆颐堰，建造江乡馆，凡利民之事，知无不为。如此眉州世风民俗，为之大变，取得了举世瞩目的成绩。由于魏了翁的影响所致，明代眉州也建起了鹤山书院，并托名魏了翁当年所建。嘉靖十八年（1539 年），王元正为之作《重修鹤山书院碑记》称："眉州鹤山书院，为宋儒眉州知州鹤山先生建也。"②其实，魏了翁在眉州做知州时，并没有在眉州建鹤山书院，只是在州学讲过学。不过从眉州在明代建鹤山书院，也可看到魏了翁在明代的影响。

三、魏了翁书院教育思想的价值

魏了翁在教育中以继承和发扬理学为己任，针砭学界流弊，认为禁理学带来了教育界、学术界流弊盛行的恶果。虽然学界流弊早已有之，历代皆有，但"庆元学禁"之后却愈演愈烈。魏了翁强调指出了这种情形，他说："（理学）奚其伪而被以此名，屏不得传。于是驱一世而纳诸近功浅利之域，以渔猎为学问，以缀缉为文章，以躁切为实才，以贪刻为奉公。……夫学术之不明，其害乃至于此。"③自理学被指为"伪学"，遭排斥而不得其传，让当时的学风发生了很大的变化。不讲义理的后果驱使一世学子单纯追求狭隘的功利，以致造成学术不明的种种恶果。这带来了学风的猥劣、士风的败坏。虽然南宋朝廷自嘉定以来改变了过去韩侂胄禁理学的文教政策，起用了一些遭贬黜的"伪学逆党籍"人物，但这并未解决人们从思想深处去追求义理的问题。随之却带来了书愈多而学益弊，只求祖述朱熹而不去领会其学术精神的新问题。剽窃揣摩之风盛行，求学的目的只是为了追求功名利禄，缺乏为国家、民众服务的精神。这种求学态度是造成学界弊病的根源。一切缀缉、渔猎、浮浅、华丽的学风和文风均源于此。于是，魏了翁大力宣传和表彰理学，以使其得到广泛流传。

魏了翁抨击社会风气的腐朽、官僚士大夫的寡廉鲜耻，最后落脚到学界的流弊。一切根本的问题在于教育，在于学术不明，学风不正。这是魏了翁针砭

---

① 《宋史·魏了翁传》。
② 《眉山县志》卷五。
③ 魏了翁：《鹤山集》卷十六《论数求硕儒开阐正学》。

学界流弊的基本立场和出发点。由于不讲义理，学术不明，学风不正，学界出现了一切以"工文艺""取科第""善权利"为价值衡量标准的弊端以及流入佛老、陷于虚无等流弊。对此，魏了翁指出："师废而民散者乎，父诏子承，师传友习，以工文艺为儒者之巨擘，以取科第为稽古之极功，以善权利为用世之要道，间有不肯自混于俗，则入佛入老，凿空架虚。"① 由于师废民散，学界父子相承、师友相传的均是一些追求文辞不求义理、单纯为了科举、追逐权势和利益的不良风气，与理学教育的宗旨完全不符。甚至流入佛老，不讲社会治理，崇尚虚无之风。魏了翁又进一步批判了学界出现的种种坏风气，并企图寻找解决办法。他说：

> 至近世朱文公、张宣公、吕成公诸儒死，士各挟其所以溺于人者溺人，而士之散滋甚！记问，学之末也，今又非圣贤之书而虞初稗官矣；虚无，道之害也，今又非佛老之初而梵呗土木矣；权利，谊之蠹也，今又非管晏之遗而锥刀豪末矣；词章，伎之小也，今又非骚选之文而淫哇浅俚矣。此宜忧世之士所以悼道之湮郁而慨然有感于儒先之教，象而祠之、尸而祝之也。然而民既散矣，有士以属之；士既散矣，终不可复属邪？有书以属之。……呜呼！得孔颜之所以乐，则必不以务记览、工词章、慕虚寂为能也。②

朱熹、张栻、吕祖谦时称"东南三贤""一世学者宗师"，他们共同倡导的理学，在南宋孝宗朝盛极一时。特别是朱熹，他建立的理学思想体系，其运思之宏博、剖析之精深、逻辑之严密，达到了当时中国乃至世界文化发展的高峰。然而，一种学说发展到顶点，就必然出现弊端，开始向它的反面转化，暴露出其支离烦琐、流于形式、使学者不易掌握它的精神实质等流弊。在思想和学术发展的历史进程中，魏了翁肩负两重使命：既要批判"庆元学禁"，为确立理学在社会意识形态领域的正统地位而奔走；又要解决理学盛行后，有人不按义理办事，使"道问学"流于形式的问题，以扭转靠记诵程朱词章来猎取功名利禄的坏学风。于是，魏了翁一方面要求学者读程朱和其他理学家以及儒家经典之书，以此示士人求学方向，不致陷入佛老等异端，并通过士人影响民众，增强

---

① 魏了翁：《鹤山集》卷四十八《长宁军六先生祠堂记》。
② 魏了翁：《鹤山集》卷四十三《道州宁远县新建濂溪周元公祠堂记》。

民族凝聚力，不使一盘散沙，思想失向；另一方面又强调"尊德性"，在读书的同时，要求学者"见孔孟之心"①，领会圣贤之书的精神实质，不停留在表面"务记览、工词章、慕虚寂"的层次上。魏了翁这种"见孔孟之心"的思想，重在"正人心"，充分肯定人心自觉，要求学者共推此心，见善而迁，有过则改，以改变学界的不良风气。这种思想与他的心学理论相结合，在一定程度上预示并体现了宋末至元明学术发展的趋势。

魏了翁的书院教育思想在教育史上占有重要地位，直至今天也具有重要的价值。他和其他理学家以书院为基地，通过师生传授和讲学而发展流传起来的理学，代表了宋代教育发展的主要方向。尤其在被最高统治集团定为官方学术之后，科举考试，非理学不用，这就大大加速了其在教育领域的贯彻推行。由于宋代教育普及，通过教育又把理学从官僚士大夫阶层推广到整个社会，进而一定程度地改变了社会的面貌。这种教育、学术、科举、政治相互统一、相互作用的现象反映了宋代文化乃至中国古代文化发展的一种基本事实。

魏了翁从事书院教育活动与当时的时代背景分不开。在办教育的过程中，他首先批判了最高统治集团对理学的压制，认为这是造成"正学"湮没的根本原因。他向宁宗皇帝建议，为了开阐"正学"，就得提倡理学。由于他的不懈努力，使理学在教育中的影响日益扩大，其社会地位也不断提高。他本人讲学的鹤山书院被理宗皇帝面赐御书"鹤山书院"，这是理学及理学教育逐步被最高统治者接受的一个信号。

魏了翁批评教育界"工文艺""取科第""善权利"的不良学风，重视义理，以"求仁""明人伦"为教育目的的思想对现代社会的教育具有重要的借鉴意义，这体现了其书院教育思想的现代价值。《国家中长期教育改革和发展规划纲要（2010—2020年）》（以下简称《纲要》）的第二章之（四）战略主题，明确提出"坚持以人为本、全面实施素质教育是教育改革发展的战略主题"，为达此目的，要求做到"坚持德育为先，立德树人"。魏了翁不以通过科举而获取功名利禄，而是重视义理，着眼于提高人的道德素质，树立为社会民众服务的精神，以"求仁""明人伦"为目的的教育观与新时代的教育改革发展的主题有相契合之处，值得吸取。

《纲要》指出："着力提高学生服务国家服务人民的社会责任感、勇于探索

---

① 魏了翁：《鹤山集》卷四十三《道州宁远县新建濂溪周元公祠堂记》。

的创新精神和善于解决问题的实践能力"，这些也正是魏了翁的教育思想所大力提倡的。魏了翁主张"观民以察我道"①，"利民之事，知无不为"②。提出为民、利民，而不是为了一己之私。不同意只需祖述朱熹的观点，主张不停留在朱熹对经典的解说上，不以先儒的解说为标准，而是强调创新，以原典（圣经）为诠释的文本依据，在读原典并付诸实践的过程中，来发掘适应社会发展所需要的新思想。

《纲要》（三十二）条在论及创新人才培养模式时，把"注重知行统一"放在重要位置，以形成各类人才辈出、拔尖创新人才不断涌现的局面。在这方面，魏了翁真知与笃行相结合、知行相互促进的思想恰与《纲要》的精神吻合。他说："于躬行日用间随处体验。须是真知得，便能笃行之，得力则所知益明。"③魏了翁主张在躬行日用间随处体验所学之知。在知与行的关系上，他强调笃行是真知不可分割的，真知便能笃行，离开了笃行的知，不是真知；行之得力，则所知益明。这里，魏了翁表达两层意思：一是知行结合，双方不相脱离；二是知行互相促进，由知带行，以行促知，使知更加明白。魏了翁批评了知行脱离，只知不行，行不所知的学风。他说："若书自书，人自人，说自是说底，行自是行底，则全不济事。"④针对当时士大夫中存在着的读儒家圣贤之书，而实际并不按义理办事，口头说一套，行的是另一套的坏风气，魏了翁指出，要把学习与实行结合起来，不得口是义理，心怀异端和私利，以圣人之学作为升官晋级、装饰门面的工具。如果书本脱离实践，行为违背义理，导致知行背离，行不遵学，那将与世无补，与民无益。这反映了魏了翁知行统一的思想对现实生活的干预，也体现了其现代价值。

---

① 魏了翁：《周易要义》卷二下。
② 《宋史·魏了翁传》。
③ 魏了翁：《鹤山集》卷三十五《答朱择善》。
④ 同上。

东坡书院述略：从苏轼与书院的关系谈起

邓洪波　刘　敏

摘　要：东坡书院虽然以苏轼之号命名，苏轼本人却并不参与书院的建设，这与他"学者，王者事也"的宏观学校观有关，也决定了他在两次兴学运动中主张书院与州县之学共存和在熙宁兴学后支持州县学发展的态度。东坡书院主要是后人崇拜苏轼，并以之为主祀对象的祭祀性书院，这也决定了其尽可能地追寻先贤遗迹，但是又绝非必然。祭祀性祠堂或者书院的产生，有着复杂的时代因素和地域特征。

关键词：东坡书院　苏轼　苏公祠　兴学运动

苏轼，以其在文学和艺术上的成就，在宋代历史上大放光彩，并成为一个广为人知的人物。流传其故事，甚至将其神化者，也大有人在。苏轼本人并没有参与书院的建设，但是在其贬谪之地，后人纷纷建设东坡书院，这对于书院史研究来说，是一个极有研究价值的现象。一方面，我们要分析其建设的缘由，知其所以然，这对于我们理解书院的形成机理，有重要的启示；另一方面，也需要考问一个更为原始的问题，苏轼与书院之间有何联系？对这个问题的讨论，首先需要考虑苏轼对书院的态度和认识。态度和认识不一定会主导行为，但却是认识行为、理解行为的一把钥匙。故欲理解苏轼与书院的关系和书院的建立等行为，需要从苏轼对书院的态度和认识上入手。正是遵循这一规律，笔者

本文作者邓洪波，湖南大学岳麓书院教授，博士生导师。研究方向为书院历史与文化、四库学与历史文献、古代学术与文化史、湖湘文化。作者刘敏为湖南大学岳麓书院博士生。

先从苏轼本人出发，并进一步探讨东坡书院的建立。另外，苏轼是其时代比较有代表的文人，我们亦可以苏轼为视角，观察同时代文人士大夫与书院的关系。

一、苏轼在两次兴学运动中的态度

关于苏轼与书院之间的关系，前人学者依然没有进行过专门的讨论。但是苏轼对书院的态度，是我们认识苏轼与书院关系较为直观的表征，笔者在本节试言之。

元代著名的文人黄溍，为西湖书院写的《西湖书院田记》中提到了苏轼，并对苏轼进行了一番评价，曰："苏公，书院之先贤，显诵其说而推明之以为记，庶几来者主张是而勿废，且以劝夫束书不观，游谈无根者焉。"①西湖书院为南宋时国子监所在，与苏轼似乎并没有多大关联。那么，黄溍为何把苏轼定义成西湖书院之先贤呢？这跟苏轼所写的一篇文章《李氏山房藏书记》有关。为方便论述，我们迻录如下：

> 余友李公择，少时读书于庐山五老峰下白石庵之僧舍。公择既去，而山中之人思之，指其所居为李氏山房。藏书凡九千余卷。公择既已涉其流，探其源，采剥其华实，而咀嚼其膏味，以为己有，发于文词，见于行事，以闻名于当世矣。而书固自如也，未尝少损。将以遗来者，供其无穷之求，而各足其才分之所当得。是以不藏于家，而藏于其故所居之僧舍，此仁者之心也。

> 余既衰且病，无所用于世，惟得数年之闲，尽读其所未见之书，而庐山固所愿游而不得者，盖将老焉。尽发公择之藏，拾其余弃以自补，庶有益乎？而公择求余文以为记，乃为一言，使来者知昔之君子见书之难，而今之学者有书而不读为可惜也。②

苏轼这篇文章的主要目的在于披露时人束书不观、游谈无根的现象，这一观点为黄溍所接受。但是黄溍将其列为书院之先贤的用意，在于引用苏轼对李

① 《景印文渊阁四库全书》第 1209 册《文献集》卷七上，台湾商务印书馆，1986，第 434 页上栏。
② 《苏轼文集》卷一一，孔凡礼点校，中华书局，1986，第 359 页。

氏山房的夸赞，以引出黄潜本人对西湖书院的观点。在这里，黄潜其实就带入了一种意识，书院与山房是有可比性的。

苏轼在这篇文章中还表示，将书"以遗来者"，供更多需要读书之人借阅是仁者之行。李公择将山房之书藏之僧舍，供他人借阅，苏轼尚且称其仁者，那么，对于有藏书和教育功能，甚至在一定程度上代替官学的书院①，苏轼又是怎样的态度呢？这还需要进一步求证。

苏轼比较明显地表露个人对学校的看法，是在熙宁四年（1071年）。当时三舍法开始推行，朝廷让苏轼上言，其所上书《议学校贡举状》，对庆历新政以来学校改革的成果进行了评价，其曰：

> 使三代圣人复生于今，其选举养才，亦必有道矣，何必由学。且天下固尝立学矣，庆历之间，以为太平可待，至于今日，唯有空名仅存。今陛下必欲求德行道艺之士，责九年大成之业，则将变今之礼，易今之俗，又当发民力以治宫室，敛民财以食游士，百里之内，置官立师，狱讼听于是，军旅谋于是，有当以时简不率教者，屏之远方，终身不齿，则无乃徒为纷乱，以患苦天下耶？若乃无大变改，则望有益于时，则与庆历之际何异。故臣以谓今之学校，特可因循旧制，使先王之旧物不废于吾世，足矣。②

从苏轼这段话可看出，他对于庆历以来的兴学运动和即将要开始的熙宁兴学运动都持悲观态度，并认为现下当"因循旧制"，"使先王之旧物"不废于今世即可。而其中"因循旧制"到底所指为何，对于进一步解读苏轼对于学校的态度有着关键作用，这需要我们从仁宗朝的庆历兴学运动之前说起。

景祐年间，朝廷对州学建立的政策逐渐放宽，并对于各州学纷纷赏赐学田。因此苏颂、田况等人认为景祐年间才是天下兴学的开始。陈植锷先生《北宋文化史述论》也对于宋代地方州郡建学的记载进行了仔细的查考，也将景祐年间作为北宋州郡兴学开始阶段的标志。③这个判断大体是不差的，也逐渐为学者们认可。④在建学的同时，朝廷对于书院的赏赐也很频繁。如宝元元年（1038年），

---

① 邓洪波：《中国书院史》（增订本），武汉大学出版社，2012，第78页。
② 《苏轼文集》卷二五，第723-724页。
③ 陈植锷：《北宋文化史述论》，中华书局，2019，第147页。
④ 刘冲：《论景祐兴学》，《首都师范大学学报》（社会科学版）2016年第2期，第27-35页。

"赐河南府嵩阳书院田十顷"①。甚至直接将原来的书院改为官学,如应天府书院在景祐二年(1035年)改名为应天府府学。

而到庆历四年(1044年),形势有所变化。范仲淹等人复古劝学,标榜"兴学校,本行实",称:"莫若使士皆土著而教之于学校,然后州县察其履行,则学者修饬矣。故为设立学舍,保明举送之法。"②强调对于人才的识别工作,"保明举送之法"。在接下来颁布的诏令中,更是通过对学生的行为进行约束,将这一要求贯彻得十分具体。其中规定"士须在学习业三百日",禁止"行亏孝悌""籍非本土"之人学习等③。从表面看来,这是对学生行为的规定,但从社会层面上,却对书院的发展产生了致命的打击。

陈植锷先生曾经注意到,宋初以来书院的兴起,促成了"四方游士"的跨区域流动。④张方平《乐全集》收有一篇《朝奉郎守太子中舍骑都尉韦君墓志铭并序》,主要介绍主人公韦不伐的生平。韦君曾经在应天府书院讲学,其"尤善与人交,范仲淹希文、石延年曼卿、刘潜仲方,山东豪俊慕君名从游者甚多"⑤。此时,应天府书院尚未改为州学,山东等地的求学之人皆慕名而来,可见书院教学带来的社会流动。又如石介《泰山书院记》,也大篇幅介绍了其"游从之贵者",并以此作为炫耀的资本。⑥士人前往书院游学的事例,见诸史料者颇多,在此笔者不一一列举。对四方之士的开放,应该是此时书院的一大特点。但除了书院外,州郡之学,在庆历兴学之前,也在一定程度上向四方游士大开方便之门,这点为前人所未察。如《故龙图阁学士滕公墓志铭》中记道,滕元发是婺州人,前往苏州跟从胡瑗学习,并成为其众多门人之一。胡瑗此时在苏州州学任教⑦,但这是极少数。随着庆历兴学"本行实"之法的执行和州县学的建立,游士的流动减少,书院的生源被削减,而各官员对于州教授的大力筛选和拔擢,又使州县之学的教师素质得到大幅提高,书院之地位无疑更加"边缘化"。

对于熙宁年间即将推行的三舍法,苏轼在《议学校贡举状》一文中提到

---

① 《续资治通鉴长编》卷一二二,仁宗宝元元年夏四月丁亥条,中华书局,2004,第2872页。
② 《续资治通鉴长编》卷一四七,庆历四年三月乙亥条,第3563页。
③ 同上书,第3564页。
④ 陈植锷:《北宋文化史述论》,第168页。
⑤ 《景印文渊阁四库全书》第1104册,第489页。
⑥ 《景印文渊阁四库全书》第1090册,第318页。
⑦ 《苏轼文集》卷一五,第461-462页。

"又当发民力以治宫室，敛民财以食游士，百里之内，置官立师"①。苏轼以"又"字起头，可见在他的心目中，熙宁兴学与庆历兴学之法大同小异。那么，"发民力以治宫室，敛民财以食游士，百里之内，置官立师"也应该是苏轼对庆历兴学的评价，所谓的"敛民财以食游士"的做法，就是指耗费钱财兴建州县学一事，而其中招揽游士的，又绝大多数是书院。所以，其所说的现象就是指州县之学招揽了原来书院的游士。而他力图维持的所谓"因循旧制"，其实就是在庆历兴学之前的书院与州县学多样化发展的局面。因此，苏轼在熙宁兴学之前，认为书院与州县之学同为先王旧物，应该共同存在。

李公择氏的山房虽然只具备藏书之职能，按照当时的理解来说，应当是所谓的"私庭"，苏轼尚且觉得其创建是仁者之举。书院的活动也以藏书为基础而展开，只是功能更为完善健全，苏轼对其予以认同，也在情理之中。

在熙宁四年，苏轼对于庆历兴学和熙宁兴学持有消极的态度，但是其态度却绝非一成不变。苏轼在建中靖国元年过南安军，地方请其作《南安军学记》，就表露了其当时的心境与态度。其曰："朝廷自庆历、熙宁、绍圣以来，三致意于学矣。然荒服郡县必有学，况南安江西之南境，与闽、蜀等，而太守朝奉郎曹侯登，以治郡显闻，所至必建学。"②苏轼此时已年至六十六，以一个过来者的身份回首往事，看到了兴学运动直接地推动了地方学校的建设，其对于兴学运动的态度也有所改观，甚至大力推荐州学的教授，转而支持州县之学的建设。虽然苏轼有这样的态度变化，但是这还只是一种现象，苏轼对书院的认识才是他的态度转变的原因。我们接下来对此进行讨论。

二、苏轼及其同时代人对书院的认知

苏轼在两次兴学运动中对书院的态度，我们在前文作了探究。而理解苏轼态度变化的动因，则需要进一步探讨苏轼对书院的认识。但在此之前，我们需要对书院在其时代中的性质作一个定位，而文莹《玉壶清话》的记载或许可以作为切入的引子。

文莹《玉壶清话》对于应天府书院成为府学的前史进行了详细的论述："及设旧学百余楹，过如庠序之盛。州郡惜其废，奏乞赐额为应天府书院，命奉礼

---

① 《苏轼文集》卷二五，第723页。
② 《苏轼文集》卷一一，第373页。

郎戚舜宾主之，即纶子也。"①文莹的活动时间主要集中在真宗至神宗之间，与苏轼活动重合度很大，而且应天府书院兴起的过程，发生在文莹经历过的年代，文莹的记载当在一定程度上反映了时人的认知。"过如庠序之盛"中的庠序，是指官府设置的官学，在这句话中所折射出来的意识透露出一些信息：此时的应天府书院还不算官学，而是乡党之学，也就是私人所建之学。与苏轼同时代的曾巩也有同样的认识，其在《隆平集》中称："大中祥符初，应天府民曹诚即戚同文旧学之地造书舍，诏赐额曰应天府书院，命戚纶之子舜宾主之。其后庠序之教兴，而所谓书院者未之或闻矣。"②这里也是将书院与"庠序之教"严格区分开来的。"庠序之教"就是指州县之学，书院则是与之相对应的乡党之学。这种认知，也一直延续到南宋。

南宋人程珌在其《洺水集》中表达了他对于学校的看法，其曰："自京师郡县，莫不置学，前日之书院既已荒芜不治，近世名卿大儒乃稍访求葺理，以复承平之遗风，使不以课试为累，而得专心于讲习既为之归，以示讲学修身之要，又为之记，以开游学向方之途，其意甚厚。原远末分，居者未免植门户之私，游者未免流铺餟之习。岂书院之设特为学者自便之地，又何以甚异于郡县之学耶？今又因诸老之讲明，以仿湖学之规模，推湖学之教育，以还书院之旧贯。"③这是一篇策问，题目为《问学校》。而据《宋史全文》载："庚辰，以礼部尚书程珌知贡举，刑部尚书邹应龙、右谏议大夫朱端常、中书舍人程贵谊同知。"④这篇策问很可能是程珌给科举考试者所作的范文。如果这种假设成立的话，该文当写于在担任知贡举后不久，也就是在宝庆二年后。这篇策问讨论的应该是南宋时大儒朱熹等人兴建书院讲学的状况。其中提到书院"以开游学向方之途"，与北宋时书院的游学特征一脉相承。同时值得注意的是"岂书院之设特为学者自便之地，又何以甚异于郡县之学耶"的反问，可见在程珌的心目中，其实已将书院与"郡县之学"有意识地分开，甚至书院已经远胜于州县之学。这与此时书院挽救科举之敝的理念有关。也正是这种区别，将书院与州郡学之间的距离

---

① 《全宋笔记》第一编第六册，郑世刚点校，大象出版社，2017，第 94 页。
② 《隆平集》卷一《学舍》，王瑞来点校，中华书局，2019，第 58 页。
③ 《景印文渊阁四库全书》第 1171 册，第 277 页。
④ 《宋史全文》卷三一，汪圣铎点校，中华书局，2016，第 2628 页。

进一步拉开。这样的记载在南宋时随处可见，大都是将书院视作乡党之学 ①。从略早于苏轼的文莹、与苏轼同时代的曾巩，到南宋的程珌、甚至宋元之交的马端临都认为书院是乡党之学。这个认知具有稳定性和普遍性，应该是一个为多数人接受的常识。苏轼如果不是个特例的话，可能也是如此定位书院的。在苏轼的心目中，书院是乡党之学，属于"先王旧迹"。而苏轼又属于士大夫官僚阶层，在许多地方任过官。从这一视角出发，其面对的不光是书院，还有州县之学。这就需要进一步考虑苏轼对学校的总体认识。为了论述方便，我们还是需要回到《玉壶清话》的记载。

前文《玉壶清话》在论述应天府书院之事迹时，就提到了此时州郡的态度，其曰："州郡惜其废，奏乞赐额为应天府书院。"②赐额为应天府书院，当在大中祥符二年（1009 年）。③州郡长官支持书院的发展，朝廷也对书院多有赏赐，这是庆历兴学之前长期的状况。④即使是庆历兴学，也是利用了原有书院发展的基盘，才得以推行。作为庆历兴学的主导者范仲淹，也只是觉得州郡学需要向书院的发展学习，而非否定书院的发展。⑤这时候许多官员都不觉得书院的发展与州郡学之间存在违碍，苏轼便在其列。而且许多人都会把书院的兴建当作其政绩的一部分。如文同撰写的《都官员外郎钱君墓志铭》便载有钱去私兴学之事。其记曰："（钱去私）迁著作郎，知河南府登封县。县有嵩阳书院，师席久倚，生徒尽散落。去私尽料邑人弟子之良者，遣往教之；四方之士来者，皆留其中。嵩阳之学，至今为盛。"⑥钱去私去世时，在治平三年（1066 年）。此时离轰轰烈烈的庆历兴学已有二十余年，但在张方平的笔下，兴建书院依然是钱去私生平值得大书特书的事迹。元丰八年（1085 年），湘阴县令王定民为里人邓氏所建的笙竹书院作记，就提到里人的看法，其曰："桑梓邻通城，公有最绩，闻以教育讲校为先。"⑦这篇《笙竹书院记》中，王定民对于自己自然不无矜饰之词，

---

① 《文献通考》卷四六《学校考七》载："是时未有州县之学，先有乡党之学。盖州县之学，有司奉诏旨所建也，故或作或辍，不免具文；乡党之学，贤士大夫留意斯文者所建也，故前规后随，皆务兴起。"中华书局，2011，第 1339-1340 页。这里把书院显然是看作"乡党之学"。

② 《全宋笔记》第一编第六册，第 94 页。

③ 《续资治通鉴长编》卷七一，大中祥符二年二月庚戌条，第 1597 页。

④ 《续资治通鉴长编》卷一一九，景祐三年九月己丑条，第 2807 页；卷一二二，宝元元年四月丁亥条，第 2872 页。

⑤ 《范仲淹全集》卷八，李勇先、刘琳、王蓉贵点校，中华书局，2020，第 162 页。

⑥ 《景印文渊阁四库全书》第 1096 册，第 772 页上栏。

⑦ 《湖南通志》卷四九。

但是不管是里人的看法，还是王定民的矜饰，都反映了当时的认识，也就是"教育讲校"是政绩的一部分，其中也包括了书院的建设。虽然经历了庆历兴学、熙宁兴学的浪潮，书院建设在地方官员的意识中，依然是化育地方的政绩。苏轼在《南安军学记》也说道："夫学，王者事也。"①也就是说，学校建设，是王政的一部分。从地方长官的视角看来，化育一方百姓，是推行王政的需要。作为苏轼的弟弟，苏辙也有同样的表示，并进一步发挥，其曰："然考其行事，非独于学然也，郊、社、祖庙、山川、五祀，凡礼乐之事皆所以为政，而教民不犯者也。"②应该说，"以学为政"是苏轼和许多同时代士人的共识。

苏轼这种"以学为政"的认识，影响到他的记载习惯和态度。他表扬李公择将书存于僧舍的仁者之心，也会在墓志铭中刻意地强调某公建学的化民之举。另一方面，他的"以学为政"观念也同样可以解释他在两次兴学运动前后的态度转变。苏轼在熙宁四年的时候表示出维持"先王旧迹"的态度，这是为了教育的发展。虽然他的主张并没有得到实现，但其在熙宁变法之后，依然推荐州学教授的合适人选，时而给州学写记。两种态度看起来似乎矛盾，但是"以学为政"的主张却贯彻始终。

三、东坡书院的建立

前文我们已经将苏轼对于书院的态度和认知作了一番探究。但两者关系到底如何，却需要对书院的具体情况进行探讨以后，才可以明晰。笔者搜集到的东坡书院共有 10 所，为论述方便，暂列如下：惠州东坡书院、常州东坡书院、宜兴蜀山东坡书院、黄州东坡书院、贵州东坡书院、嘉州东坡书院、琼州东坡书院、儋州东坡书院、新宁东坡书院、钦州东坡书院。但是我们所讨论的重点在于苏轼与书院建立之间的关系。因此，书院建立的前史是我们的主要考察内容。

（一）惠州东坡书院

绍圣元年（1094 年），来之邵等人上疏，称苏轼诋斥先朝，于是苏轼被贬至惠州。到了惠州以后，苏轼称"但以瘴疠之地，魑魅为邻；衰疾交攻，无复首丘

---

① 《苏轼文集》卷一一，第 374 页。
② 《苏辙集》卷二三《上高县学记》，陈宏夫、高秀芳点校，中华书局，1990，第 396 页。

之望"①，可见苏轼此时之万念俱灰。但从其在惠州写了许多与佛教、道教相关的文章看来，其心态已经开始发生转变，顺应当地生活，甚至"买田筑室"，打算长期居住②。据元代人危素《惠州路东坡书院记》载："（绍圣）四年二月，白鹤峰新居成。"③虽新居已成，苏轼在不久后，也就是四月十七日接到了一份诰命，并在十九日便启程前往昌化军④。苏轼在惠州的故居，就此荒废，到了南宋，却逐渐有了其他功能。《夷坚志》中有一则故事《盗敬东坡》，其记载曰："绍兴二年，虏寇谢达陷惠州，民居官舍，焚荡无遗。独留东坡白鹤故居，并率其徒，葺治如六亭，烹羊致奠而去。次年，海盗黎盛寇潮州，悉毁城堞，且纵火。至吴子野近居，盛登开元寺见之，问左右曰：'是非苏内翰藏图书处否？'麾兵救之。复料理吴氏岁寒堂，民屋附近者赖以不爇甚众。两人皆剧贼，而尊苏公如此，彼欲火其书者，可不有愧乎？"⑤此文由两个故事组成，讲苏轼的相关遗迹在寇乱中受到盗贼的尊敬，故事情节有虚构成分，不足为信，却暗含着当时的一些社会意识和现象。"民屋附近者赖以不爇甚众"，这件事也有虚构成分，但是可以看出，苏轼在潮州的藏书之处在地方民众的意识中，起到生命和财产的作用，苏轼在惠州的故居也有这一层作用。在饱经寇乱的当地民众心目中，苏轼的形象从一个身无武艺的文人，转变为一个维护地方安宁的守护神，"烹羊致奠"很可能是当地人的活动。正是对安宁的希冀，驱使当地人将苏轼的故居保护、扩建、改造成举行"烹羊致奠"活动的场所。危素《惠州路东坡书院记》载："淳熙五年，郡守韩公磊重建寺宇。"⑥可证明之。此后虽也经过数次翻新，但最后还是毁于兵火。

直到元代，"国朝至元三十有一年，佥广东道肃政廉访司事张公处恭稍荑其地树堂以祀公。大德十年，郡经历韩公克恭乃拓而大之。延祐四年，佥事张公世荣、出行部使者托尔齐公以供故居为言，张公首出俸钱为祠堂，久之圮坏。至正六年，佥事周公伯琦至惠，敬谒祠下，顾瞻徘徊。会同知总管府事观鲁公治郡成，上下孚信，曰：'是吾之志也。'即斥大其祠，作孔子燕居殿，为东坡

---

① 《苏轼文集》卷二四，第707页。
② 《苏轼文集编年笺注》卷五二《与王定国书四十九首之四十》，李之亮笺注，巴蜀书社，2011，第729页。
③ 《景印文渊阁四库全书》1226册，第678页下栏。
④ 《苏轼文集》卷二四《到昌化军谢表》，第707页。
⑤ （宋）洪迈撰：《夷坚甲志》卷十《盗敬东坡》，何卓点校，中华书局，1981，第87页。
⑥ 《说学斋稿》卷二《惠州路东坡书院记》，第678页下栏。

书院。"①这段记载平实地介绍了入元以后的情况。从惠州路东坡书院的发展轨迹看来，苏轼本人在惠州建有的故居，因苏轼在当地特有的保护神地位，而演变成祭祀苏轼的场所。入元以后，官府在故居修建祠堂，并在祠堂的基础上兴建书院。

（二）常州东坡书院

苏轼与常州的渊源颇深。元丰七年，苏轼向朝廷上《乞常州居住表》中提到了请求常州居住的原因为"臣有薄田在常州宜兴县，粗给馆粥"②，并获得朝廷的准许。此后，苏轼饱经颠簸，辗转于各地，"将居许，病暑暴下，中止于常。建中靖国元年六月请老，以本官致仕……湛然而逝"③。苏轼病逝时，正借居顾塘桥的孙氏之馆。到乾道年间，晁子健收集了许多苏轼的画像，"筑祠于郡学之西"，并奠苏辙和黄庭坚、张耒、秦观、陈师道、晁补之等苏门六学士于两序。而后晁子健请晁公武作《毗陵东坡祠堂记》，刻为两碑，其中一碑就置于郡学。④晁子健倘若是仅因苏轼在常州居住并逝世而设立祠堂，将苏辙和苏轼门人设立于两序显得有些多此一举。况且也不在苏轼去世的地方顾塘桥，而是另辟新地，很难说得过去。晁子健似乎有意以苏轼借题发挥，而涉及苏轼门人，可能与其家族有一定关系。一方面，晁子健是晁说之的孙子，晁公武是晁冲之之子，与晁补之有亲戚关系；另一方面，修建祠堂参与者主要为晁公武和晁子健，此两人的政治态度基本是支持旧党。晁公武《毗陵东坡祠堂记》的内容似乎也有意将苏轼等人塑造成与司马光站在同一战线之人⑤，晁子健修建祠堂应当是出于同样的政治塑造意图。也就是说，苏轼祠堂，应该是出于地方长官晁子健的政治塑造需要而产生。其所选的地址为州学，则是为了进一步将晁子健的政治观点推广且使之深入人心。

入元以后，据《〈永乐大典·常州府〉清抄本校注》一书记载："东坡书院，元至大间建立，在郡城顾塘北。至正庚寅，郡守也速台重修，今不存。"⑥晁子健在州学附近建立的苏公祠，据王继宗先生考订，当在"内子城"内，并

① 《说学斋稿》卷二《惠州路东坡书院记》，第 678 页下栏至 679 页上栏。
② 《苏轼文集》卷二三，第 657 页。
③ 《景印文渊阁四库全书》第 450 册，第 405 页上栏。
④ 《全宋笔记》第五编第二册，第 168-169 页。
⑤ 《梁溪漫志》卷四《毗陵东坡祠堂记》，第 168-169 页。
⑥ 王继宗：《〈永乐大典·常州府〉清抄本校注》卷七，中华书局，2016，第 442 页。

非在顾塘桥。①在元代至大年间，又在苏轼去世的地方，也就是顾塘桥，重新建立东坡书院。这当与对苏轼的个人崇拜有关，而建立书院的目的则是为了纪念苏轼，教化百姓。

（三）宜兴蜀山东坡书院

前文提到，元丰七年，苏轼在《乞常州居住表》一文中称有薄田在常州，但是到建中靖国元年，他从儋州归来时，却只能借居于孙氏，这时候他在常州已经没有田产和房屋。费衮在《梁溪漫志》中也提到，苏轼本打算在阳羡（宜兴）卜居，但是最终只得寄居于毗陵，可证不诬。②《咸淳毗陵志》记："蜀山，在县东南三十八里，一峰屹立，水环其麓，亦名独山，《颐山录》云：'颐山东连洞灵诸峰，属于蜀山。'苏文忠因其名而登览焉。有东坡祠，今不存。"③《颐山录》是唐人陆希声所著，可见在唐时就有"蜀山"之称。在《咸淳毗陵志》完成之前，蜀山便已有祭祀苏轼之祠，而且很快就衰败了。入元以后，僧敏机在蜀山建了草堂，可能其也有祭祀苏轼的功能。④弘治庚申，本地人沈晖与县令王镦躬访遗址，但是地方都被当地居民占用，于是花钱将之赎回来，修盖了一座苏公祠，其规模"视州祠深广略称，而伟丽过之矣"⑤。中置苏公像，附有两亭，一刻苏公书法、诗词，一刻兴造之碑，符合一般祭祀苏轼祠堂的形制，并以道士居之。万历年间所修的《常州府志》记在"东坡先生祠"名目下，"为建祠，名东坡书院"⑥。在时人认识中，"东坡书院"只是一个祠名，也止口不提其是否有教育功能。到了清代，道士蒋普在原来沈晖所建东坡祠堂的基础上修建，并称之为"东坡书院"。当时有数人为之作记，宣传其教育的功能，而且一致将沈晖所建祠堂也认作"东坡书院"，并对其教学功能进行了详细的描述。⑦

---

① 王继宗：《〈永乐大典·常州府〉清抄本校注》卷六注三二，第 368 页。

② 《梁溪漫志》卷四《卜居阳羡》，第 167 页。

③ （宋）史能之：《咸淳毗陵志》志一五，《宋元方志丛刊》本，中华书局，2015，第 3084 页下栏。

④ （元）徐一夔：《始丰稿》卷四《蜀山草堂记》，《景印文渊阁四库全书》第 1229 册，第 195 页。

⑤ （明）李东阳：《怀麓堂集》卷六八《蜀山苏公祠堂记》，《景印文渊阁四库全书》第 1250 册，第 712 页上栏。

⑥ 《常州府志》卷三，东坡先生祠条，万历刻本。

⑦ 周启嶲《重修东坡书院记》、储欣《新修蜀山东坡书院记》、李奕庚《重修苏文忠公书院碑记》等，均收录于《中国历代书院志》第六册《东坡书院志略》，感兴趣者可以参看。

按照规律，离事情发生越近的记载，相对而言越可靠。由敏机的草堂，到沈晖的苏公祠，再到清代的书院，职能越加复杂。但是在这个过程中，我们发现，各个时代的人都将自己修建建筑的目标功能附加到前人遗迹上去，以彰显自己的法理依据。另外，在明代的时候，似乎书院与祠堂的称呼相互混用，书院的祭祀职能异常凸显。而在这样的发展过程中，唯有祭祀苏轼的中心职能没有发生变化。

（四）黄州东坡书院

元丰三年，苏轼因御史台案，被责授黄州团练副使、本州安置。在黄州，苏轼寓居于临皋亭。元丰五年，苏轼在东坡建造雪堂，号东坡雪堂。但是苏轼在黄州所待时间并不长，在元丰七年便量移汝州。苏轼这时候给朝廷上了《乞常州居住表》，说自己在常州宜兴已买田宅，乞求朝廷批准在常州居住。这在《与潘彦明十首之一》也可以得到印证。①

苏轼离开黄州后，应该是将东坡雪堂交给了潘丙打理，故在书信中时常嘱咐。②《黄州府志》对东坡书院有记载："苏子瞻去后，以雪楼付潘大临、陈慥开学，教学生徒，名曰书院，今之县学即东坡故址。"③此处有两点疑问：一是虽然苏轼确有交付给潘家代为管理，但是来往书信都是交代提醒潘丙时去打扫，不让东坡雪堂破败，又有时是家里人去祭拜，希望代为安排。这可反证，此时的东坡雪堂应当没有教学活动，且罕有人居；二是从来往书信看，苏轼交付之人当为潘丙，但是却不包括与苏轼非常交好的陈慥。苏轼这样考虑是有原因的。《与巢元修一首》称："近日牢城失火，烧荡十九，雪堂亦危，潘家皆奔避。"④火灾时苏轼雪堂与潘家同时遭殃，说明两家可能为近邻，照顾起来比较方便。而陈慥居住在歧亭，虽然都在黄州，苏轼相访都需要特意地作书，距离相对较远，交给陈慥管理的可能性也不大。综此两点看来，这条材料为伪的可能性较大，故陈慥开学建书院之说，可能性也不大。

而《黄州府志》对雪堂的记载，与前条对东坡书院的记载史源不同，相对比较符合实际。其曰："遂以雪堂付潘大临兄弟居焉。崇宁壬午党禁既兴，堂遂毁。其后邦人属神霄宫道士李斯立重建……元季，宫亦毁。洪武戊申，移筑城，

---

① 《苏轼文集》卷五三，第 1583 页。
② 同上书，第 1584 页。
③ 《弘治黄州府志》卷四，东坡书院条，弘治刻本。
④ 《苏轼文集》卷六〇，第 1820 页。

遂围旧址在内，建今县学，即墨池古梅，傍建东坡祠。”①这是弘治以前的情况。而吴淮任知黄州府的时候，“为之建号舍二十楹于东坡书院”②。吴淮离开黄州任不久后，在弘治三年去世。又据《黄冈县志》可知，“知县茅瑞徵重建正厅，增置后亭及旁舍为书院，今久废”③。万历三十三年到三十五年间，茅瑞徵在黄冈知县任上颇有政绩，重新修建东坡书院也当在此前后，很可能也包括了原来东坡祠的功能。

（五）贵州东坡书院

夏言《夏桂洲文集》载有一首词《临江仙》，其序云：“贵州东坡书院次林见素戊寅年作。”④夏言在嘉靖二十七年（1548 年）去世，其经历的戊寅年，仅有正德十三年（1518 年）。据此，我们起码知道贵州东坡书院在正德十三年的存在。又据《贵州通志》可知有一东坡书院⑤。《贵州通志》在嘉靖时所修，时间上出入不大，且未见贵州他处有东坡书院的记载，所以《贵州通志》与《夏桂洲文集》中所载的，当为同一东坡书院。至于兴于何时，废于何时，因史料缺失，我们无从得知。

（六）嘉州东坡书院

嘉州离苏轼的故乡眉山甚近，苏轼也确多次到过嘉州⑥。据《舆地纪胜》载：“邵博记云：‘天下山水之胜在蜀，蜀之胜在嘉州。’嘉州之胜，在凌云寺，寺之南山，又其胜也。东坡字其亭曰‘清音’，又南山之胜也。”⑦清音亭等景观，当为苏轼去过之地。此后未见有祭祀苏轼的活动，直到正统十七年，东山居士刘洪禹在此处建书院。其建书院的过程，见于刘春《重修东坡书院记》，其曰：“遂创为屋若干间，肖公像丁中，而名曰东坡书院。复募僧居之，以给洒扫

---

① 《弘治黄州府志》卷四，雪堂条，弘治刻本。

② 《光绪丹徒县志》卷二六《吴淮传》，光绪五年刻本。

③ 《乾隆黄冈县志》卷四，东坡书院条，乾隆二十四年刻本。

④ （明）夏言：《夏桂洲文集》卷七《临江仙》，崇祯吴一璘刻本。

⑤ 《嘉靖贵州通志》卷一一，嘉靖刻本。

⑥ 《与宝月大师八首之七》载：“轼顿首：违问旬日，法履何似？昨眉阳奉候数日，及至嘉树亦五六日间，延望不至，不知何故爽前约也？怏怏。来早且解缆前去，渐远，无由一见，惟强饭多爱。今嘉倅任屯田秀才行，聊附此为问。草草，不宣。轼顿首宗兄宝月大师。十月十二日。”其中的“嘉树”就是指嘉州。

⑦ 《中国古代地理总志丛刊》，中华书局，1992，第 3940 页。

奠献之役。令其从子肃敬之、子节介之，读书其间。"①从文章看来，创建书院最开始的意图是祭祀苏轼，此后才令其从子肃、节等二人读书其间。因此，祭祀是嘉州东坡书院兴起的基础和基本功能。

（七）琼州东坡书院

《琼台志》载："东坡书院，在府城北隅，以东坡昌化安置时尝寓此。有双泉遗迹。后北归，有乡人思之，因建肖像以祀之中。外有锦衣堂，洞酌、临清、濯缨等亭。元设山长，籍儒生为藏修之地，有赡学田租七十石，赵翰林孟頫书扁。国朝天顺间迁建小西门外街。成化四年，知府蔡浩复迁于府治东；十二年，知府蒋琪重修，亦呼东坡祠。"②东坡确寓居于此，双泉、洞酌亭亦可见诸苏轼的诗文③。元代确有东坡书院，见诸史料的元代山长便有符乙翁④、刘复初⑤、邝嘉叟⑥等人。而到明代，既称"东坡书院"，又称"东坡祠"的现象，则可证明此时书院祭祀功能的高度强化。

（八）儋州东坡书院

清康熙本《儋州志》便已载东坡书院名目。《琼州府志》记："（儋州）东坡书院即载酒堂，在州城东门外。"载酒堂建立相对较早，而东坡书院则是在载酒堂的基础上所建。有清一代，不少俊彦执教于此，据《儋县志》载："前清王云清进士、唐丙章举人掌教在此。"⑦

（九）新宁东坡书院

《新宁县志》载："按察分司，坐第九保，即今第一保。草葫街，万历十六年倾，知县刘轩儒修为苏东坡书院，诸生会文之所，又名文馆。知县柯凤瀛增创后一座。知县宁林重修南向地长一十七丈五尺，前阔八丈六尺，后宽九丈三尺，今为节孝祠。"⑧暂无其他史料可以获得更多信息。

---

① 《雍正四川通志》卷四二。
② 《正德琼台志》卷一七，东坡书院条，正德刻本。
③ 《苏轼诗集》卷四三《洞酌亭》，孔凡礼点校，中华书局，1982，第 2365 页。
④ 《正德琼台志》卷四○，符乙翁条，正德刻本。
⑤ 《万历琼州府志》卷三，有本泉条，万历刻本。
⑥ 《嘉庆临武县志》卷三十，邝嘉叟条，嘉庆二十二年刻本。
⑦ 《儋县志》卷四。
⑧ 《光绪新宁县志》卷一六，按察分司条，光绪十九年刻本。

（十）钦州东坡书院

《钦州志》载："东坡书院，天涯亭后，康熙三十四年知州程鼎建，雍正元年董绍美重修。"①程鼎建东坡书院的原因，可见于吴邦瑗所撰的《程公去思碑记》。"去思碑"是程鼎修建天涯亭时所立，修完之后便重建了东坡书院。两者连续完成的话，很可能是一个工程，有着同样的用意。苏轼曾经量移廉州安置，因此，很可能曾去过天涯亭。《程公去思碑记》曰："苏与公同乡，公之重建斯亭也，民尸之祝之。今吾侪望天涯亭而思公也，亦尸之祝之。苏得公而名益彰，公因苏而垂不朽。"②当地官员把自己的政绩寄托在对先贤进行祭祀之地的修建中，自己的名声也得以彰显，而东坡书院的建立，也包含着这样的为政之心。

结合李常生先生对苏轼一生行迹的展示③和笔者前文史料的罗列，东坡书院建立地有惠州、常州、宜兴、黄州、贵州思南府、嘉州、琼州、新宁县、儋州、钦州。其中惠州、常州、宜兴、黄州、琼州、新宁县、儋州、钦州都是苏轼贬谪之地，嘉州仅为苏轼家乡眉山附近，且前往京师的必经之地，贵州则苏轼未曾去过。虽然有一二例外，但是苏轼贬谪之地与东坡书院建立地之间有着高度的重合度。

从这 10 座东坡书院的情况看来，都是以苏轼为主祀对象的祭祀性书院。惠州东坡书院、常州东坡书院、宜兴东坡书院、黄州东坡书院都经历了从祠堂转型为书院的过程。其他书院，也都有祭祀的功能。从祠堂转变过来的东坡书院，在兴建苏公祠堂的时候，其面对的时代背景和地方社会复杂而多样。如惠州匪寇横行，祠堂的建立携带着当地民众的担忧和希冀；而常州的地方长官晁子健，修建祠堂包含着政治宣扬色彩，等等。祠堂的建立，带有时代和地域特色，从祠堂到书院的发展，则更像是一个自然的过程。贵州、嘉州、儋州、琼州、新宁、钦州东坡书院，史料记载的相较单薄，暂时无法深入挖掘，但具有祭祀苏轼的主要功能则毫无疑问。虽然大都以苏轼过化之地为修建书院或者祠堂之地，但也有例外，比如贵州东坡书院的建立，主要与地方长官有关。

总　结

本文围绕苏轼及其身后的东坡书院两者之间的关系做了一个综合性的探究。

---

① 清雍正本《钦州志》卷五，东坡书院条，雍正元年刻本。
② 《钦州志》卷一二，雍正元年刻本。
③ 李常生：《苏轼行踪考》，台北城乡风貌工作室，2019，第 12 页。

苏轼对书院的态度是有变化的，在两次兴学运动中，苏轼主张保留书院和州县学并存的局面，说明苏轼是不反对书院发展的，却又不可以发展书院。在他的主张得不到施展后，便转而支持州县学，向朝廷推荐州学教授。虽然态度发生了转变，但其中维持不变的是他"学者，王者事也"的认识。苏轼为何生平与书院没有多大关联，亦可从这里获得解释。

苏轼对书院的态度和主张与东坡书院的建立并没有多大关系。东坡书院的产生，主要是后来地方社会追崇并祭祀的结果，因此我们可以说，东坡书院是后人塑造的产物。东坡书院又是建立在以苏轼为主祀对象的基础上的，这就要求它尽可能追寻苏轼的过化足迹。正是这两者的追求，给东坡书院创造了发挥空间。

苏轼文人政治的现代教益

单 纯

摘 要：苏轼不仅是中国历史上的旷世文豪，更是中国文人政治中的标新立异之士。其文才学识足可与西方智者亚里士多德媲美，而其寓儒家政治伦理于豪放诗文，一生宦海沉浮而士节不屈的书生意气，则古今中外罕有其匹者。本文论述苏轼少年立志赖有名士范滂垂范与苏母家教有方；其弱冠成名，以仁义辨赏罚，申明儒家仁厚之德为治理原则、法家惩罚之度为治理之术的德治思想；其朝议则重儒抑法，贬谪则随遇而安，辞赋止于山水日月，深意寓于治国理政的文人政治情怀；其要旨在申明儒家"天下为公"之伦以约束封建皇权至上的"家天下"之私；阐明国家治乱系于道德之深浅，而非富强之功利。虽有"满腹经纶"，屡挫于"一肚子不合时宜"。其"身体力行"所折射的文人政治之得失教训为：天下为公，以德约权，经世济民和文以载道。

关键词：以德约权　道德勇气　重儒抑法　文人政治

前 言

正如亚里士多德在西方文明传统中被公认为"无所不知"的"旷世哲人（the man who knew everything and The Philosopher）"，苏轼在中国特色的文人政

本文作者单纯，现为中国政法大学人权研究院教授，博士生导师。

治传统中亦当享有"千古文豪"的雅号。难得"两脚踏东西文化，一心评宇宙文章"的林语堂用英文写了本《苏东坡传》，其中展示了一个融通中西文化的当代学者对苏轼的全面评价，说他是"无可救药的乐天派、伟大的人道主义者、百姓的朋友、大文豪、大书法家、创新的画家、造酒试验家、工程师、憎恨清教的人、瑜伽修行者、佛教徒、鸿儒政治家、皇帝的秘书、酒仙、人道的法官、政治上专唱反调的人、月夜徘徊者、诗人、自我调侃者，综上雅号，仍有失东坡于万一"①。评语中大多是欣赏和赞誉，但也有两句迎合美国清教徒口味的戏谑之语，如"憎恨清教的人"和"自我调侃者"，这表明新教情怀浓郁的林语堂对中国文人政治中"诗酒应酬"的反感。因为是用英文写给西方读者看的，前言中这样的评价很容易让人联想到西方文明中的"智者"——亚里士多德。但是，如果要说苏轼是"中国的亚里士多德"，西方人心理上很难接受一个其他文明传统中的文豪能比肩自己文化中的思想偶像，而中国人心理上或许倒是会产生一种文化自豪感：苏轼之博学多才，亚里士多德比之毫无逊色；而苏轼之文人政治秉性和情趣，亚里士多德则真难望其项背！如果说，亚里士多德是西方知识和学科体系的创建者，则苏轼可谓中国文人政治的集大成者，此特点在中西方文明交汇的全球化时代蕴含殊多教益。

一、作为政治德性的文才

在古代西方政体中，君主制比较倚重权力的血缘关系，贵族制比较倚重权力阶层的政治品性，民主制比较倚重具有政治权利的公民数量。而在中国古代的科举制度中，政治德性的首要直观因素则是文才，这是从汉代察举制"孝廉"标准向隋唐科举制诗赋"文才"的转变，它确立了相对客观公平的衡量标准。尽管在苏轼参加科举考试的时期，"文才"标准中已经加入了"经义（经世济民）"的法理蕴含，但是，"文才"仍然占有主导性比重。

（一）天纵之才

苏轼作为中国文人政治传统中的经典人物，其最为人称道的首先是其"文才"。而在中国文化传统中，"文才"又蕴含两层寓意：一是作为自然禀赋的"天纵之才"；二是后天勤奋习得的"渊博学识"。这两者之和也称为"才华横

---

① "Preface", in Lin Yutang, *The Gay Genius*: *The Life and Times of Su Tungpo*（Melborne：William Meinemann Ltd, 1948），p. ix.

溢"和"博学通识",而苏轼两者兼具,尤长于"天纵之才"。

作为中国特色"治国理政"机制的"科举制度"通常是以"文才"为鉴别竞考者的主要标准,即老百姓口中的"秀才"。"文才"盛极者是"秀才中的秀才",秀才考试拾级而上到顶级殿试的"进士"魁首者就是"状元"。而在皇帝亲自主持的殿试之前,还有一次中央礼部主持的"会试"。这是殿试之前的"资格考试",但其测试的客观性往往高于受制于皇帝个人喜好的殿试。苏轼21岁进京参加了礼部的会试,以《刑赏忠厚之至论》震惊了主考官欧阳修。但是欧阳修怀疑此雄文为自己弟子曾巩所作,为避嫌将苏轼评为第二。然而,当年会试第一是谁,或殿试的"状元"是谁,留下什么"鸿篇巨制",人们都没有留下什么记忆。唯独苏轼在那次会试之后名震京师,后世又独享"旷世文豪"之美誉,因此,其会考的应试文章《刑赏忠厚之至论》被选入清代所选编的中国历代名篇佳作的集大成者——《古文观止》。北宋文坛领袖欧阳修曾就苏轼的文才和见识感叹:"此人可谓善读书,善用书,他日文章,必独步天下。"①"善读书,善用书"是科举制度和文人政治考核社会教育的两项基本标准,其反面的情况就是老百姓嘲讽的"读死书,死读书,读书死"。而苏轼的诗文"独步天下"最为人称道的便是其"文才"。

(二)少年立志

因为中国"治国理政"的背景是"家国一体",所以"家教"自然也是"国教"科举制的基础和重要组成部分。苏轼的家教亦是其后胜出科举考试和参与文人政治的前奏曲。根据苏辙在苏轼墓志铭中的记载,苏轼十岁之前的教育主要是由苏母在家中进行的。其重要内容则是"古今成败"之类的历史故事,而苏轼于其所学"辄能语其要",足见其卓绝的少年禀赋和对政治议题的超常敏感。"太夫人尝读东汉史,至范滂传,慨然太息,公侍侧曰:'轼若为滂,夫人亦许之否乎?'太夫人曰:'汝能为滂,吾顾不能为滂母耶?'公亦奋厉,有当世志。"②范滂是东汉文人政治中的"气节之士",其人"少厉清节""慨然有澄清天下之志"。举孝廉后,投身政治,打击官场腐败,践行仁政,才望可比肩"八俊"中的"李杜(李膺与杜密)"。后陷"党锢之祸",其母与之诀别言:"吾

---

① (宋)杨万里:《诚斋诗话》。参见 www.360doc.com/content/19/0414/21/10886293_ 828797654. shtml。
② 段书伟、李之亮、毛德富主编《苏东坡全集》(注译本)第10卷,北京燕山出版社,1998,第5766页。

欲使汝为恶，则恶不可为；使汝为善，则我不为恶。"① 这是拿孔子"见善如不及，见不善如探汤"的政治伦理与儿子共勉，声明为母绝不以"孝亲"之私情绑架儿子，迫使其同流合污于官场。这样的深明大义，其家教的意义当不在"孟母三迁"或"岳母刺字"之下。苏辙以此故事暗示苏轼的家教与苏母"为子师表"之间的关系，亦在说明苏轼少时的志向与才气。"唐宋八大家"中，苏氏一门独占其三，苏母相夫教子功不可没，惜乎此家教美德隐没于中国教育史和政治史。苏轼少年立经世济民之志，得益于母亲言传身教殊多。除以范滂母子示范教育之外，苏轼得功名后丁母忧五年，较丁父忧三年为天下通丧之限尤甚，足见母亲对他影响和他对母亲的情感之深。

（三）慕贾陆之文而殊展其才

苏轼的才华既有特殊的自然禀赋，亦有后天的家教与勤奋。"公之于文，得之于天"，苏辙对乃兄此评价可证之于其诗、文、词、书、画等方面罕见的造诣，是中国文化传统中对人的某种自然禀赋的礼赞，如"诗有别材，非关学也"，"酒有别肠，不必长大"及"世间才有一石，曹子建独得八斗"等。此外，苏轼诗文和策论关乎古今治乱的话题及其在中国文人政治中产生的影响，则得自于他的家教和勤奋。幼承母教，立当世之志；贬谪黄州，作《赤壁赋》和《赤壁怀古》，借山川河流抒发历史情怀，寓自然正义于天地演化之中；融儒、道、释、法、工、兵、医等百家之说于一炉，诗文行谊，名动天下，有千古奇才、旷世文豪之誉。苏轼青少年时期喜好汉唐功名才士贾谊和陆贽的文章，因其"论古今治乱，不为空言"②。贾谊与陆贽都是中国文人政治传统中的才具之士，对于汉唐时政多所诤谏，治国理政见识超迈，其文才和洞见深刻影响着苏轼。在神宗、哲宗两朝党争中，他并不隐瞒自己对熙宁变法与元祐更化的不同看法，因之而特立独行，固守己见，即使得罪权臣、遭到陷害，甚至遭皇帝误解、惩戒也在所不避。

苏轼从 21 岁中举，到 66 岁辞世，除丁母、父忧八年而外，其余时间皆在皇帝中央政府及地方任上或在贬谪流放之中，宦海沉浮、一生坎坷。但一直没有消沉歇绝，而是乐观进取，尽其所能地履职，尽其所兴地写作。对其青少年

---

① 《后汉书·党锢列传》。参见//wenku. baidu. com/view/879439ad2dc58bd63186bceb19e8b8f67d1c ef34. html#。

② 段书伟、李之亮、毛德富主编《苏东坡全集》（注译本）第 10 卷，第 5774 页。

时所仰慕的政治文人来说，于性情方面殊胜贾谊，活出了两个赍志以殁的贾谊（卒于33岁）的生命光彩；于文化贡献方面则殊胜陆贽，其才尽显于唐宋古文和宋代词赋，堪称绝唱，是中国文人政治中"人尽其才"的罕见显例。

在中国的文人政治中，苏轼之才基本没有被虚耗。这固然有北宋政治"重文抑武"特殊的历史际遇，另外也是拜"科举制度"之赐，以向社会开放的"相权"制衡一家一姓封闭的"君权"。苏轼以"布衣之资"分享"相权"，沉浮于宦海几近四十年，不仅得以苟全性命于官场的倾轧，还能在波诡云谲的仕途中留下传世的诗文词赋，使人不得不赞叹他千年（不）世出的文才。①无论作为苏轼长辈的文人政治家如范仲淹、欧阳修，还是其同辈的曾巩、王安石、程颢等，都在北宋相对宽松的政治环境中得以"善终"，唯有苏轼的文才为那个时代留下了别具特色的一笔。苏轼一生经历了仁宗、英宗、神宗、哲宗和徽宗五朝，是中国文人政治传统中少见的"五朝元老"。苏轼最初步入政坛，便以其文才震惊了仁宗皇帝，在读过苏轼、苏辙的制策后感叹道："朕今日为子孙得两太平宰相矣。"而苏轼混迹官场坎坷最多、时间最长的则是神宗和哲宗两代，此两任皇帝在位分别为18年和17年。神宗皇帝时，苏轼被先用后弃，陷于"乌台诗案"，几乎被斩，曹太后以仁宗惜才告诫才得以幸免，贬谪黄州；哲宗即位后，高太后听政则屡加重用；后哲宗亲政，苏轼则以"元祐党人"株连下罪，垂暮之年再贬谪惠州和儋州，直至徽宗大赦时得以北还，途中病逝于常州。苏轼身后官史总结他非凡的"志气"说："器识之闳伟，议论之卓荦，文章之雄隽，政事之精明，四者皆能以特立之志为之主，而以迈往之气辅之。"以至于"神宗尤爱其文，宫中读之，膳进忘食，称为天下奇才"②。由此可见，苏轼的文才名震朝野，使他在政治逆境中得以保全，中华文化因此亦免去了重蹈前朝贾谊、王勃"英才早逝"之痛。

二、作为政治德性的见识

苏轼虽然21岁于宋仁宗晚年中举，但仕途得意和遭贬都是在神宗和哲宗时期。特别是神宗时期，他先后在杭州、密州、徐州、湖州、颍州任职，后因"乌台诗案"流放黄州，写《密州出猎》《明月几时有》《定风波》《前后赤壁

---

① 林语堂70余年前写《苏东坡传》，其礼敬之辞，在今天的网络时评中也多有其同调。随意在中文搜索引擎中输入"千年世出的英才"，列入网页前茅的几乎总是苏轼。

② 段书伟、李之亮、毛德富主编《苏东坡全集》（注译本）第10卷，第5787页。

赋》《赤壁怀古》等名篇绝唱皆在此期间，与神宗变法图强的政治生态和社会风气亦有一定的关系。哲宗 10 岁即位，由高太后听政，朝廷政治生态趋于保守。前期苏轼虽得重用，但身体和意气皆不及神宗时期，略显英雄迟暮的味道，50 岁后几乎没有产生神宗时期那种豪迈率性、气吞山河的佳作了。这就是说，展现苏轼天赋的作品大都与时代政治生态相关联，其中自然流露出科举制下文人政治所体现的德性见识。

（一）重儒抑法

神宗亲政时，意欲变法图强，重用人才是题中之义。仁宗对苏轼有"宰相之才"的赞誉，惜乎苏轼初入仕途，丁母忧在家 5 年，几乎没有得到仁宗的重用；英宗在位不过 4 年，苏轼又丁父忧 3 年，亦无所重用；而神宗在位 18 年，苏轼施展自己的才华和因"乌台诗案"几近被斩都是在此期间，幸得曹太后以仁宗遗嘱告诫，苏轼才得以流放黄州抵罪。正是这次仕途逆转的流放，苏轼写出了诸多流传千古的词赋。其中洋溢着阐发儒家经典所蕴含的德性见识，而非限于文人抒情于风花雪月和山川美景之作。此所以读苏词近于范仲淹《岳阳楼记》之淑世情怀，而远王勃《滕王阁序》之忧郁惆怅者。

苏轼之所以能在以儒家经典为蓝本的科举考试中脱颖而出，不仅是凭借华丽的诗赋形式，更重要的是经世济民的德性见识。照亚里士多德看来，德性是古希腊各种政体得以维系的基本伦理要素，如正义、勇毅、慷慨、节制、智慧这些西方传统奉为客观规律的训条。最典型的莫过于"以眼还眼、以牙还牙"之类的"几何式比例正义"，而中国法家一派的"赏罚之二柄"颇与之相类。儒家则相反，更重视主观性的价值判断，以"仁义"规训"赏罚"。汉代儒生贾谊论秦朝法家制度之过错，以"仁义不施，而攻守之势异也"释"万乘之权"毁于"一夫作难"的千古政治笑话。① 这或许给了喜欢贾谊文章且有志于儒家"修齐治平"功名事业的苏轼最初的政治启发，以至于他初试科举便一鸣惊人。其科举策论也是围绕儒法两家治国理政的原则而展开的，点睛之笔莫过于"可以赏可以无赏，赏过乎仁；可以罚可以无罚，罚之过乎义。过乎仁不失为君子，过乎义则流而入于忍人。故仁可过也，义不可过也。"② 此所以震惊主考官欧阳修、选入《古文观止》和《中国历代法学文选》者，不啻对儒家"仁

---

① 《古文观止》《过秦论》，吉林美术出版社，2017，第 169 页。
② 高潮、马建石主编《中国历代法学文选》《刑赏忠厚之至论》，法律出版社，1983，第 510 页。

义"伦理原则适用于治国理政的一种创新性的诠释。在儒家正统的"孔仁孟义"中，"仁""义"是同等重要的制度伦理标准，在所谓"杀身成仁"和"舍生取义"的儒家伦理中，"仁""义"都被视为高于客观实体生命的价值标准。与生命实体相比，其他治国理政的制度性实体自然更不在话下，所以，孔子、孟子那些表达仁义主观价值超越于客观实体的格言才会千古流传，如"三军可夺帅也，匹夫不可夺志也"①和"得志，与民由之；不得志，独行其道。富贵不能淫，贫贱不能移，威武不能屈，此之谓大丈夫"②。而苏轼距孔孟生活的春秋战国时代相隔 1300—1500 年之遥，其间儒家的社会治理伦理与制度的损益关系亦大不相同。以苏轼的文才与学识，必然会结合历史治乱的演变对各家政治伦理提出自己独特的看法。他在科举考试策论中将儒家伦理原则"仁""义"与治理实体的"赏""罚"二柄作取舍比较，提示社会的长治久安应以"仁赏"为主，"义罚"为辅。这样就将"仁""义"区分成了"价值理性"的"仁"与"工具理性"的"义"，以儒家"仁政"为社会治理的价值原则，以指导法家的"御民之术"。这既是对孟子"徒善不足以为政，徒法不能以自行"③更详细的说明，也是对韩非"仁义惠爱之不足用，而严刑重罚之可以治国也"④工具理性法治观的修正。

（二）仁本义末

在古代政治语境中，"义"通常就有工具形式与价值判断两重含义。法家或纵横家多从工具形式论述其效率，如伯夷、叔齐"义不食周粟"，将"以暴易暴"的"周武革命"的形式作为最高标准，而忽略了"顺乎天应乎人"的价值取向，"田横五百义士"或社会上之"江湖义士"多类于此。而儒家则多从价值判断推崇其公道，如"君子之于天下也，无适也，无莫也，义之与比"⑤，因而有"见利思义""见义勇为"和"替天行道（义）"之说。即便是在儒家的话语中，"义"的工具形式和价值判断也常有模糊或歧义的成分。这是在百姓日用与君子思虑之间寻求平衡，就像"天命"一样，既表达客观的自然之天，也可以表达主观意志之天。孔子在《中庸》中讲"义者，宜也"，韩愈在《原道》

---

① 《论语·子罕》。
② 《孟子·滕文公下》。
③ 《孟子·离娄上》。
④ 《韩非子·奸劫弑臣第十四》。
⑤ 《论语·里仁》。

中也说"博爱之谓仁，行而宜之之曰义；由是而之焉之谓道，足乎己无待于外之谓德。仁与义，为定名；道与德，为虚位：故道有君子小人，而德有凶有吉"。①《中庸》本于"造端乎夫妇"之"众用（中庸）"而通假其名，其所谓"宜者"有"合时宜"的工具效率特征。而韩愈的解释却有点理论瑕疵：他本意是说，仁是儒家的伦理原则，义是此原则的恰当运用，进而用道与德作体用之辨。再论仁与义为名而道与德为位、道有君子小人和德有凶吉时，就出现了类比失当、概念混乱，以后句的仁义和道德之合误证前句仁与义、道与德之分，有前言不搭后语、自相矛盾之虞。相比之下，苏轼就比较高明。他明确将仁与赏归为治理原则，而将义与罚归为治理的效率，以前者规训后者，为中国"阳儒阴法"或"礼主刑辅"的治理经验提供一个自洽的解释：仁是社会治理的德性原则，以奖赏的形式鼓励人们向善，故不厌其多；义是社会治理的效率规则，以惩罚的形式警诫人们行恶，故不宜其滥。对于社会的长治久安，仁爱原则贵在有无，所以辨仁政；施行规则贵在相宜，所以立信义。这种关乎法律实施的仁义之辨与西方现代法学家德沃金的立法原则与司法规则之辨颇为相近，视其为古代中国自然法思想可也。要之，苏轼名震京师的策论所蕴含的这些推论，极大深化了儒法思想在治国理政方面的辩证关系，折射出他卓越的见识。宋神宗曾问身边的大臣："轼方古人，孰比？"近臣曰："唐李太白。"上曰："不然。白有轼才，无轼学。"②神宗问近臣，中国历史上有谁可以媲美苏轼，其心中已有"成见"：苏轼之禀赋与学识"前无古人"。他确信苏轼超越李白的学识主要体现在他一生孜孜以求的治国理政方面，其价值取向还是崇儒抑法的。但是，这与神宗崇法抑儒或者"阳儒阴法"的政治路线还是"格格不入"，导致其大好年华不是消耗在"贬谪的地方"，就是消耗在"贬谪的路上"。

苏轼被贬始于"乌台诗案"，史家多以其诗文太过情感表露而易为政敌罗织罪名，深文周纳。但是清代一位研究中国历代法律体系的"修律大臣"沈家本却认为："宋神宗置律学，苏轼有'读书万卷不读律，致君尧舜终无术'之讽。"③显示了苏轼的治国理政见识与神宗的政策取向有原则上的区别。皇帝

① （唐）韩愈：《韩昌黎文集校注》，马其昶校注，上海古籍出版社，2014，第15页。
② 段书伟、李之亮、毛德富主编《苏东坡全集》（注译本）第10卷《次苏子瞻先后事》（袁中道），第5792页。
③ （清）沈家本：《历代刑法考》（四）《寄簃文存·设律博士议》，邓经元、骈宇骞点校，中华书局，1985，第2060页。

"治理天下"倾向于"刻薄寡恩"的法律手段，以严厉惩罚、震慑恐怖为主；而儒家则以尧舜禅让"道统"来规训"政统"，因而有"以德抗位""贤者为帝王师"的"德治"传统。苏轼讽刺诗与杜甫"致君尧舜上，再使风俗淳"都是同一个意思，表达了儒家伦理对文人政治的主导性影响力。所以，像贾谊、杜甫、苏轼这样的文人论政多以"尧舜"为其号召，暗讽汉武帝、唐太宗之类的霸业君主，以彰显儒家的仁德价值高于法家的统治之术。终苏轼宦海沉浮一生，此儒家政治德性伦理在其策论、词赋中一直没有"缺席"，因此也决定了他在"阳儒阴法"政治环境下虽有超越的文才和学识而不得重用的文人政治宿命。

三、作为政治德性道德勇气

除了天纵之才和仁德见识之外，苏轼身上所体现的文人政治秉性就是道德勇气。中国文化中有"匹夫之勇"一说，通常是指生理实体之勇，与之相对的则是"道德勇气"或"道义之勇"，这是儒家政治伦理的一个传统。宋儒陈亮说："夫人之所以与天地并立为三者，以其有是气也。孟子终日言仁义，而与公孙丑论一段勇如此之详，又自发为浩然之气，盖担当开廓不去，则亦何有于仁义哉！"①人自觉到自己应有"顶天立地"的勇气就是儒家"仁义"价值的社会展现，所以受中国儒家文人政治影响的日本现在还有政府"担当大臣"这一称谓。当代中国行政伦理中亦提倡"政治担当"，此可谓儒家文化圈在文人政治中的"一道同风"。

（一）皇权三过：求治太急、听言太广、进人太锐

道德勇气在文人政治中至关重要。文人在科举制度中有文才有学识只是一种资历和本钱，但是在波谲云诡的文人政治中践行这种资历和本钱却考验着人的道德勇气。就此道德勇气而言，苏轼较之文人政治中屡见不鲜的阿谀奉承之辈则有天壤之别，属于文人政治中魏征一类敢于触犯龙颜的诤谏之臣。苏轼正式进入赵宋中央参与政治时，正值神宗授意下的王安石新政，但苏轼并不隐瞒自己与当权者的不同观点，且多有批评。神宗也知道苏轼对自己的政策持有异议并召见垂询："方今政令得失安在？虽朕过失，指陈可也。"苏轼则毫不讳言，直陈皇帝理政的关键性失策："陛下生知之性，天纵文武，不患不明，不患不

---

① 《陈亮集》（下册）《甲辰秋答朱元晦秘书书》，中华书局，1974，第281页。

勤，但患求治太急，听言太广，进人太锐。愿镇以安静，待物之来，然后应之。"①这完全是站在儒家"帝王师"的立场来应对皇帝的咨询。要是换一个"志大才疏"或"心胸狭窄"的皇帝，任意安个冒犯"天子龙威"的罪名就可以问斩了。所幸的是，当时的宋神宗还记得宋家的政治祖训：不杀士大夫及上书言事人。不仅"皇恩浩荡"没有杀苏轼，还象征性地表彰苏轼尽了"言责"，以至于苏轼之后再上疏三言，以"愿陛下结人心，厚风俗，存纪纲"告诫神宗支持王安石变法可能导致的政治风险。② 这也是间接批评神宗皇帝有"急功近利"的思想，容易被权臣中那些"揣摩圣意"的人所利用，以兜售其"战国贪功之人行险侥幸之说"，使国家陷入人心丧失、民怨四起的危险境地。这种政治谏诤是儒家"得民心者得天下，失民心者失天下"的"民本"思想反映，其在文人政治中形成了一种以儒家式的"约权"传统。在唐有魏征"居安思危"的训诫，在清有黄宗羲"天下为主，君为客"的"（天下）百姓主权论"。与西方的"君权神授"和"君权民约"的"宪法政制"颇为不同，前者强调的是"人心"所象征的普遍社会伦理，后者强调的是君主"权力"形成的制度性渊源。两相比较，一软一硬，一个形成文人政治传统，一个形成分权制衡框架；前者的动力来自人的道德勇气，后者的动力来自社会力量的临界点爆发。

（二）治国系于道德而非强富

对于神宗皇帝这类"好大喜功""急于求成"且"志大才疏""刚愎自用"的君主，笃信"天下为公""以德服人""得民心者得天下"的文官谏政，动辄便会因触犯龙颜而遭杀身之祸。因此，在中国的文人政治中能以自己的才学、敢于评议天下大事，甚至不以皇帝意旨为转移，没有孔子的"匹夫之志"和孟子"大丈夫"的"浩然之气"是绝难做到的。儒家在文人政治中所体现的这种"志气"或者"士节"就是现代语境中的"道德勇气"，其"以德抗位"的内涵就体现在"天下公议"方面。因此，苏轼在给神宗皇帝提出政治建议时，大有"每慷慨以论天下事，奋不顾身"的气魄："国家之所以存亡者，在道德之浅深，不在乎强与弱；历数之所以长短者，在风俗之薄厚，不在乎富与贫。道德诚深，风俗诚厚，虽贫且弱，不害于长而存。道德诚浅，风俗诚薄，虽强且富，不救

① 段书伟、李之亮、毛德富主编《苏东坡全集》（注译本）第 10 卷《宋史·苏轼本传》，第 5777-5778 页。
② 同上书，第 5778 页。

于短而亡。人主知此，则知所轻重矣。是以古之贤君，不以弱而忘道德，不以贫而伤风俗，而智者观人之国，亦以此而察之。"① 他完全是站在儒家"道德"的制高点，陈述治国理政的原则性问题。其书生意气之从容、规训权力之雄辩，大有孟子以"与民同乐"训诫权倾一时的梁惠王之风范，其道德勇气在中国科举制下的文人政治中实属罕见。中国历代君主本质上都是法家"独断朝纲"的霸道之徒，偶然喊几句儒家王道仁政的口号，充其量不过是言不由衷的温情缘饰。所以，文人政治中的看风使舵、明哲保身者多为皇帝圣旨的谄媚或"补阙挂漏"之辈，鲜有坚持自己的学识信念而与强势君主相抗争的。这是因为廷争面折需要"杀身成仁"的道德勇气，这一点神宗时代的苏轼与汉武帝时代的公孙弘相比就格外突出。神宗和武帝都是自期甚高的"一世英主"，而苏轼与公孙弘在才学与见识上也可以说不相上下——唯苏轼弱冠得意，而公孙弘大器晚成，但在道德勇气方面公孙弘则不能与苏轼同日而语。公孙弘"每朝会议，开陈其端，令人主自择，不肯面折庭争"。② 而苏轼则坚持儒家道德理想，以仁义忠厚的价值伦理，规训君主自鸣得意的权力傲慢，以"从道不从君"的道德勇气沉浮于神宗亲政下的宦海。几近 20 年，于流放贬谪之中反而创造出来大量气吞山河、臧否人物、公论治乱的宏伟诗赋，遂成为中国文人政治中不落于"曲学阿世"流俗的典范。

（三）重儒抑法，天下为公

儒家治国理政的思想秉持"天下为公"的道德约权之原则。而法家倾向于"法术势"的工具效率与封建制的"天下为家"集权思想无原则上的张力，反倒可以"为虎作伥"，强化皇帝"家天下"的权力垄断。故此法家思想深得帝王喜好，特别是像汉武帝、宋神宗一类崇尚个人集权而扬名天下的君主。自"汉承秦制"迄于唐宋，"大有为之君"莫不行"阳儒阴法"之政，即儒家思想仅在形式上作为笼络民心的"缘饰"。而皇帝在集权和擅杀中得心应手的却是法家的"权术"，综括其大略，无逃于法家《商君书》"弱民、愚民、疲民、辱民、贫民、虐民"之"驭民六术"。这一封建"驭民"特色，历代皇帝和士大夫们无不心知肚明，但大多"心照不宣"。可是，苏轼总不免要去"捅破窗户纸"，不仅在陈述政见时坚持儒家"王道仁政"的"道德约权"原则，而且还

---

① 段书伟、李之亮、毛德富主编《苏东坡全集》（注译本）第 5 卷《上神宗皇帝书》，第 2365 页。
② 《史记·平津侯主父列传》。

以自己超凡的才学和当仁不让的勇气"重儒抑法",不留情面地批评皇帝集权的"分封建侯"体制:"凡有血气,必争,争必以利,利莫大于封建。封建者,争之端而乱之始也。自书契以来,臣弑其君,子弑其父,父子兄弟相贼杀,有不出于袭封而争位者乎!"① 这种尖锐的批评对于热衷于垄断权力、皇位世袭的君主,真是"情何以堪",足见苏轼站在体制内以"仁爱"价值批判体制"袭封"的残暴性具有何等的道德勇气!另外,即便是对在文人政治中默认的"阳儒阴法"原则,苏轼也不时发起挑战,坚持自己"重儒抑法"的政治主张:"取之以仁义,守之以仁义者,周也。取之以诈力,守之以诈力者,秦也。以秦之所以取取之,以周之所以守守之者,汉也。仁义诈力杂用以取天下者,此孔明之所以失也。"② 这是借着对"千古一相"诸葛亮的得失评论,来贬斥"家天下"的封建制度,以"三代圣王"高于"秦汉皇帝"隐射儒家"仁义"原则优于法家"诈力"权术。中国思想家或学者中有一种论史传统,记述夏商周三代皆以"圣王之治",而汉唐宋明则以"刘汉、李唐、赵宋、朱明"论之。前者暗示其治理原则是"天下为公",后者则是一姓之私的"家天下"。此论述传统折射出为儒家"修齐治平"思想所激励的中国文化人的政治情感与道德勇气,于此儒家特色的文人政治传统,苏轼不啻其远古垂范也。

苏轼还有更为直接的"重儒抑法"之论,完全没有顾及"阳儒阴法"的神宗皇帝的感受,这在"皇帝家天下"的时代是文人议政的大忌。这体现在他对司马迁的"商鞅列传"的评论:"商鞅用于秦,变法定令,行之十年、秦民大悦,道不拾遗,山无盗贼,家给人足,民勇于公战,怯于私斗,秦人富强,天子致胙于孝公,诸侯毕贺。苏子曰:此皆战国之游士邪说诡论,而司马迁暗于大道,取以为史。吾尝以为迁有大罪二,其先黄老后六经,退处士进奸雄,盖其小小者耳。所谓大罪二,则论商鞅、桑弘羊之功也。自汉以来,学者耻言商鞅、桑弘羊,而世主独甘心焉,皆阳讳其名,而阴用其实,甚者则名实皆宗之,庶几其成功,此司马迁之罪也。"③ 这种通过评论法家鼻祖商鞅的语调,直接贬斥司马迁,进而点明了"世主""阳儒阴法"甚至对法家"明实皆宗之"的政治现实,简直是直接揭了皇帝"家天下"的"遮羞布"!以苏轼之见识和官场之坎坷,当不会不知效法公孙弘之巧饰,而非要直言不讳,论者不能不感慨他

---

① 段书伟、李之亮、毛德富主编《苏东坡全集》(注译本)第 4 卷,第 1892 页。
② 同上书,第 1819 页。
③ 同上书,第 1888-1889 页。

的道德勇气。王国维曾在《文学小言》说:"三代以下之诗人,无过于屈子、渊明、子美、子瞻(苏轼)者。此四子者,苟无文学之天才,其人格亦自足千古。故无高尚伟大之人格,而有高尚伟大之文学者,殆未之有也。"又说他们都是"旷世而不一遇"且"济之以学问,帅之以德性"。① 论者亦不免于此作点"英雄所见略同"的感叹:正是苏轼的道德勇气成就了他重儒抑法的文人政治洞见!

四、结论

与怀才不遇的"竹林名士"借酒浇愁不一样,苏轼宦海沉浮而屡遭谪贬,却于"纵酒放歌"之中,借山河月色抒发政治情感。其豪迈的性格和随遇而安的生活方式,养成了他体貌上的仙佛特征:仙翁髯与弥勒肚,也印证了儒家"诚于中而形于外""心广体胖"的说法。明代素有"洗荡乾坤"之志的才子袁中道曾以颇为传神的笔调描绘了苏轼与三位女子的对话:"子瞻为学士时,常饭后捧腹行,问一妓曰:'此中何物?'曰:'满腹书诗。'又问一妓,曰:'满腹智巧。'次及朝云,朝云曰:'相公一肚不合时宜。'子瞻大笑。"② 苏轼的才气与学识在其中年即声名在外,此二妓女所知者,一是赞叹其文才;一是赞叹其学识。只有长久相伴的歌姬王朝云深知苏轼的窘境,道出了她所仰慕的男人身上的文人政治本性,颇得苏轼认可,故在其晚年流放中只有王朝云陪伴左右。通过这三位女性对"大腹便便"的苏轼的评价,颇能折射出中国科举制度下文人政治的特征和普遍寓意:教育——包括家教和学校教育是社会人生的前提条件;公开而平等的教育机会是培育人才的必然途径;客观地考评人才和公正地任用人才是社会长治久安的体制保障;尊重和爱惜人才是社会文明进步的政治原则。苏轼一生立志用世且科举成名,虽宦海沉浮,但守身以道,成就了中国读书人"高山仰止"的功名事业,彰显了中国文人政治传统所启示的现代教益。

---

① https://www.douban.com/note/583272309/.
② 段书伟、李之亮、毛德富主编《苏东坡全集》(注译本)第10卷,第5796页。

朱熹《白鹿洞书院揭示》考论及其现实意义

韩 星

摘 要：朱熹知南康军修复白鹿洞书院，自任洞主，制定《白鹿洞书院揭示》，提出五教之目、为学之序、修身之要、处事之要、接物之要等一系列书院教育的教规。此教规是儒家书院精神的象征，是中国书院发展史上一个纲领性教规，也成为天下书院共同遵守的准则。在当时和以后的中国历史上产生了深远影响，还传到海外的日本、韩国及东南亚一带，甚至西方，誉享海外。本文就此教规考诸儒家经典及注疏，探索其来源及深意，以深入理解其内容、价值和意义，为今日书院提供教育思想资源，传承中国古代书院精神，重建现代儒家书院。

关键词：朱熹 《白鹿洞书院揭示》 儒家书院 现实意义

淳熙六年（1179 年），著名理学家、教育家朱熹知南康军，率百官造访白鹿洞书院。当时书院残垣断墙，杂草丛生。朱熹非常惋惜，责令官员修复书院，并自任洞主，制定教规，延聘教师，招收生徒，划拨田产，苦心经营，开展了多种形式的教学活动，包括"升堂讲说""互相切磋""质疑问难""展礼"等，而以学徒认真读书，自行理会为主要形式。朱熹每有闲暇率与生徒优游于山石林泉之间，寓讲说、启迪、点化于其中。白鹿洞书院因朱熹而享盛名，王昶在

本文作者韩星，中国人民大学国学院教授，博士生导师。主要研究方向为中国思想文化、儒学、儒教等。

《天下书院总志》序中称白鹿洞书院为"天下书院之首"。《白鹿洞书院揭示》又称《白鹿洞书院教规》，就是朱熹专门为白鹿洞书院制订的教规。本文就此教规考诸儒家经典及注疏，探索其来源及深意，以深入理解其内容、价值和意义，为今日书院提供教育思想资源。

一、五教之目

> 父子有亲。君臣有义。夫妇有别。长幼有序。朋友有信。右五教之目。尧舜使契为司徒，敬敷五教，即此是也。

"五教"即五常之教，原本指父义、母慈、兄友、弟恭、子孝五种伦理道德的教育，见于《尚书·舜典》："帝曰：契，百姓不亲，五品不逊，汝作司徒，敬敷五教，在宽。"孔颖达疏："帝又呼契曰：往者天下百姓不相亲睦，家内尊卑五品不能和顺，汝作司徒之官，谨敬布其五常之教，务在于宽。""品谓品秩，一家之内尊卑之差，即父母兄弟子是也，教之义慈友恭孝，此事可常行，乃为五常耳。"可见，最初的"五教"主要是针对五伦之家庭伦理提出的，后来才发展为父子、君臣、夫妇、长幼、朋友五伦之教，即《孟子·滕文公上》所说的："人之有道也，饱食暖衣，逸居而无教，则近于禽兽。圣人有忧之，使契为司徒，教以人伦：父子有亲，君臣有义，夫妇有别，长幼有叙，朋友有信。"郑玄注："司徒主人，教以人事。父父子子，君君臣臣，夫夫妇妇，兄兄弟弟，朋友贵信，是为契之所教也。"所以蔡沈《书经集传》注："五品：父子、君臣、夫妇、长幼、朋友五者之名位等级也。司徒，掌教之官。敷，布也。五教：父子有亲，君臣有义，夫妇有别，长幼有序，朋友有信。以五者当然之理，而为教令也。敬，敬其事也。圣贤之于事，虽无所不敬，而此又事之大者，故特以敬言之，宽，裕以待之也。盖五者之理，出于人心之本然，非有强而后能者。自其拘于气质之偏，溺于物欲之蔽，始有昧于其理，而不相亲爱，不相逊顺者。于是，因禹之让，又申命契，仍为司徒，使之敬以敷教，而又宽裕以待之，使之优柔、浸渍，以渐而入，则其天性之真，自然呈露，不能自已，而无无耻之患矣。"

尧舜看到人们互相之间缺乏关爱，不能和睦相处，五伦关系紊乱，不能和顺融洽，于是就使契为司徒之官，主管教化，教人们父子有亲、君臣有义、夫妇有别、长幼有序、朋友有信五常之教。还特别嘱咐教化要注意方式方法和情感态度，要恭敬、宽裕，把道理讲明讲透，深入人心，变化气质；不能草率、强迫，而应宽和温厚，循序渐进，激发起道德自觉意识，自我检点而归于正道。

契是商族始祖，相传其母为有娀氏之女简狄，食玄鸟蛋受孕而生。《诗经·玄鸟》："天命玄鸟，降而生商，宅殷土芒芒。"上天命神燕，下凡生商王，殷商土地多宽广。《诗经·商颂·长发》篇，开头两节就是写契的出生和立国情况。褚少孙《补史记诗传》曰："汤之先为契，无父而生契，母与姊妹浴于元邱水，有燕衔卵堕之，契母得故含之，误吞之，即生契。契生而贤，尧立为司徒，姓之曰子氏。子者，兹兹益大也，诗人美而颂之曰，殷社芒芒，天命玄鸟，降而生商，商质殷号也。"《列女传》曰："契母简狄者，有娀氏之长也，当尧之时，与其娣浴于幺丘之水。有玄鸟衔卵过坠之，五色甚好，简狄与其妹娣竞往取之，简狄得而含之，误而吞之，遂生契焉。简狄性好人事之治，上知天文，乐于施惠，及契长而教之理，顺以序。契之性聪明而仁，能育其教，卒致其名，尧使为司徒，封于亳。及尧崩，舜即位，乃敕之曰：'契，百姓不亲，五品不逊，汝作司徒而敬，敷五教在宽，其后世世居亳。'至汤兴为天子，君子谓简狄仁而有礼。《诗》曰：'有娀方将，立子生商。'又曰：'天命玄鸟，降而生商。'此之谓也。"尧舜先后任命契为司徒，推行五伦之教：父子之间有亲情，君臣之间有道义，夫妻之间内外有别，兄弟之间有长幼之序，朋友之间有诚信，这是处理人与人之间关系的天下古今通行不变的常道。

另外，《尚书》"五典"也被称为"五常之教"。《尚书·舜典》："慎徽五典，五典克从。"《伪孔传》："五典，五常之教。父义、母慈、兄友、弟恭、子孝。"蔡沈《书经集传》："五典，五常也。父子有亲，君臣有义，夫妇有别，长幼有序，朋友有信是也。"孔安国与蔡沈理解略有不同，但不是矛盾，恰是互补。五常之教是强调要处理好五伦关系，侧重五伦父义、母慈、兄友、弟恭、子孝的道德要求，与《尚书·舜典》的"五教"一致，当是《尚书》的本意，也是早期的通说。如《左传·文公十八年》亦云："举八元，使布五教于四方：父义、母慈、兄友、弟共（恭）、子孝，内平外成。"蔡沈直接引用孟子父子有亲，君臣有义，夫妇有别，长幼有序，朋友有信，侧重五伦共同的道德要求。类似还注重于五伦十方的各自要求，如《礼记·礼运》"十义"："父慈、子孝、兄良、弟悌、夫义、妇听、长惠、幼顺、君仁、臣忠，十者谓之人义。""十义"其实就是五伦每一方应遵循的十个伦理道德原则。《三字经》又有另外一种"十义"的说法:"父子恩,夫妇从,兄则友,弟则恭,长幼序,友与朋,君则敬,臣则忠,此十义,人所同。"这些说法大同小异,都是对五常之道、五伦之教的展开和细化。

《中庸》称父子有亲、君臣有义、夫妇有别、长幼有序、朋友有信为"五达道"。《中庸章句·第二十章》:"天下之达道五,所以行之者三:曰君臣也、父子也、夫妇也、昆弟也、朋友之交也。五者,天下之达道也。"郑玄注:"达者常行,百王所不变也。"郑玄是就政治层面而言,达道就是古今圣王圣圣相传,常行不变之道。孔颖达疏曰:"'五者,天下之达道也',五者,谓君臣、父子、夫妇、昆弟、朋夫之交,皆是人间常行道理,事得开通,故云'达道也'。"孔颖达从更广泛的意义上讲,把君臣、父子、夫妇、昆弟、朋夫五伦之道看成是人世间常行的道理,五伦顺畅,诸事顺遂,人生通达。朱熹《中庸章句集注》:"达道者,天下古今所共由之路,即《书》所谓五典,孟子所谓'父子有亲、君臣有义、夫妇有别、长幼有序、朋友有信'是也。""五达道"就是君臣、父子、夫妇、兄弟、朋友交往的人伦之道。只要人类社会存在一天,这五种基本关系就起着作用。处理好了这五种基本关系,一个人在社会上就可以通达无碍,社会也就会秩序井然。

这五个方面在中国古代还被称为"伦常",人伦之常道,即人与人相处的常道,是规范君臣、父子、夫妇、兄弟、朋友五种人伦关系的不可改变的常道。儒家认为,"伦常"若乱,人将堕落为禽兽,人类社会将成为动物世界,国将不国,天下就会大乱。所以朱熹非常重视,把五教看成是书院教育的基本内容,"学者学此而已",到书院就是学习这些。

二、为学之序

学者学此而已。而其所以学之之序,亦有五焉,其别如左:博学之,审问之,慎思之,明辨之,笃行之。右为学之序。学、问、思、辨四者,所以穷理也。

明白了学习的内容,接下来就是怎么学?朱熹认为为学要有先后、轻重次序,循序渐进,不能躐等。《中庸章句·第二十章》云:"博学之,审问之,慎思之,明辨之,笃行之。有弗学,学之弗能弗措也;有弗问,问之弗知弗措也;

有弗思，思之弗得弗措也；有弗辨，辨之弗明弗措也；有弗行，行之弗笃弗措也。人一能之已百之，人十能之已千之。果能此道矣，虽愚必明，虽柔必刚。"郑玄注："此劝人学诚其身也。"朱熹《中庸集注》："此诚之之目也。学、问、思、辨，所以择善而为知，学而知也。笃行，所以固执而为仁，利而行也。"从文本原意讲，"博学、审问、慎思、明辨、笃行"是教人学会诚身的具体内容。朱熹把五者分为知和行两个阶段：学、问、思、辨是择善为知，学而知；笃行是固执为仁，利而行。

"博学、审问、慎思、明辨、笃行"作为儒家的为学之道，是五个环环相扣、层层递进的为学阶段。"博学"，朱熹解释说："博学，谓天地万物之理，修己治人之方，皆所当学。然亦各有次序，当以其大而急者为先，不可杂而无统也。"①是指兴趣广泛，视野开阔，广博地学习，广泛地涉猎，有丰厚的积累。但人的生命有限，而知识的大海无边，如《庄子·养生主》所说的"吾生也有涯，而知也无涯"，所以朱熹还强调大者、急者为先，不可驳杂不系统。其实，"博"还意味着博大胸怀和宽容的态度，真正做到海纳百川，有容乃大，兼收并蓄，博采众长。因此，博学乃能成为为学的第一阶段。没有这一阶段，为学就是无根之木、无源之水。"审问"为第二阶段，有所不明就要审慎地探询、深入地追问，具有怀疑精神，培养理性。"审问"过以后还要通过自己的大脑谨慎地思考、周密地思索，仔细考察、比较、分析，探求真谛，把握规律，这样才能遴选消化，否则所学不能为自己所用，是为"慎思"。朱熹认为："思之不慎，便有枉用工夫处。""思之粗浅不及，固是不慎；到思之过时，亦是不慎。所以他圣人不说深思，不说别样思，却说箇'慎思'。"②"明辨"为第四阶段。为学是需要明晰地分辨、明确地判别，辨别是非，分清黑白，判定真伪，不然，所学就可能会鱼龙混杂，真伪并存，良莠不分。"笃行"是为学的最后阶段。"笃"有忠贞不渝、踏踏实实、一心一意、坚持不懈之意。既然学有所得，就要学以致用，笃实地践行，使所学最终有所落实。只有目标明确、意志坚定的人，才能真正做到"笃行"。以上五个阶段，也可以分为两个部分，前四个阶段合起来可以叫作"学问思辨"，最后一个阶段可以叫作"躬行实践"。这两部分加到一起，就是知行合一。

《论语·子张篇》载："子夏曰：'博学而笃志，切问而近思，仁在其中

---

① 《朱子语类》第 4 册，中华书局，1986，第 1564 页。
② 同上书，第 1564–1565 页。

矣。'" 朱熹《论语集注》："四者皆学问思辨之事耳，未及乎力行而为仁也。然从事于此，则心不外驰，而所存自熟，故曰仁在其中矣。程子曰：'博学而笃志，切问而近思，何以言仁在其中矣？学者要思得之。了此，便是彻上彻下之道。'又曰：'学不博则不能守约，志不笃则不能力行。切问近思在己者，则仁在其中矣。'又曰：'近思者以类而推。'苏氏曰：'博学而志不笃，则大而无成；泛问远思，则劳而无功。'" 朱熹认为博学、笃志、切问、近思就是《中庸》博学、审问、慎思、明辨之事。虽然子夏没有提到力行，但只要在这四个方面努力，修心养性，也就是在践行仁道，如颜回"三月不违仁"即是。他引程子、苏轼进一步发挥这四个方面。

《礼记·儒行》篇说儒者"博学而不穷，笃行而不倦"。这里只提到"博学"和"笃行"，其实由"博学"到"笃行"不是一蹴而就的，其中包含了审问、慎思、明辨在内。这样，由博学到笃行就构成了一种内在的逻辑环节。朱熹《论语集注》又引程子云博学、审问、慎思、明辨、笃行，"五者废其一，非学也"。这五个方面或五个环节缺失了一个就不能称为"学问"。因此，在学习过程中，要有"弗措"的精神。这五个环节任何一个环节都不能轻易放弃，而且要花大力气，下大功夫，"人一能之，己百之；人十能之，己千之"，最终由愚而明，由柔而强。"弗措"的精神，也就是《荀子·劝学》里的名言"锲而舍之，朽木不折；锲而不舍，金石可镂"的精神；"人一能之，己百之；人十能之，己千之"的态度，也就是成语所说的"笨鸟先飞""勤能补拙"的态度。朱熹又从理学的角度强调为学的终极目的是穷理，即通过格物致知，穷究万事万物之理，乃至最后上达天理。

三、修身之要

若夫笃行之事，则自修身以至于处事、接物，亦各有要，其别如左：言忠信，行笃敬，惩忿窒欲，迁善改过。右修身之要。

为学之要落实在"笃行"，就是以修身为本，并具体落实在为人处世、待人接物等方面。为此，朱熹提出了"言忠信，行笃敬，惩忿窒欲，迁善改过"的修身之要，即言语忠诚老实，行为敦厚严肃，压抑自己的欲望和怒气，改正自己的错误而向善。其中"言忠信，行笃敬"出自《论语·卫灵公》："子张问行，子曰：'言忠信，行笃敬，虽蛮貊之邦，行矣。言不忠信，行不笃敬，虽州里，行乎哉？立则见其参于前也，在舆则见其倚于衡也，夫然后行。'子张书诸绅。"孔颖达疏曰："孔子答言，必当言尽忠诚，不欺于物，行唯敦厚而常谨敬，则虽蛮貊远国，其道行矣。反此，虽州里近处，而行乎哉？言不可行也……言常思念忠信笃敬，立则想见，参然在目前。"朱熹《论语集注》："言其于忠信笃敬念念不忘，随其所在，常若有见，虽欲顷刻离之而不可得。然后一言一行，自然不离于忠信笃敬，而蛮貊可行也。"朱熹又引程子曰："学要鞭辟近里，著己而已。博学而笃志，切问而近思；言忠信，行笃敬；立则见其参于前，在舆则见其倚于衡；只此是学。质美者明得尽，查滓便浑化，却与天地同体。其次惟庄敬以持养之，及其至则一也。"子张问如何才能使自己到处都能行得通。孔子说："说话要忠信，行事要笃敬，即使到了蛮貊地区，也可以行得通。说话不忠信，行事不笃敬，就是在本乡本土，能行得通吗？站着，就仿佛看到忠信笃敬这几个字显现在面前；坐车，就好像看到这几个字刻在车辕前的横木上，这样才能使自己到处行得通。"子张把这些话写在腰间的大带上。孔子从言行两方面教育子张，希望他把忠信笃敬铭记在心，时时处处践行，就可以受益终生。

"惩忿窒欲，迁善改过"出自《周易》。《周易·损卦·象传》："君子以惩忿窒欲。"孔颖达疏曰："山下有泽，损，君子以惩忿窒欲者，泽在山下，泽卑山高，似泽之自损以崇山之象也。君子以法此损道，以惩止忿怒，窒塞情欲。夫人之情也，感物而动，境有顺逆，故情有忿欲。惩者，息其既往；窒者，闭其将来。"《损》上卦为艮（山），下卦为兑（泽），山高泽深，泽自损其高以显山之巍峨。君子体会损道，所以要惩止忿怒，窒塞情欲。人的情绪，受外界物欲牵引而动，再加上人生的波折、刺激，情绪中必然有忿怒和情欲。而这两者最难控制，最易酿成暴力和色情犯罪，所以要惩止过往之忿怒，窒塞将来之情欲。朱熹《周易本义》说："山下有泽，损，君子以惩忿窒欲。君子修身，所当损者，莫切于此。"遏制忿怒，堵塞欲望是修身的关键所在，正是用"损"而得"益"。李光《读易详说》卷七解曰："山下有泽，所以为损者，损下以益上也。君子体此象以修德，则在我者必有所损，乃能有益。忿欲，害德之大者也。人生不能无忿，惩之则忿气不作；人生不能无欲，窒之则欲心不萌。颜子不迁怒，不贰过，皆损己之道也。一曰克己复礼，而天下归仁，则损己者，乃益己之大者也。"损卦的山下有泽是损下以益上，君子以此卦象修身，就要明白人生必然有所损才能有所益。忿怒和欲望是最危害德行的，尽管人不可能没有忿怒和欲望，但遏制和堵塞才是修养的关键。颜回能够做到不迁怒，不贰过，就是一种损己之道，才使得他能够克己复礼，天下归仁，成为孔门弟子中修养最高的。因此，损己才是最大的益己。

《周易·益卦·象传》："君子以见善则迁，有过则改。"王弼注："迁善改过，益莫大焉。"孔颖达疏曰："迁谓迁徙慕尚，改谓改更惩止。迁善改过，益莫大焉，故君子求益。"见善而心生羡慕而迁移，有过制止改正，这益处太大了，所以君子求之。李光《读易详说》卷七解曰："君子见善则迁，有过则改，皆损己之道也。损己者，所以益物，亦所以自益也。颜子得一善，则拳拳服膺而弗失之矣。然则见善则迁，颜子足以当之。周公之过也，如日月之食焉，人皆见之，及其更也，人皆仰之。然则有过则改，周公足以当之。是皆损己以自益之道也。"李光认为见善则迁，有过则改都是损己之道。如前所述，损己益物，其实也是自益。他又举颜回和周公为例，颜回得一善拳拳服膺而守善不失，是见善则迁的典范；周公有过人皆见之，及其更也人皆仰之，是有过则改的典范。他们都是懂得损己自益之道的圣贤。

后来周敦颐的《太极图说》："君子乾乾，不息于诚，然必惩忿窒欲，迁善改过而后至。乾之用其善是，损益之大莫是过，圣人之旨深哉！"（《近思录》卷五）。君子终日乾乾，自强不息，以求达到诚的境界，然而必须戒除愤怒，堵塞欲念，改正过错，走上为善之途而后才能达到诚的境界。乾道的功用善处在此，损卦益卦的大道理也无过于此，圣人的思想深邃呀！有学生问："此章前面'惩忿窒欲，迁善改过'皆是自修底事。后面忽说动者何故？"朱熹回答说："所谓'惩忿窒欲，迁善改过'，皆是动上有这般过失；须于方动之时审之，方无凶悔吝，所以再说个'动'。"[1] 人不免有喜怒哀乐各种情绪，即使正当的情绪，其发出来也应该有所节制；如果是比较激烈的情绪、欲望，就应该加以抑制。"惩忿窒欲，迁善改过"虽然是自我修养之事，但儒家不是在深山老林里静坐孤修，而是在人事活动中磨炼。要做到这八个字，就要在情绪方动之时加以审查分辨，这样言行举止才会合乎道德礼法，才不会出现凶险悔吝。

---

① 《朱子语类》第 6 册，第 2412 页。

四、处事之要

> 正其义不谋其利，明其道不计其功。右处事之要。

处事指处理事务。即做任何事情都是为了匡扶正义而不是为了个人的利益，都是为了彰明大道而不是为了一己的功名。

董仲舒在《春秋繁露·对胶西王越大夫不得为仁》中提出："仁人者，正其道不谋其利，修其理不急其功。"《汉书·董仲舒传》则云："夫仁者，正其谊不谋其利，明其道不计其功。"朱熹制白鹿洞学规引后一条。程朱对董仲舒这一条表示赞同，并结合现实进行发挥。程了曰："董子有言：'仁人正其谊不谋其利，明其道不计其功。'度越诸子远矣。"①朱熹针对宋代的社会现实，指出："'正其义不谋其利，明其道不计其功。'《春秋》大法正是如此。今人却不正其义而谋其利，不明其道而计其功。"②在与学生的讨论中，他以理学的思维，从处事的角度深化对"正其义不谋其利，明其道不计其功"的认识，《朱子语类》载：

> 问："'正其义不谋其利，明其道不计其功'，道、义如何分别？"曰："道、义是个体、用。道是大纲说；义是就一事上说。义是道中之细分别，功是就道中做得功效出来。"
>
> 问："'正其义'者，凡处此一事，但当处置使合宜，而不可有谋利占便宜之心；'明其道'，则处此事便合义，是乃所以为明其道，而不可有计后日功效之心。'正义不谋利'，在处事之先；'明道不计功'，在处事之后。如此看，可否？"曰："恁地说，也得。他本是合掌说，看来也须微有先后之序。"子蒙录云："或问：'正义在先，明道在后。'曰：'未有先后。此只是合掌底意思。'"③

他以体、用分别道、义，道指大纲，义就一事论，但是道中之细。功是合道的功效。显然，是以道统摄义、功、利。义者宜也，处事合宜便是正其义，

---

① 《二程集》下册，中华书局，2004，第 1238 页。
② 《朱子语类》第 6 册，第 2174 页。
③ 同上书，第 2451 页。

便不能有谋利占便宜之心；处事合宜还是为了明其道，便不能有计后日功效之心。心中有道，做事有道，处事合宜，不谋其利，不计其功。这种不谋其利、不计其功的说法是否太理想化？作为教育规范，我没觉得太理想化，是应该有高要求的。当然，对一般大众而言确实陈义过高，所以后来功利学派就批评他。如叶适就说："仁人正谊不谋利，明道不计功。此语初看极好，细看全疏阔。古人以利与人，而不自居其功，故道义光明。后世儒者，行董仲舒之论，既无功利，则道义者，乃无用之虚语尔。"（《习学记言序目》卷二十三）

五、接物之要

> 己所不欲，勿施于人。行有不得，反求诸己。右接物之要。

接物指交往、交际。"己所不欲，勿施于人"出自《论语·颜渊》："仲弓问仁。子曰：'出门如见大宾，使民如承大祭。己所不欲，勿施于人。在邦无怨，在家无怨。'""恕"的基本思想就是要求人们通过将心比心的方式来践行"仁道"。又见《卫灵公》："子贡问曰：'有一言而可以终身行之者乎？'子曰：'其恕乎！己所不欲，勿施于人。'""己所不欲，勿施于人"就是所谓"恕"，就是宽以待人，谅解他人的过错，自己不愿意的也不强加于人。《孔子家语·颜回篇》："回曰：'一言而有益于仁，莫如恕。'"《孟子·尽心上》云："强恕而行，求仁莫近焉。"朱熹注云："强，勉强也。恕，推己以及人也。"是说只要努力地按照恕之道去做，凡事推己及人，就离仁道不远了。意思相近的还有《论语·公冶长》云："子贡曰：'我不欲人之加诸我也，吾亦欲无加诸人。'子曰：'赐也，非尔所及也。'"朱熹《论语集注》引程子曰："'我不欲人之加诸我，吾亦欲无加诸人'，仁也。'施诸己而不愿，亦勿施于人'，恕也。恕则子贡或能勉之，仁则非所及矣。"这也是强调仁比恕是更难以达到的一种境界。孔汉思等学者从世界各大宗教和文化的道德准则中，提出了全人类都应当遵循的人道之两个基本原则：每一个人都应受到符合人性的对待；己所不欲，勿施于人。于是，"己所不欲，勿施于人"就成为所谓全球伦理的"金规则"，也是体现在各宗教和"非宗教传统"中的共同原则①。应用在处理世界不同文明的关系中，

---

① 孔汉思、库舍尔编：《全球伦理——世界宗教会议宣言》，何光沪译，四川人民出版社，1997，第168页。

可以促进多元文明和平共处，走和平发展之道。

"行有不得，反求诸己"出自《孟子·离娄上》："爱人不亲反其仁，治人不治反其智，礼人不答反其敬。行有不得者，皆反求诸己，其身正而天下归之。"朱熹《孟子集注》："我爱人而人不亲我，则反求诸己，恐我之仁未至也。不得，谓不得其所欲，如不亲、不治、不答是也。反求诸己，谓反其仁、反其智、反其敬也。如此，则其自治益详，而身无不正矣。天下归之，极言其效也。"孟子说："爱别人却得不到别人的亲近，那就应反问自己的仁爱是否不够；管理别人却不能够管理好，那就应反问自己的管理才智是否有问题；礼貌待人却得不到别人相应的礼貌，那就应反问自己的礼貌是否到家。凡是行为得不到预期的效果，都应该反过来检查自己，自身行为端正了，天下的人自然就会归服。""行有不得，反求诸己"意谓凡是行为得不到预期的效果，都应该反过来检查自己。类似的如《孟子·公孙丑上》亦云："仁者如射：射者正己而后发；发而不中，不怨胜己者，反求诸己而已矣。"为人处世，凡事多作自我批评，严以律己，宽以待人，就是孔子所说的"躬自厚而薄责于人，则远怨矣"（《论语·卫灵公》），这样就能与人处好关系。这八个字的重点是"反求诸己"，当源于孔子。《论语·卫灵公》载"子曰：'君子求诸己，小人求诸人'"，是否反求诸己是君子小人的分水岭。因此，"君子之遇艰阻，必反求诸己，而益自修"（《二程全书·伊川易品三》）。君子如果遇到什么不顺，就一定会反求诸己，更加注重自我修身。

总之，《白鹿洞书院揭示》提出书院教育的根本任务，是让学生明确"义理"，并践行于身心修养，以达到自觉遵守的最终目的。教学上要求学生按学、问、思、辨的"为学之序"去"穷理""笃行"，并为学生指明了修身、处事、接物之要，作为实际生活与思想教育的准绳，用以规范和约束书院师生的言行举止，劝善规过，修身养性，提升品格。

六、《白鹿洞书院揭示》的历史影响与现代意义

一般认为，"书院"肇始于唐朝，至宋代大兴，是因为科举成为利禄之门，士人趋之若鹜。因此，一些对这种现象不满的大儒，往往于山水之胜处，修建书舍，教授生徒，以正人心，明道学，这样书院便特别兴盛起来。朱熹就是创建书院的积极推动者和实践者，曾明确声称建立书院是为了讲学传道，并不是

为了科举考试："前人建书院，本以待四方友士，相与讲学，非止为科举计。"①在《玉山讲义》中他又说："故圣贤教人为学，非是使人缀辑语言、造作文辞、但为科名爵禄之计，须是格物、致知、诚意、正心、修身，而推之以齐家、治国，可以平治天下，方是正当学问。"办书院是为了摆脱世俗功利，处江湖之远，与天地自然亲近，淡泊名利，传承和体现孔子以来"谋道不谋食""不义而富且贵，于我如浮云"的优秀传统。

朱熹制定《白鹿洞书院揭示》后这样解释说："熹窃观古昔圣贤所以教人为学之意，莫非使之讲明义理以修其身，然后推己及人；非徒欲其务记览为词章，以钓声名取利禄而已。今人之为学者，则既反是矣。然圣贤所以教人之法，具存于经，有志之士，固当熟读深思而问辨之。苟知其理之当然，而责其身以必然，则夫规矩禁防之具，岂待他人设之而后有所持循哉！近世于学有规，其待学者为已浅矣；而其为法，又未必古人之意也。故今不复以施于此堂，而特取凡圣贤所以教人为学之大端，条例如左，而揭之相间，诸君相与讲明遵守，而责之于身焉。则夫思虑云为之际，其所以戒谨恐惧者，必有严于彼者矣。其有不然，而或出于此言之所弃，则彼所谓规者必将取之，固不得而略也。诸君其亦念之哉！"说明他是概括总结了古代圣贤教人为学之意，即通过讲明道理，以之修身，然后再推己及人，而不是博闻强记诗词文章，炫耀于世，沽名钓誉，谋取利禄。他虽然设了这些规矩，但更期待的是学子们能够明白这些学规蕴含的道理，自觉地遵循道德律令，而不是成为一种禁止预防的礼法工具。前者即今日所谓"自律"，后者即今日所谓"他律"。他认为这是圣贤所以教人为学之大端，希望学子们互相讲明遵守，戒谨恐惧，兢兢业业，学为君子，希贤希圣，成就圣贤。

朱熹在白鹿洞书院创立的书院教规和教学模式标志着中国书院教育的成熟，是朱熹对书院事业所做的重大贡献。《白鹿洞书院揭示》是儒家书院精神的象征，是中国书院发展史上一个纲领性学规，也成为天下书院共同遵守的准则。淳祐元年（1241年），宋理宗视察太学，手书《白鹿洞书院揭示》赐示诸生。其后，或摹写、或刻石、或模仿，遍及全国书院及地方官学，很快就成为南宋书院统一的教规，也是元明清各朝书院教规的范本，为后世效仿，并影响到各级各类官学，成为办学的准则。明代大教育家王阳明亦对这个教规给予了高度

① 《朱子语类》第7册，第2655页。

评价："夫为学之方，白鹿之规尽矣。"（《阳明全书·紫阳书院集序》）

《白鹿洞书院揭示》还传到日本、韩国及东南亚一带，甚至西方，誉享海外。日本儒者中江藤树在1648年将自己创办的学堂更名为书院，这是日本较早冠以书院名称的私立教育机构。他为书院制定的《藤树规》几乎全盘照录《白鹿洞书院揭示》。藤树书院先崇朱子学，后来转奉阳明学并大加提倡，故有日本阳明学始祖之称，是日本当时最优秀的一所私立书院。日本历史上，朱子学曾被定为国学，凡是讲授朱子学的学校都把《白鹿洞书院揭示》作为准则并在讲堂悬挂。1853年创办的乡学兴让馆不仅悬挂，而且每天早晨上课前师生齐诵《白鹿洞书院揭示》。明治维新后，兴让馆成为有学生千名的私立高等学校，仍坚持在晨礼时齐诵《白鹿洞书院揭示》。至今在日本与韩国的乡校，仍有悬挂和集体吟诵《白鹿洞书院揭示》的活动。在开学典礼、毕业典礼和校友会等各种纪念活动中，也是先齐诵《白鹿洞书院揭示》，再开始其他活动。

据《利玛窦书信集》所记，明代传教士利玛窦在书信中多处提到白鹿洞书院，并与时任白鹿洞书院院长章潢结为好友。"南昌附近的庐山有一闻名的白鹿书院（即白鹿洞书院——笔者注），是研究人生哲学的场所。院长名章本清，为一年高的长者。"①1595年11月4日，利玛窦在信中又写道："上言瞿太素到处替我宣扬，尤其在附近庐山的白鹿书院。院长是老翁章本清，在儒者中很有地位，我想他有一千多位弟子，他们不时聚会，他给他们致训词，指示给他们人生之道。"②

当今中国大陆各地叫书院的各类机构越来越多，形式多样，模式不一。有的以企业家为对象，属于商业模式运营；有的以青少年为对象，属于公益行为；有的以社区为对象，开展文化活动。当代书院也存在很多问题，如名不副实，课程设置比较随意，教学方法单一背诵。有的以经济利益为第一目标，善于利用官员或学术明星效应，利用各种媒体夸大宣传，吸引眼球，甚至吹嘘，争取招徕更多学生。但不重视聘请老师，或者不愿意花钱聘请优秀老师，不注意内部的课程体系、教育内容、教育方法等。这不但让人们对书院的认知发生变异，也模糊了书院的基本精神。这里我特别提出儒家书院，是想说明书院自产生到兴盛，主体上就是儒家经师和大儒主持的民间私学。历史上韩国、日本、越南受中国儒学影响，也把儒家书院学去了。而今韩国已经把境内9座推广理学的

① 汾屠立：《利玛窦书信集》，光启出版社、辅仁大学出版社，1986，第187页。
② 同上书，第206页。

教育设施以"韩国新儒家书院"之名申报入选世界文化遗产。他们认为，这些书院推动了来自中国的新儒家思想学说在韩国的发展，对韩国的各方面起到了重要作用。他们明确地打出"儒家书院"的牌子，也促使我们对书院正本清源，明确书院的正态就是儒家书院，其他所谓书院乃书院的异态。要办好儒家书院，朱熹的《白鹿洞书院揭示》可以给我们提供重要的教育思想资源。使我们能够传承中国古代书院精神，重建现代儒家书院，以"为天地立心，为生民立命，为往圣继绝学，为万世开太平"的历史使命感、社会责任感与担当意识，以儒家书院为基地，培养儒者、君子，希贤希圣，为中国文明进步、人类走向大同，作出应有的贡献。

修身立人是苏轼学校教育的根本目标

胡先酉

摘　要：苏轼有着在学校受教、从教的经历，他对学校教育有着自己的独特认识。他秉承其父苏洵"教化之本出于学校"的理念，认为修身立人是学校教育最根本的目标。基于此，他早在熙宁初年，就对王安石的学校贡举改革措施表示反对，认为王安石的改革措施会搞坏举子和学生们的思想品质。晚年他在所写的《南安军学记》和修订定稿的《论语说》中，更是清楚明白地表达了修身立人是学校教育的根本目标这一理念。

关键词：学校教育　根本目标　修身立人

苏轼八岁上小学，在眉山天庆观从道士张易简读书时，就受到了"庆历兴学"的影响。十三岁时，在城西寿昌院从州学教授刘巨学习。曾枣庄《苏轼年谱》说："庆历八年，十三岁，就学于西社刘巨。""熙宁兴学"中，苏轼参与了关于学校改革的大讨论。元祐朝时，苏轼还兼任侍读，以教师的身份为哲宗皇帝讲学。《宋史·苏轼传》云："（元祐）二年（1087年），兼侍读。每进读至治乱兴衰、邪正得失之际，未尝不反覆开导，觊有所启悟。哲宗虽恭默不语，辄首肯之。"①晚年贬谪海南儋州，在居所桄榔庵设帐兴学授徒，传扬中原文化，所教学生姜唐佐在苏轼离开海南三年后中举，成为海南历史上第一个举人。历

本文作者胡先酉，现为眉山职业技术学院副教授。中国苏轼研究学会理事。主要从事三苏文化研究。

① 《宋史》，中华书局，1985，第10801页。

代琼士均将姜唐佐作为东坡遗泽、开一代文风的榜样。

苏轼秉承父亲苏洵《议法》"教化之本出于学校"①的理念，认为学校教育的根本目标就是修身立人。早在熙宁初年，他就对王安石的学校贡举改革措施表示反对，认为其改革措施会搞坏举子和学生们的思想品质。晚年他在所写的《南安军学记》和修订定稿的《论语说》中，更是清楚明白地表达了修身立人是学校教育的根本目标这一理念。

一、反对王安石的学校贡举改革措施，认为其有害于举子和学生的优良思想品德的养成

熙宁四年（1071 年），苏轼在对王安石以学校替代贡举，并设置各种考试科目的做法所提出的不同意见中就表达了自己这一观点。他在《议学校贡举状》中对"乡举德行"的做法坚决反对。他说：

> 夫欲兴德行，在于君人者修身以格物，审好恶以表俗，孟子所谓"君仁莫不仁，君义莫不义"，君之所向，天下趋焉。若欲设科立名以取之，则是教天下相率而为伪也。上以孝取人，则勇者割股，怯者庐墓。上以廉取人，则弊车羸马，恶衣菲食。凡可以中上意，无所不至矣。德行之弊，一至于此乎！②

苏轼认为，学校教育的根本目的是教育学生修身养性、立德树人，并由"君人者"即国家的各级统治者带头以身作则来实现。可如果教育学生修身养性、立德树人以求取功名利禄，就会把人朝利欲上导引，完全违背了学校育人的根本目的，是大错特错了。他说，如果设置"乡举德行"的科目，那么，就是让天下的学子们都来作假。朝廷以孝为标准选拔人才，那么，胆大的就剥割股肉以供父母，胆小的人也会在坟地盖屋守墓。如果上面以廉洁选拔人才，那么下面的人就会坐破车骑瘦马，穿烂衣吃粗食。总之，朝廷不管用什么样的德行为标准选拔人才，下面作假以获取功名的人便什么都做得出来。这样一来，学子们还有什么德行可言。这样的结果，与朝廷设置德行科的初衷完全是南辕

---

① 曾枣庄、舒大刚主编《三苏全书》第 6 册，语文出版社，2001，第 164 页。
② 张志烈、马德富、周裕锴主编《苏轼全集校注》（文集），河北人民出版社，2010，第 2845 页。

北辙、背道而驰的,与学校不含任何功名利禄目的而教育学生修身养性、立德树人的根本目标也是格格不入的。苏轼在《议学校贡举状》表达的看法,连大力支持王安石变法的宋神宗也十分肯定。《宋史·苏轼传》说:"(熙宁)四年,王安石欲变科举、兴学校,诏两制、三馆议。轼上议曰(略)。议上,神宗悟曰:'吾固疑此,得轼议,意释然矣。'即日召见。"①

而对王安石"熙宁兴学"中在国家的最高学府太学中实施"三舍法",并以学校向朝廷直接推选官员而逐步取代科举取士的做法,他也提出了坚决的反对意见。"熙宁兴学"中,王安石在太学中推行"三舍考选法",其具体内容是:把太学分为外舍、内舍、上舍三等,外舍 2000 人、内舍 300 人、上舍 100 人。官员子弟可以免试入学,而平民子弟需经考试合格后入学。"上等以官,中等免礼部试,下等免解。"苏轼在元祐初年写的《复改科赋》对这一做法给予批判:

> 士贻患而益深。谓罢于开封,则远方之隘者,空自韫玉;取诸太学,则不肖之富者,私于怀金。虽负凌云之志,未酬题柱之心。三舍既兴,贿赂公行于庠序;一年为限,孤寒半老于山林。自是愤愧者莫不颦眉,公正者为之切齿。②

苏轼说,主张废除诗赋取士,以学校直接取士给士子们带来的祸害很深重。如果在京城开封废除诗赋取士,那些边远地方的有才之士则得不到展示。而实行从太学直接取士,那些无才而有钱的人,就可以用金钱买得功名。而那些虽有凌云之志却无钱买得功名的士子,便不能像司马相如那样实现成都升仙桥题柱之心愿。实行"三舍考选法",学生们在学校中为了升级而贿赂考官,于是贿赂公行。而没有钱的学子通不过考试就只有回家,孤寂凄寒地老死山林。"三舍考选法"可谓百无一利且败坏了学生的思想品质,所以对"三舍考选法"愤恨的人莫不颦眉,公正的人莫不切齿痛恨。

---

① 《宋史》,中华书局,1985,第 10801 页。

② 张志烈、马德富、周裕锴主编《苏轼全集校注》(文集),第 136 页。

二、在《南安军学记》中宣扬"舜之学政"，主张学校的根本目标是教化学生，从而教化社会民众

如果说此前苏轼只是在对王安石的批评中侧面表达了自己对学校教育根本目标看法的话，那么，在他晚年写的《南安军学记》一文中，就正面地表述了学校教育当以修身立人作为培养学生的根本目标。宋徽宗建中靖国元年（1101年）三月四日，从海南遇赦北归的苏轼途经南安军时，应郡守曹登之请，为修建一新的南安郡学写下了《南安军学记》。文章一开头便阐述了学校的修身立人功能：

> 古之为国者四，井田也，肉刑也，封建也，学校也。今亡矣。独学校仅存耳。古之为学者四，其大者则取士论政，而其小者则弦诵也。今亡矣，直诵而已。舜之言曰："庶顽谗说，若不在时，侯以明之，挞以记之。书用识哉，欲并生哉。工以纳言，时而飏之。格则承之雍之，否则威之。"格之言改也。《论语》曰："有耻且格。"承之言荐也。《春秋传》曰："奉承齐牺。"庶顽谗说不率是教者，舜皆有以待之。夫化恶莫若进善，故择其可进者，以射侯之礼举之。其不率教甚者，则挞之，小则书其罪以记之，非疾之也，欲与之并生而同忧乐也。此士之有罪而未可终弃者，故使乐工采其讴谣讽议之言而飏之，以观其心。其改过者，则荐之，且用。其不悛者，则威之、屏之、焚之、寄之之类是也。此舜之学政也。①

苏轼首先论述虞舜的"学政"。苏轼以"舜之言曰"引用了虞舜在《尚书·虞书·益稷》中所说的一段话，意思是那些愚昧奸猾的人，如果他们的话不合于时，就应当以射侯之礼弄清是非，鞭挞他们，并把他们的恶行记下来。用这些文字使他们明白自己的过错，并且改正自己的过错。乐官应当颂诗而纳谏，应当宣扬仁义大道。天下之士，合于道的就任用让他做官，不合于道的就要用刑罚来警告他。

苏轼紧接着对虞舜的这段话作了解说和阐述。他说，虞舜在这段话中说的"格"是改正，并引用《论语》说的"有耻且格"来佐证。"承"是举荐的意思，也引用《春秋传》说的"奉承齐牺"来佐证。在对个别词语作了解说后，

---

① 张志烈、马德富、周裕锴主编《苏轼全集校注》（文集），第 1179 页。

苏轼便对这段话作阐述。他说，对待那些愚钝奸邪不遵礼义的人，舜都有办法来教导他们。去除邪恶不如劝奖良善，所以选择那些可以任用的士子，用射侯的礼仪使他们得到官职。而对于那些特别不遵守礼义、不堪教诲的人，则鞭挞他们，罪过轻的人要把他们的罪行记录下来，这并不是要厌弃他们，而是想让他们改过自新走上正道。这些士子虽然有罪但还不能最终抛弃他们，所以让乐官采择民间的歌谣讽劝激励他们，以观察他们的变化。那些确实改过的人，就可以重新举荐他们，并且任用他们。那些怙恶不悛的人，就要用刑罚制裁他们、唾弃他们，将他们流放到像僰人生活那样的边远之地，把他们拘管起来，等等。这些都是舜的学校教育政策。

其实《尚书·虞书·益稷》中的这段话是舜与禹讨论如何对待自己周围的臣工而非"学政"，苏轼并非不知道这点。他之所以说是"舜之学政"，其实就是想借舜的这段话来表达自己学校教育当以教化学生、教化民众为根本目标的思想而已。

在《南安军学记》中，苏轼对作为南安一把手的郡守曹登用兴学来培养学子、教化人民的举措大加赞扬。他说："太守朝奉郎曹侯登，以治郡显，所至必建学，故南安之学，甲于江西。侯仁人也，而勇于义。其建是学也，以身任其责，不择剧易，期于必成。上以此感奋，不劝而力。"

《南安军学记》写于苏轼临终前几个月。此时年已六十六岁的他，在文章中反映出的对学校教育目标的认识可以说是他的不可更改的认定。

三、在《论语说》中，阐发学校教育当以培养人的思想品德为根本目标的观点

《论语说》是苏轼解说《论语》的一部著作。该书写成于苏轼贬官黄州期间，又在晚年贬官海南儋州期间对其作了修订并定稿。苏轼对包括《论语说》在内的三部学术著作（另二部为《易传》《书传》）十分珍视，他在《答苏伯固三首（之二）》中说："抚视《易》《书》《论语》三书，即觉此生不虚过，如来书所谕，其他何足道！"苏轼对他一生的所作所为皆认为"何足道"，唯有《论语说》等三部解说经书的著作使他觉得"此生不虚过"。

苏轼在对《论语·学而》中的"子曰：'弟子入则孝，出则悌，谨而信，泛爱众，而亲仁。行有余力，则以学文。'"这几句话解说道：

孝、悌、仁、信，本也。行有余力，则以学文。此孔子所以教人也。盖曰：不贤者自是以寡过，而贤者自是以无所不至也。故曰：下学而上达。虽孔子亦然。今之教人者不亦异乎！引之极高，示之极深。未尝养之于学、游之于艺也，而遽造之矣。教者未必能，而学者未必信，则亦妄相从而已。少而习之，长而行之，务以诞相胜也。风俗之坏必自此始矣。①

苏轼认为，对于学生（弟子），教者首先要致力于孝悌、谨信、爱众、亲仁这些良好的道德观念和道德行为的培养。在受教者做到"孝、悌、仁、信"这些做人的"本"后，如果还有闲暇的时间和多余的精力，则用以学习古代典籍，增长文化知识。这就是孔子的育人观点。在这种指导思想下育人，就会使那些即使算不上贤德的人也能很少犯错误，而贤德的人则可以因此达到无所不至的境界。所以说，下学人事而上达天命，通过学习平常的知识，理解其中的哲理，获得人生的真谛。

苏轼对孔子这段话的理解与阐述，不仅阐明了孔子循序渐进的育人观点，而且强调了把培养人良好品德作为根本的重要性。这可以说是创造性地发展了孔子的教育观点。为此，苏轼还特别对北宋当时在教育上重末轻本、好高骛远的不良教育风气进行了严厉的批评。他说，那些从事教育的人，并不把培养学生（弟子）的良好思想品德作为育人的根本目标，一来就将学生（弟子）"引之极高，示之极深"，而不是对学生（弟子）"养之于学、游之于艺"。他指出，在这种风气下所造成的教育现状是：教的人未必能做到自己要求学生（弟子）做到的东西，而学生（弟子）也不一定会相信老师教的东西，大家只是在那里胡乱地跟从老师而已。这样教育的结果只能是从小就培养其学生（弟子）不良的学习理念，长大后也这样去糊弄自己糊弄别人，整个社会的风气将由此变坏。

对于育人把良好思想品德放在根本上这点，苏轼对《论语·八佾》中"子曰：'管仲之器小哉！'或曰：'管仲俭乎？'曰：'管氏有三归，官事不摄，焉得俭！''然则管仲知礼乎？'曰：'邦君树塞门，管氏亦树塞门；邦君为两君之好，有反坫，管氏亦有反坫。管氏而知礼，孰不知礼？'"这几句话发表议论说：

---

① 曾枣庄、舒大刚主编《三苏全书》第 3 册，第 165 页。

　　自修身、正家，以及于国，则其本深，其及者远，是谓大器。扬雄所谓"大器犹规矩准绳，先自治而后治人"者是也。管仲三归、反坫，桓公内嬖六人，而霸天下，其本固已浅矣。管仲死，桓公薨，天下不复宗齐。①

　　苏轼说，自己修养良好的品德，管理好自己的家庭，并在这样的基础上去治理国家，那么他的根本就深厚，走得也就更远，这样的人才称得上是大器。扬雄所说的"大器犹如规矩准绳，先用以修养好自己，然后才去治理国家"就是这个意思。管仲自己就有三处豪华的藏金府库，根本不节俭，国君同别国国君会见时堂上设有放置酒杯的土台子，管仲家里也有这样的设备，根本不知礼。齐桓公宠幸六个小人，靠这来称霸天下，其根本已经是很浅了。所以管仲、齐桓公一死，齐国的霸主地位就丧失殆尽了。孔子告诉学生（弟子）要节俭、知礼，这些是人的根本。而管仲既不节俭，又不知礼，尽管他使齐国一度成为春秋霸主，但也难成大器。

　　从《论语》原文看，孔子仅是在回答学生（弟子）关于管仲是否节俭与知礼的问题时，以管仲有三个藏金的府库、家里的管事也是一人一职而不兼任说明其不俭；以国君大门口设立照壁，管仲也在自己家的大门口设立照壁，国君同别国国君会见时堂上设有放置酒杯的土台子，管仲家里也有这样的设备来说明管仲不知礼。但苏轼在解说孔子的这段话时，把它上升到节俭与知礼是人良好思想品德的根本这点来认识。又结合扬雄关于大器的话，以管仲为反面教材，强调从良好思想品德上育人这一根本。

　　苏轼在《论语说》中还对《论语·学而》中"子贡曰：'贫而无谄，富而无骄，何如?'子曰：'可也。未若贫而乐，富而好礼者也'"这几句作了阐发。苏轼说：

　　子贡言贫而无谄，富而无骄。此之所谓可者，盖贫则防其谄也，富而防其骄也，纷纷乎自防之不给。孔子曰："贫而乐，富而好礼。"夫贫而乐，虽欲谄不可得也；富而好礼，虽欲骄亦不可得也。②

　　孔子的学生子贡向孔子请教说，一个人能做到贫穷时不志短，不去谄媚讨

---

①　曾枣庄、舒大刚主编《三苏全书》第 3 册，第 180 页。
②　同上书，第 167 页。

好别人，在富裕的时候不骄傲自满，这样做人怎么样？孔子回答说，能做到这样肯定可以，但还是赶不上贫穷时心中依旧快乐，富裕时能喜好礼仪。这是为什么呢？孔子并未作说明。苏轼则对此作了阐发。他说，子贡说"贫而无谄，富而无骄"，孔子之所以给予了肯定，那是认为贫穷的时候要防备自己去谄媚讨好别人，富裕的时候要防备自己骄傲自满，这样一来每天就忙于自防。而孔子之所以说"贫而乐，富而好礼"，那是因为一个人如果做到了在贫穷时心中依旧快乐，那他即使想谄媚别人也不可能也没有必要去做；如果做到了富裕时崇尚礼仪，即使他想骄傲自满也不可能。这样的境界，自然比每天忙于防这防那高多了。

苏轼认为，"贫而乐，富而好礼"是孔子教育学生（弟子）在思想品德上要达到更高境界。这可以从孔子最认可的学生（弟子）颜回身上得以印证。在《论语·雍也》中孔子赞扬颜回说："贤哉，回也！一箪食，一瓢饮，在陋巷，人不堪其忧，回也不改其乐。贤哉，回也！"像颜回这样在贫穷生活中依旧"不改其乐"的学生（弟子），那就是育人目标的典范。

苏轼的这一看法，的确是发掘出了孔子育人理念的精髓。连与苏轼在很多问题上看法有分歧的南宋理学家、教育家朱熹也不得不称道。《朱熹集》卷四五《答虞世朋一》中说："'无谄无骄'一章文义，东坡得之。"朱熹《或问》卷一中也说"苏氏之说，于文意最为得之，吾之说诚不异乎彼"。

又如苏轼在解说《论语·公冶长》中"子曰：'吾未见刚者。'或对曰：'申枨。'子曰：'枨也欲，焉得刚？'"这段话时说：

> 有志而未免于欲者，其志常屈于欲。惟无欲者能以刚自遂。[1]

孔子说弟子申枨因为有欲望，而说不上是刚强。苏轼则从志与欲的关系来分析，说明只有无欲才能刚强，无欲是人思想修养的最高境界。

总之，苏轼在《论语说》中，充分表达了他在学校教育中把学生的思想品德放在第一的理念，强调学校教育要把良好的思想品德作为学生的根本来培养教育学生的观点。

综上所述，我们可以肯定地说，把修身立人作为学校教育的根本目标是苏轼学校教育思想中的核心内容。

---

[1] 曾枣庄、舒大刚主编《三苏全书》第3册，第187页。

简论苏辙的诗教

蒋宗许

摘　要： 苏辙对《诗经》有独到的研究，其《诗集传》既是北宋最有影响的研究《诗经》的著作，同时也是历史上研究《诗经》的重要著作。苏辙对"温柔敦厚"的诗教领会至深。所以，在其著作中，"诗教"的精神无处不在。本文仅就其诗歌，而又专门针对其写给晚辈或与晚辈唱和的诗歌进行探讨解析，从而揭示苏辙"诗教"的本源所自，再现他在教育沐化晚辈方面的诗教精神。文章按相关诗歌的内容大致分为三个方面：努力读书，恬淡乐观；仕则尽力，问心无愧；心怀恻隐，体恤下情。

关键词： 苏辙　晚辈　诗教

北宋是个群星璀璨的时代，嘉祐二年的龙虎榜更是从来为人们津津乐道。原因是不唯此榜人才济济，诸如出于此榜的张载、程颢、程颐、曾巩、曾布、吕惠卿、章惇、王韶、蔡确、李公择，哪一个都是响当当的人物。而最耀眼的是冉冉升起了两颗巴蜀的文化明星，这就是人们耳熟能详的俗称"大小苏"的苏轼、苏辙弟兄，他们与父亲苏洵一起占据了"唐宋八大家"的三席，"于是三人者表见于当时，而其名益重于天下"（曾巩《苏明允哀词》）。如此高蹈而辉

本文作者蒋宗许，现为西南科技大学文艺学院教授，硕士生导师。国家社科基金重大委托项目《巴蜀全书》专家委员会委员，教育部重大招标课题《苏辙全集整理与研究》、国家社科基金冷门"绝学"专项《新喻三刘整理与研究》首席专家。文章为项目《苏辙全集整理与研究》（19JZD033）前期成果。

煌的事例在中国文化史上可谓绝无仅有。

对于苏辙，通常人们只知道他是唐宋散文八大家之一而已。就历史的真相来说，苏辙不仅是散文大家，其诗歌在当时也是一流水平，遗憾的是人们多不了解。苏轼曾说："子由诗过吾远甚。"（《记子由诗》）而苏辙自己也说："辙少好为诗，与家兄子瞻所为，多少略相若也。子瞻既已得罪，辙亦不复作诗。然今世士大夫亦自不喜为诗，以诗名世者盖无几人。"（《答徐州陈师仲书二首》之二）又说："子瞻尝称辙诗有古人之风，自以为不若也。然自其斥居东坡，其学日进，沛然如川之方至，其诗比杜子美、李太白为有余，遂与渊明比。辙虽驰骤从之，而常出其后。"（《子瞻和陶渊明诗集引》）苏轼之言，自然不免友于之爱，然苏辙自己也认为前期的诗歌水平或大致与兄相埒。

如果我们从似以固化的认知角度考量，苏辙的话或有过于自信之嫌，但从相关文献看来应该还是比较客观的，且看有宋而下对苏辙诗的评价。张耒有诗云："长公（苏轼）波涛万顷海，少公（苏辙）峭拔千寻麓。"（《赠李德载》）张耒早年曾从学于苏辙，后又受教于苏轼，为"苏门四学士"之一。他认为苏轼、苏辙的诗歌虽机杼出一，但在风格上却有不同。苏轼诗歌的特点是"浩瀚"，苏辙诗歌的特点是"峭拔"，并未第其高下。南宋周必大云："吾友陆务观，当今诗人之冠冕，数劝予哦苏黄门诗。退取《栾城集》观之，殊未识其旨趣。甲申闰月，郊居无事，天寒踞炉如饿鸱，刘子澄忽自城中寄此卷相示，快读数过，温雅高妙，如佳人独立，姿态易见，然后知务观于此道真先觉也。"（《跋子由〈和刘贡父省上示坐客〉诗》）元代方回认为，苏辙诗歌与苏轼诗各有千秋，难分高下，他说："子由诗佳处，世鲜会者。"（《瀛奎律髓》卷十）又说："子由诗淡静有味，不拘字面事料之俪，而锻意深，下句熟。老坡自谓不如子由，识者宜细咀之可也。"（同上卷二十四）我们的《苏辙诗编年笺注》正是试图还原历史真相而进行的。

其他方面，如经学、史学方面的成就，苏辙有胜于苏轼，这已经是行家的共识。至于政治上的作为，因为苏辙元祐年间官至副相，颇多建树，则更非苏轼可及。但可惜的是，由于苏轼的才华海涵地负，无所不通，无论是诗、词还是散文，甚至书法都彪炳了整个宋代，即或说苏轼是中国士大夫才人中古今独步，恐亦不过。有兄如此，人们对苏辙的关注便多少显得苍白了，这不能不说是对苏辙有欠公平。有鉴于此，我们的课题"苏辙全集整理与研究"，即旨在全方位弥补这种历史认知的或缺，多角度还原政治家、经学家、史学家、文学家、教育家苏辙的应有地位。当然，此工程浩大绵长，我们只能是逐一次第而进行之。本文要讨论的，仅仅是我们研究内容的一个方面，即苏辙对晚辈的"诗教"。

所谓诗教，本指《诗经》怨而不怒、温柔敦厚对人的教育作用。《礼记·经解》："孔子曰：入其国，其教可知也。其为人也，温柔敦厚，《诗》教也。"孔颖达疏："《诗》依违讽谏，不指切事情，故云温柔敦厚是《诗》教也。"推而广之，凡继承《诗经》的教化精神，用诗歌的形式进行教育的行为都可称为诗教。我们是将二者结合起来，探索苏辙在传统诗教的基础上如何通过诗歌对晚辈进行教育的。

苏辙对"诗教"的领悟贯彻，远非常人可以企及。盖苏辙对《诗经》研究有素，在宋代乃至历史上都是巍然大家。其《诗集传》在后世产生了很大的影响，《四库全书总目》对《诗集传》评价颇高，有云："辙取小序首句为毛公之学，不为无见。""辙自序又曰：独采其可者，见于今传其尤不可者，皆明著其失。则辙于毛氏之学亦不激不随，务持其平者。"也正因为苏辙对《诗经》的透彻研究，才对"诗教"有独到的领会，所以，他的诗歌创作充分体现了温柔敦厚的"诗教"精神。至于对晚辈的教育化沐，则主要反映在那些与晚辈相关的诗篇中。

苏辙的"诗教"本色，除了他对《诗经》的研究外，还与其家世有很大的关系。

苏辙家族发源于河北栾城，至唐时苏味道始为光大。苏味道后裔有居于眉山者，经历五代皆不出仕，耕读传家。辙父洵年轻时喜游嬉，"昔予少年，游荡不学。子虽不言，耿耿不乐。我知子心，忧我泯没。感叹折节，以至今日"（苏洵《祭亡妻程氏文》）。辙弟兄幼时，母程氏教以诗书，"我独悲子，生逢百殃。有子六人，今谁在堂。唯轼与辙，仅存不亡。咻呴抚摩，既冠既昏。教以学问，畏其无闻。昼夜孜孜，孰知子勤"（《祭亡妻程氏文》）。从苏洵文，我们知道苏辙弟兄的学问基础是来自于其母。母教的慈爱，对其精神世界的养成是非常重要的。后苏洵以丁艰，始大发愤闭户读书，凡五六年，经史百家之说无不贯悉。"职方君三子，曰澹曰涣，皆以文学举进士，而君少独不喜学，年已壮犹不知书。职方君纵而不问，卿间亲族皆怪之，或问其故。职方君笑而不答，君亦自如也。年二十七始大发愤，谢其素所往来少年，闭户读书为文辞。"（欧阳修《故霸州文安县主簿苏君墓志铭》）因屡试不中，于是尽以所学授轼、辙兄弟，且曰："是庶几能明吾道者。"轼、辙兄弟稍长，又同受学于眉山之宿儒刘巨，学业精进，而后步入仕途。因为这样的家世背景，以及宦海的风云浮沉，形成了轼、辙兄弟与通常士家大族子弟有别的精神世界。在对晚辈的培养教育中，也体现了他们自身的特色。

要说苏辙对晚辈的"诗教"，不得不说苏辙的为人。苏辙是一位极有责任感的士大夫，无论是为官还是持家皆然。从对家庭来说，他孝敬父亲（因其母早逝，于母亲的孝道文献无征，故云），笃爱兄弟，濡沫妻子，珍视晚辈。苏辙对父洵极尽孝养。嘉祐六年（1061年）制科中第，试秘书省校书郎充商州军事推官，辙奏乞养亲三年，不赴商州任。关于此，其间有委屈的成分我们不讳言，但苏洵晚年多病需要照顾确也是事实。苏洵从嘉祐初身体便很不好了，我们试举几例，《祭史彦辅文》："呜呼彦辅，天实丧之，予哭寝门。白发班班，疾病来加。卧不能奔，哭书此文。"（嘉祐二年）《上欧阳内翰第三书》："今已到家月余，幸且存活。洵道途奔波，老病侵陵，成一翁矣。洵老矣，恐不能复东，阁下当时赐音问以慰孤耿，病中无聊，深愧疏略。惟千万珍重。"（嘉祐二年）《上皇帝十事书》："今虽欲勉强扶病戮力，亦自知其疏拙，终不能合有司之意，恐重得罪以辱明诏。"（嘉祐三年）《上梅圣俞书》："昨适有病，遂以此辞。"（嘉祐三年）《答雷太简书》："何苦乃以衰病之身，委曲以就有司之权衡，以自取轻笑哉。"（嘉祐三年）

苏辙乞养亲三年，直到四年后才出仕，即治平二年（1064年）三月，出任大名府留守推官。苏辙《颍滨遗老传上》："是时先君被命修礼书，而兄子瞻出签书凤翔判官，傍无侍子，辙乃奏乞养亲三年。子瞻解还，辙始求为大名推官，逾年先君捐馆舍。"次年四月，苏洵即卒，而他离开父亲仅一年时间。应该是苏洵在嘉祐末年到治平年间身体一直不好，身边不能离人，所以直到苏轼"解还"即回朝官判登闻鼓院，苏辙才"求为大名推官"。仅这个"求"字，已足以推翻苏辙嫌官小不做的陈说了。所以，我们觉得，苏洵多病，身边无人照顾才是苏辙辞官的主要原因。

对其兄轼，那感动古今的"对床夜语"之约，乌台诗案后苏辙冒死上书以己官抵罪的手足之情，祭苏轼文以及墓志铭的沉痛悲怆、字字血泪，人所尽知。

于妻子，他总是因为自己的贫穷坎坷怀有歉意，而对妻子为自己的付出充满感激。"此身已分长贫贱，执爨缝裳愧老妻。"（《官居即事》）"老妻但坐哭，遗语未肯听。"（《答王定国问疾》）"老妻饱忧患，悲咤摧心肝。"（《次韵子瞻送千乘千能》）"官冷无因得官酒，老妻微笑泼新醅。"（《九日》）"老妻怜眼

昏，入夜屏灯烛。"（《次韵孔平仲著作见寄四首》之四）

作为家长，他对一家的衣食住行，从来心中有数，安排得井井有条，这方面比起苏轼就强多了。苏轼性格使然，"加以素来不善治生，禄赐所得，随手耗尽"（苏轼《赴英州乞舟行状》）。以至于用让人啼笑皆非的方式"计划经济"，"初到黄，廪入既绝，人口不少，私甚忧之，但痛自节俭，日用不得过百五十。每月朔便取四千五百钱，断为三十块，挂屋梁上。平旦，用画叉挑取一块，即藏去叉，仍以大竹筒别贮，用不尽者，以待宾客，此贾耘老法也"（《答秦太虚书》），而苏辙则素有经济头脑。

于国事，我们只要看看他的诗文特别是元祐年间的一些章奏札子及著作，如作于元祐四年的《元祐会计叙录》《收支叙》《民赋叙》，就会惊异于他对国家经济状况的了如指掌，以及针对具体问题处置谋划的缜密精细。知国如此，治家亦厘然有方，总是能未雨绸缪，凡有所得更不会"随手耗尽"。如出使辽国时辽人赐与丰厚，他便远想到将来归田后的开支。"顾我何功惭陆贾，橐装聊复助归田。"（《神水关寄子瞻兄四绝》之四）必定是早早存藏了起来。因为常有储备，关键时便不致过分乏困。如，"东坡病殁于晋陵，伯达、叔仲归许昌，生事萧然。公笃爱天伦，曩岁别业在浚都，鬻之九千数百缗，悉以助焉。嘱勿轻用。时公方降三官，谪籍夺俸。"（苏籀《栾城遗言》）他晚年居许昌，夺俸之余，也还能有余力构筑新房百余间，这当然都与平时的周密计划有关。"筑居定作子孙计，好事久遭僧佛呵。"（《初茸遗老斋二首》之一）"我老不自量，筑室盈百间。旧屋收半料，新材伐他山。盎中粟将尽，橐中金亦殚。"（《初筑南斋》）

在苏辙的诗文中，虽然屡屡说到要退隐或者学仙学道乃至遁入空门，但不过是说说而已，他放不下自己的责任感，丢不下亲情的温暖和骨肉的眷切。"一生滞念余妻子，百口侨居怯雨风。"（《筑室示三子》）"世味渐消婚嫁了，幅巾缁褐许相亲。"（《余居高安三年晨入莫出》）"功名久已知前错，婚嫁犹须毕此生。"（《次韵子瞻与安节夜坐三首》之二）"万事汝勿告我，婚嫁自毕诸孙。"（《上巳后》）形诸文字时，他素来以向子平为自己心仪的偶像。《后汉书·隐逸传·向子平》："建武中男女娶嫁既毕，敕断家事勿相关，当如我死也。于是遂肆意与同好北海禽庆，俱游五岳名山，竟不知所终。"但事实上他做不到，放不开。不免亲情眷恋，难以割舍。有诗为证："芝兰生吾庐，一雨一增蒨。本亦何预人，怀抱终眷眷。"（《见儿侄唱酬次韵五首》之一）这是用《世说新语·

言语》的典故："谢太傅问诸子侄：'子弟亦何预人事？而正欲使其佳。'诸人莫有言者，车骑答曰：'譬如芝兰玉树，欲使其生于阶庭耳。'"谢安认为子弟与自己无关，不必在心，而苏辙则认为自己不能忘情。看到子弟健康成长，情不自禁感到莫大的欣慰。"闲居玩草木，农圃即师友。养人如养竹，举目皆孝秀。"（《养竹》）

虽然，苏辙一生忠贞为国，对个人安危置之度外，从参加制科考试时直斥皇帝的过失到后来元祐年间弹劾奸佞莫不如此。但对晚辈，则舐犊情深时时令人动容。如苏远夫妇侍奉苏辙南迁，远妻黄氏不幸病逝，苏辙凡两撰祭文。

祭八新妇黄氏文

追惟平昔，慈祥宽厚。孰云不淑，而止于是？南北异俗，伏腊几废。燔炙豚鱼，渐渍果蔬。承祀宁宾，不异中夏。卒无一言，叹恨流落。逮及启手，脱然而逝。惟我凤业，累尔幼稚。兴言涕落，呼天何益？五里禅室，顷所尝寓。土燥室完，密迩吾庐。权厝其间，毋或恐怖。二子虽幼，资可成就。姑自鞠养，无水火患。犹冀灾厄有尽，天造有复。全枢北返，归安故土。魂而不昧，识此诚意。

再祭八新妇黄氏文

妇生名家，有德有容，幼不逾门。缱绻相从，冒险涉瘴，初无咎言。念我厄穷，往反累汝，愧于心颜。瘴病弥月，药石不效，卒殒当年。弱子稚女，踯躅吾侧，念母凄然。汝往莫追，抚此二孙，冀其成人。命降自天，举家北返，与枢俱还。嗟哉吾兄，没于毗陵，返葬郏山。兆域宽深，举棺从之，土厚且坚。种柏成林，以付而子，百年以安。

感情之笃眷沉痛，令人唏嘘。《颜氏家训·归心篇》有云："世有痴人，不识仁义，不知富贵并由天命，为子娶妇，恨其生资不足，倚作舅姑之尊，蛇虺其性，毒口加诬，……怛怜己之子女，不爱己之儿妇，如此之人，阴纪其过，鬼夺其算，慎不可与为邻，仍不可与为援，宜远之哉。"苏辙之高风，视儿妇有如己出，何其可敬！

元祐元年，苏辙为右司谏，奋不顾身，屡章奏论资政殿大学士吕惠卿"奸险蠹国，残虐害民，乞行窜殛"，却又担心侄子苏迈为吕氏坑害，专门给皇帝上《乞兄子迈罢德兴尉状》："缘知饶州吕温卿系惠卿亲弟而和卿亲兄。臣有兄子迈见任饶州德兴县尉，窃虑温卿挟恨，别有捃拾勘会。迈今任将及两考，欲乞朝廷体察，特许令候两考满日放罢，赴吏部别受差遣。"慈心拳拳，情溢文辞。

苏辙宽仁厚德的长者之风，对家庭对亲人"躬自厚而薄责于人"的胸怀，也体现在他对《诗经》的诠释中。例如，《邶风·北门》："王事适我，政事一埤益我。我入自外，室人交徧谪我。"《毛传》："谪，责也。"《郑笺》："我从外而入，在室之人更迭徧来责我，使已去也。言室人亦不知已志。"除毛郑外，后世解诗者如孔疏等大多如毛郑而把"室人"解为家人。在苏辙看来，《诗经》既然主旨是温柔敦厚，则家人既不会对"我"不理解不同情而横加指责。而"我"作为一家之长，为一家的付出则是理所应当的。纵然家人有怨言，"我"亦不会赋诗怨怼，而有责怪家人之意。所以，他解此诗全然与众不同。《诗集传》："天子之政令既以适我，国之政事复并以厚益我。已事而反，则其处者争求其瑕疵而谴谪之，言劳而不免其罪也。谓之室人者，在内而不事事也。"也就是说，苏辙解"室人"为居朝的臣僚。下一章"我入自外，室人交徧摧我"。《毛传》："摧，沮也。"《郑笺》："摧者，刺讥之言。"意略与上同。苏辙则根本不做解释，只注："敦，敦迫也。"诗无达诂，不管苏辙的解释是否对，但这至少体现了苏辙有担当、有胸怀的人格魅力。认知如此，其平生的行事，也正与这一理念相符。

苏辙的居家为人以及平生行径，客观上也是对晚辈最好的教化。如何生活，如何做人，都能从中得到满意的答案，从而也给晚辈树立了一个光辉的榜样。

下边，我们再从具体的诗篇即直接写给晚辈的诗作进行一些分析。

苏辙今存诗歌凡1800多首，我们从诗题入手做了一个大致统计，涉及子侄（包括女婿）孙辈及学生的凡110余首。我们按照诗歌的内容，大致从以下三个方面进行一些探讨。

一、努力读书，恬淡乐观

耕读世家的传统，一生的成长过程，使苏辙对于读书有深切的感悟。他十九岁时便一鸣惊人，进士及第，都是天才加上勤奋的结果。"读书犹记少年狂，万卷纵横晒腹囊。"（《初闻得校书郎示同官三绝》之一）在与晚辈相关的诗歌中，总是鼓励晚辈要勤奋攻读，任何时候、任何地方、任何条件下读书都是第一要务。任教席时如此：

简学中诸生（时兼筠州教授）

泮水秋生藻荇凉，莫窗灯火乱荧光。图书粗足惟须读，菽粟才供且自强。
羽钥暗催新节物，弦歌不废近诗章。腐儒最喜南迁后，仍见西雍白鹭行。

"惟须读""且自强""不废"，殷殷之情，充盈诗间。对自家子弟，更是谆谆叮嘱："家藏万卷须尽读，此外一簪无所恃。船中未用废诗书，闭窗莫看江山美。"（《次韵子瞻特来高安相别先寄迟适远却寄迈迫过遁》）连乘船都要求闭窗读书。"般柴运水皆行道，挟策读书那废田？"（《示诸子》）告诫诸子随时随地都不可废书不读。"少年真力学，玄月闭书帷。""笑向诸孙说：疏慵非汝师。"（《示诸孙》）"雨遍公田及私亩，学书兼得问筠孙。"（《逊自淮康酒官归觐逾旬而归送行二绝句》之一）"乘田委吏责无多，旧学年来竟若何？开卷新诗可人意，到官无复废吟哦。"（同上之二）上二例是次子苏逊监酒税省亲归来，他最关心的是公事之余，学问有否长进，告诫苏逊回归后不要停止了赋诗，且还要时时教孙子苏筠学书法。"养气经年惟脱粟，读书终夜有寒灯。安心且作衰慵伴，海底鲲鱼会化鹏。"（《迎寄王适》）王适为苏辙次婿，当时落第归来，苏辙作诗安慰他，肯定王适勤奋努力之余，也叮嘱他还要安心读书，并对他寄予厚望，勤奋依旧，化鹏有期。为了勉励晚辈珍惜光阴，其告诫真是苦口婆心，情跃笔端："人生逾四十，朝日已过午。一违少壮乐，日迫老病苦。丹心变为灰，白发粲可数。"（《次韵子瞻端午日与迟适远三子出游》）

在诸多教育晚辈努力读书的诗篇中，我们发现，苏辙与传统士大夫教育子弟明显不同。我们知道，珍惜光阴，努力读书是古往今来共同的话题，但通常士大夫教育子弟则多以功名为终极目标，"致君舜尧"是最高的人生追求。而苏辙在写给晚辈的诗篇中，尽管也希望子弟们能获取功名，但表现得十分谦冲和易。不过分以功名相期许，更不苛求晚辈一飞冲天，做到"位极人臣"。他明白，志向与功名本身并不是一对统一体，功名亦非想象中的那么美好。李斯权倾一时，最后只落得身死族诛的下场，如颜渊、曾子那样安贫乐道未必不是好事。"憧憧亩丘道，岁晚嗟未止。西山有茅屋，锄耰本吾事。"（《登南城有感示文务光王通秀才》）"士生际风云，富贵若骑虎。"（《次韵子瞻端午日与迟适远三子出游》）"家世本来耕且养，诸孙不可耻锄耘。"（《泉城田舍》）"晏家不愿诸侯赐，颜氏终成陋巷风。"（《初得南园》）"颜曾本吾师，终身美藜藿。"（《和迟田舍杂诗九首》之三）"已觉高轩惭卫赐，可怜黄犬哭秦斯。"（《诸子将

筑室以画图相示三首》之二)

在他看来，能否从仕，仕途能否通达，那往往非自己能够左右，即或通达，也潜藏着不尽的风险（这既是他对历史的洞彻——苏辙是历史学家，其《古史》在中国史学史上有很高的地位，也是他一生宦海浮沉的经验总结）。所以，他教育子弟对仕进要有一种恬淡的心态。能进则进，不能仕进躬耕田园也不错。他的这些观点，虽然历代诗人也多有吟咏，似乎已是老生常谈，但我们如果细心比较，就会发现到底是苏辙来得更为真切。其原因是苏辙幼小时便在田园生活中成长，富庶的成都平原曾赋予他无尽的乐趣。

关于这方面的描写，苏辙诗集中如《次韵子瞻记岁暮乡俗》《记岁首乡俗寄子瞻》等追忆家乡的诗篇便精彩无似，再现了近千年前蜀地乡村的温馨和谐。他的这种经历，也体现在诠释《诗经》中的别致，如《卫风·十亩之间》："十亩之间兮，桑者闲闲兮，行与子还兮。"传统的解释如《毛传》《郑笺》《孔疏》等基本上都是认为卫地被侵削小民无所居云云，而苏辙解云："此君子不乐仕于其朝之诗也，曰虽有十亩之田，桑者闲闲，其可乐也，行与子归居之。夫有十亩之田，其所以为乐者，亦鲜矣，而可以易仕之乐，则仕之不可乐也甚矣。"也正因为这样的背景，他才会把功名看得相对恬淡。"诸子才不恶，功名旧有言。穷愁念父母，心力尽田园。志在要须命，身闲且养源。"（《示诸子》）虽然"志在要须命"，但"养源"则是不能或忽，即官可以不做，但个人的学识和精神培养不可或缺。这和韩愈《答李翊书》的主张是一脉相承的："虽然，不可以不养也，行之乎仁义之途，游之乎诗书之源。无迷其途，无绝其源，终吾身而已矣。"

比较起读书做学问来说，他认为个人的风操品节最为重要，文章则为"细事"。"已矣石室老，奄然三十年。遗孙生不识，妙理定谁传。孔伋仍闻道，贾嘉终象贤。文章犹细事，风节记高坚。"（《外孙文骥与可学士之孙也予亲教之学作诗俊发犹有家风喜其不坠作诗赠之》）此外，苏辙强调勤奋上进，还要求晚辈要开朗乐观，有昂扬奋发的朝气，随时有一个好的心态。其间最典型的是针对女婿文务光而发的"少年勿作老人调，被服荣名慰所思"（《次韵王适兄弟送文务光还陈》）。苏辙觉得文务光诗文太过颓唐，为不吉之兆，故规劝之。后来，文务光果然不幸早逝，苏辙《王子立秀才文集引》："然务光之文悲哀摧咽，有江文通、孟东野感物伤己之思。予每非之，曰：'子有父母昆弟之乐，何苦为此？'务光终不能改也。既而丧其亲，终丧五年而终。予哭之恸，曰：'悲夫，彼其文固有以兆之乎！'"这也就是苏辙推扬的浩然之气。他说："辙生好为文，思之至深，以为文者气之所形。然文不可以学而能，气可以养而致。孟子曰：'我善养吾浩然之气。'今观其文章宽厚宏博，充乎天地之间，称其气之小大。太史公行天下，周览四海名山大川，与燕赵间豪俊交游，故其文疏荡，颇有奇气。此二子者，岂尝执笔学为如此之文哉？其气充乎其中而溢乎其貌，动乎其言而见乎其文，而不自知也。"（《上枢密韩太尉书》）

文气之说，为论文者所常道及，曹丕《典论·论文》："文以气为主，气之清浊有体，不可力强而致。譬诸音乐，曲度虽均，节奏同检。至于引气不齐，巧拙有素，虽在父兄，不能以移子弟。"韩愈云："气，水也；言，浮物也。水大而物之浮者大小毕浮。气之与言犹是也，气盛则言之短长与声之高下者皆宜。"（《答李翊书》）曹丕所谓气，强调个人的资质、天生的禀赋、作家个体内在的修养和对事物的领悟；韩愈所谓气，主要是强调儒家的道统即仁义之道，要作家因循传统，恪守正道，自然气盛则文宣；而苏辙的气，则是重在作家自身的境界、阅历、气韵，从而培养一种充满自信、敢于直面一切艰难挫折的浩然心胸。正因为此，苏辙一生不管如何坎坷都能随遇而安，泰然面对一切艰难挫折，表现在诗作中，也秉承了"怨而不怒"的诗教精神。文务光所缺乏的正是浩然之气，故苏辙批评其作"老人调"，希望他能够振作而奋起，可惜文务光器局已就，"终不能改"而壮年夭亡（其父文同卒于元丰二年，文务光卒于元丰七年。务光为文同第四子，死时当只三十多岁）。关于乐观旷达的人生态度，学人们从来津津乐道的是苏轼如何旷达，如何随缘自适，其赠王定国歌儿柔奴《定风波》词中"此心安处是吾乡"一语更成为千古绝唱，却很少有人注意到苏辙不亚乃兄的乐观恬淡，随遇而安，将勤奋读书作为毕生精神宅第的高操。

二、仕则尽力，问心无愧

苏轼、苏辙兄弟的儿辈们因为政治上的牵连，仕途多不显。苏辙在世时，只有苏轼长子苏迈曾做过县尉、县令，苏辙幼子苏逊曾监过淮西酒税，女婿曹子文曾做过山阳令。所以，相关晚辈从仕的教育偏少。检索诗集，仅得四首，其中三首诗亦颇有深意。次第论说如下：

送侄迈赴河间令

老去那堪用，恩深未敢归。谁能告民病，一一指吾非？

尔赴河间治，无嫌野老讯。仍将尺书报，勿复问从违。

送逊监淮西酒并示诸任二首之一

畴昔南迁海上雷，艰难唯与汝同来。再从龙尉茅丛底，旋卜云桥荔子堆。
相与闭门寻旧学，谁言复出理官醅。乘田委吏先师事，莫学陶翁到即回。

曹郎子文赴山阳令

囊空口众不堪闲，却喜平生得细论。鹤发进封偿旧德，彩衣听讼勉平反。
楚风剽疾观新政，浙水萧条咏旧恩。记取老人临别语，茶瓢霜后早相存。

第一首作于元祐五年，苏辙出使辽国归来，任御史中丞，苏轼长子苏迈为河间县令，诗是为苏迈赠行的。开首两句谦言自己本已被弃置不用了，回朝任职很感惶恐，接下来两句是对过去为政的反省，遗憾的是没有人会再向自己指出行政得失，为以下启发苏迈张本。这两句看似平常，实际上是苏辙治民的经历和心得。我们展视苏辙的仕履，他从治平二年才正式入仕，但一直是做幕僚、监税、教授之类，并没有亲自临民治事。直到元丰七年，起为绩溪县令，才算正式治民事。但时间很短，八年二月到任，九月即离任。虽然，为县令只有半年时间，且曾"一病五十日"（《复病三首》之三），但我们从苏辙的诗文中，可以看出他是兢兢业业、全力以赴的。"老令旧谙田事乐，春耕正及雨晴天。可怜鞭挞终无补，早向丛祠乞有年。归告仇梅省文字，麦苗含穗欲蚕眠。"（《汪王庙》）对于百姓，苏辙不愿用刑催科，先是从俗祭拜神灵而乞丰年。而"归告仇梅"云云，才是自己为政的目标。仇，指仇览，典出《后汉书·仇览传》："仇览，字季智，一名香，陈留考城人也……劝人生业，为制科令。至于果菜为限，鸡豕有数，农事既毕，乃令子弟群居，还就黉学。其剽轻游恣者，皆役以田桑，严设科罚，躬助丧事，赈恤穷寡。"梅，指西汉梅福。尝数上书言政事。"来时稻叶针锋细，去日黄花黍粒粗。久病终惭多敝政，丰年犹喜慰耕夫。"（《辞灵惠庙归过新兴院书其屋壁》）离任时因为该年丰收，于是心境大好，与民同乐。"百家小邑万重山，惭愧斯民爱长官。粳稻如云梨枣熟，暂留聊复为加餐。"（《初闻得校书郎示同官三绝》之二）难得的是，苏辙为政时间仅半年，却是很得民心，且颇有成效。绩溪百姓对苏辙已是十分难舍，苏辙同样也依依眷恋，为之"暂留"而慰民情。"谁能告民病，一一指吾非"是对任绩溪令时的总结、回味。接下来的"尔赴"两句，则是叮嘱苏迈一定关注民间疾苦，不要嫌弃治下父老的批评。看似平淡，实际上是自己治县的心得要诀而面授苏迈。末尾二句，是希望苏迈要时常寄书，不要因为境遇的逆顺而音信断续。

第二首作于大观元年秋冬之交。我们知道，绍圣元祐党禁，党人子弟皆不得从仕。至大观元年，因为大赦，党禁稍松，党人子弟才多少有了一点儿机会。加之当时苏辙家累太重，凡百余口，旧有积蓄或已然罄尽。生计所迫，故使苏逊从仕，这我们从其堂兄苏过诗中可以得到印证。

送八弟赴官汝南

丈夫志四方，弹冠苦不早。终童来请缨，贾谊试三表。二子俱弱冠，功名满怀抱。要非江湖士，未易语枯槁。君年逾三十，闭门试幽讨。父兄逼从仕，揽辔方稍稍。久安田舍乐，宁坐元龙笑。白发始为郎，定似冯唐老。效官曲蘖间，区区营一饱。虽知浆馈薄，要使人无保。淮蔡山川美，民淳足鱼稻。作诗慰所思，梦绕池塘草。

"父兄逼从仕"，知苏逊本身是不愿意去做这个小官的，是因举家衣食之忧而勉强从仕。"相与闭门寻旧学，谁言复出理官醅"，亦可知出于无奈。正因为如此，苏辙诗才勉励苏逊要安心职守，并以孔子曾做过小吏相劝勉。此典出《孟子·万章下》："孔子尝为委吏矣，曰：'会计当而已矣。'尝为乘田矣，曰：'牛羊茁壮长而已矣。'位卑而言高，罪也；立乎人之本朝而道不行，耻也。"苏辙一方面是说孔子曾为小吏，以此勉励苏适，而其中另有深意在焉，是要苏适向孔子学习，凡事尽职尽责。盖孔子无论做什么事，都是恪尽职守，心无旁骛，在其位则善其事，不做脱离实际之想而好高骛远。苏辙一生，也是如此躬行的，虽然，他的政治抱负极高，其心目中的偶像是周代的仲山甫，其《诗集传·大雅·烝民》有云："此诗言仲山甫，其始曰仲山甫之德，柔嘉维则。令仪令色，小心翼翼。古训是式，威仪是力。此与汉胡广、赵戒何异？其终曰人亦有言，柔则茹之，刚则吐之。维仲山甫，柔亦不茹，刚亦不吐。不侮鳏寡，不畏强御。此与汉汲黯、朱云何异？胡赵柔而陷于佞，汲朱刚而近于狂，如仲山甫内刚外柔，非佞非狂，然后可以为王者之佐，当天下之事矣。呜呼！非斯人，其谁与归？"虽标的如此，但他从来是脚踏实地，陈力就列，在什么位置上就做好什么事。做书记之类，将自己的文才和职守发挥到极致；做教授，对学生教导有方；做县令，半年而成就斐然；做谏官，弹劾奸佞不遗余力；做户部尚书，对全国财政了如指掌；做门下侍郎，进贤而退不肖，除弊而立新。就连在筠州监酒税，一个人做了三个人的事，他也是毫不苟且，勉力尽善。《东轩记》："然盐酒税旧以三吏共事，余至，其二人者适皆罢去，事委于一。昼则坐市区鬻盐、沽酒、税豚鱼，与市人争寻尺以自效。莫归筋力疲废，辄昏然就睡，不知夜之既旦。旦则复出营职，终不能安于所谓东轩者。"特别是元祐在朝的九年时间，治政能力卓然挺出，雷厉风行，厥功甚伟。南宋何万《苏辙覆谥议》："是以九年之间，朝廷尊，公路辟，忠贤相望，贵幸敛迹，边陲绥靖，百姓休息。君子谓公之力居多焉，信也。"苏辙的经历，苏逊当然心里十分明白的，所以一言以蔽之。"莫学"语同样是寓意深长，孟子曰："仕非为贫也，而有时乎为贫。"（《孟子·万章下》）既是对"逼"苏逊从仕的委婉歉意，告诫苏逊千万不要因嫌官小委屈而如陶潜挂冠归去。当然，在苏辙潜意识里，何尝不希望苏逊从此步入仕途而将来有所作为。

第三首作于政和元年，是送女婿曹焕（子文）赴任诗。曹焕的父亲曹九章曾做过光州知州，苏辙勉励曹焕要继承发扬父亲的美德，在任一定要注意平反冤狱，不能让百姓无辜获罪。平反，典出《汉书·隽不疑传》："每行县录囚徒还，其母辄问不疑：'有所平反，活几何人？'即不疑多有所平反，母喜笑，为饮食，语言异于他时；或亡所出，母怒，为之不食。"曹焕父早于元祐三年去世，苏辙有《祭曹演父朝议文》。是时唯其母尚在，且其母是随曹焕同赴任所，故苏辙用隽不疑遵母训平反冤狱的典故而训导，从而要求曹焕治狱务必公允平正，不可冤屈于人。同时，他还从民风习俗的角度间接教导曹焕要因势利导。剽疾，语本《史记·留侯世家》："楚人剽疾，愿上无与楚人争锋。"谓楚地的民风剽悍，百姓对于新任的县令拭目以待，凡事当小心在意而不能轻忽率意。提醒之余，又担心曹焕心生畏怯，于是又宽慰曹焕说也不必太过紧张，"浙水萧条咏旧恩"，是说曹焕之父曹九章尝为光州太守，在光州留下的善政为百姓所铭记，自然会对你有特殊的感情。政令的推行，这是最为有利的因素。苏辙思虑之详密，情致之殷殷叹为观止。

三首诗虽然时地与背景有别，但主旨却是殊途同归，不外是教育子弟仕则尽力奉职，僶俛奋发，做到俯仰无愧于心。

三、心怀恻隐，体恤下情

恻隐之心本来是儒家的一贯宗旨，所谓恻隐，即同情、怜悯，主要是针对弱者而言。《孟子·公孙丑下》有云："无恻隐之心，非人也。"将恻隐提高到人与非人的区别。苏辙对《孟子》有深湛的研究，尝撰《孟子解》二十三章。以故他的恻隐仁爱之心无处不在。我们试举苏辙元祐元年的一篇短文而窥其精神境域之一斑。

乞牵复英州别驾郑侠状十八日

右臣窃见英州别驾郑侠，昔以言事获罪，投窜南荒。侠有父年老，方将献言，自知必遭屏斥，取决于父。父慨然许侠，誓不以死生为恨。而流放以来，逮今十年。屡经大赦，终不得牵复。父日益老，而侠无还期。有志之士，为之涕泣。况自陛下临御，一新庶政，凡侠所言青苗、助役、市易、保甲等事，改更略尽。而侠以孤远，终无一人为言其冤者。臣与侠平生未尝识面，独不忍当陛下之世，有一夫不获其所。是以区区为侠一言，伏望圣慈，特赐录用。使其父子生得相见，以慰天下忠直之望。

虽然，大家都对郑侠的遭遇同情，但却无人为之申冤，不得牵复。苏辙与郑侠从不相识，挺身而出，为郑侠专上奏状，"老吾老以及人之老"的情操感人至深，郑侠也因苏辙仗义执言的奏状而赦归。《宋史·郑侠传》："哲宗立，始得归。"

在国家大政方针的层面，苏辙在宋王朝与辽国和西夏的关系上一直主张和睦，对挑动边衅的种家以及王韶等从来持批评态度。不仅在章奏中时时抨击，在其《诗集传》中也借题发挥，如《大雅·召旻》："由此观之，辟国以礼，蹙国不以礼，皆非用兵之谓也。近世小人欲以干戈侵虐四邻，求拓土之功者，率以召公借口。此楚灵、齐愍之事，桓文之所不为，而以诬召公，乌乎殆哉！"究其本源，也是出自儒家的爱人之心，知道兵家是凶器，战争的结果是给人民带来灾难。

苏辙的家世背景，使他对下层百姓的生存状况有非常直接的体察，故其一生有许多关系百姓生存的诗文和奏札。甚至他对敌国的百姓，也充满了同情和关切。且看他元祐四年充任贺辽国生辰使写下的二十八首诗中的两首。

木叶山

奚田可耕凿，辽土直沙漠。蓬棘不复生，条干何由作？兹山亦沙阜，短短见丛薄。冰霜叶随尽，鸟兽纷无托。乾坤信广大，一气均美恶。胡为独穷陋？意似鄙夷落。民生亦复尔，垢污不知怍。君看齐鲁间，桑柘皆沃若。麦秋载万箱，蚕老簇千箔。余粱及狗彘，衣被遍城郭。天工本何心？地力不能博。遂令尧舜仁，独不施礼乐。

诗对辽人的生存环境深深同情，说辽人生活在沙漠里，其地往往草木不长，何以为生？叩问天地何以如此，让辽人艰难无托，是不是老天鄙弃少数民族啊！再比较中土特别是江南鱼米之乡的自然条件，"余粱及狗彘，衣被遍城郭"，何其富庶！于是直斥上天不公，使得大宋皇帝的仁爱不能施及穷荒之地。苏辙悲天悯人的神情油然如在我们眼前。又如：

虏帐

虏帐冬住沙陀中，索羊织苇称行宫。从官星散依冢阜，毡庐窟室欺霜风。
春粱煮雪安得饱？击兔射鹿夸强雄。朝廷经略穷海宇，岁遗缯絮消顽凶。
我来致命适寒苦，积雪向日坚不融。联翩岁旦有来使，屈指已复过奚封。
礼成即日卷庐帐，钓鱼射鹅沧海东。秋山既罢复来此，往返岁岁如旋蓬。
弯弓射猎本天性，拱手朝会愁心胸。甘心五饵堕吾术，势类畜鸟游樊笼。
祥符圣人会天意，至今燕赵常耕农。尔曹饮食自谓得，岂识图霸先和戎？

"春粱煮雪安得饱，击兔射鹿夸强雄"，"秋山既罢复来此，往返岁岁如旋蓬"。恻隐之余，对北宋敦睦邻邦尤其是真宗时的决策再一次肯定。总北宋一朝，欧阳修、刘敞、韩琦、苏颂、王安石、宋祁、余靖、王珪、吴奎、范镇、苏辙、沈遘、陈襄、刘挚、王钦臣、彭汝砺、张舜民、刘跂等都曾使辽，且多有诗文记咏行踪，但像苏辙这样对异族基本不存偏见而有仁爱之心的，实在是绝无仅有。

比起通常士大夫，因为苏辙对于农耕的辛苦有切身体验，所以对农夫的怜悯、体谅更加真挚而温暖，传统的劳心者治人、劳力者治于人的等级观念他相对淡薄。例如，他在《诗集传》中传《魏风·园有桃》则不沿袭旧说而自出机杼，云："园有桃，则食桃非其园之所有则不食矣。然则不耕者不可以食粟，不织者不可以衣帛。仁人君子，不得坐而治民矣。此孟子所谓许行之道，魏人则有治此说者也。夫必耕而后食，小人之所谓难也，而有人焉且力行之，尚有非之者哉？维君子忧其不可而歌谣以告人。"正因为知道稼穑之艰难，才会有如下的感人篇章。

文氏外孙入村收麦

欲收新麦继陈谷，赖有诸孙替老人。三夜阴霪败场圃，一竿晴日舞比邻。
急炊大饼偿饥乏，多博村酤劳苦辛。闭廪归来真了事，赋诗怜汝足精神。

外孙文九入村主持收麦，自然要雇请当地村民。临行之时，苏辙唯恐文九不能体恤帮工的乡邻，而先予告诫。急炊大饼，是说要让村民吃饱吃好而后干活。多博村酤，云在劳作之后，要多买些酒食慰劳辛苦的村民，考虑得何其精细！苏辙善良厚道的风貌呼之欲出，而同时也是对文氏外孙的最为直接而深刻的诗教。

次迟韵对雪

雪寒近可忧，麦熟远有喜。我生忧喜中，所遇一已委。平生闻汝南，米贱豚鱼美。今年恶蝗旱，流民鬻妻子。一食方半菽，三日已于耜。号呼人谁闻，恻天自迩。繁阴忽连夕，飞霰堕千里。卷舒惊太速，原隰殊未被。贫家望一麦，生事如毛起。荐饥当逐熟，西去真纳履。

这是苏辙和其长子苏迟的诗，苏迟的诗今已佚。诗因下雪而展望来年麦子当获得好收成，这固然是瑞雪兆丰年的老调，但苏辙从眼前的喜悦而回想到当年夏粮的无收，田家卖儿卖女的悲惨情景，官方没有人在乎百姓的死活，号呼无人理睬。"恻天自迩"是对当政者的辛辣讽刺，人间无情，而上天有怜悯恻隐之心，降下了大雪。但苏辙又担心下雪的时间是不是太短暂了，恐怕浸润还不能遍足，进而想到贫寒之家的生计都寄托在来年的麦收上，纵然丰收又何济于"毛起"的生事。这和唐代杜甫的悯农、元白乐府的为下民鼓呼的精神一脉相承。唱和苏迟的诗，把自己悯怜下情的精神世界和盘托出，晚辈自然会从诗中获得共鸣和教益。

逊往泉城获麦

少年食稻不食粟，老居颍川稻不足。人言小麦胜西川，雪花落磨煮成玉。
冷淘槐叶冰上齿，汤饼羊羹火入腹。五年随俗粗得饱，晨朝稻米才供粥。
儿曹知我老且馋，触热泉城正三伏。田家有信呼即来，亭午驱牛汗如浴。
吾儿生来读书史，不惯田间争斗斛。今年久旱麦粒细，及半罢休饶老宿。
归来烂熳煞苍耳，来岁未知还尔熟？百口且留终岁储，贫交强半仓无谷。

这首诗最感人的是"吾儿"后数句,诗不直接说苏逊不会与佃户争利,而是从儒家传统的角度首先肯定苏逊受诗书的陶冶,禀性淳厚,不会与佃户争利。这是对苏逊先予告诫,切不可有悖于儒家仁者爱人的传统美德而争升斗之短长。接着说当年因为旱情严重麦子歉收,要苏逊只收一半租子。怕苏逊担心家中存粮不多有所犹疑,又告诉苏逊挖上一些野菜如苍耳之类也可凑合度日。自家虽然有百口之众,但计划着一年也不会挨饿。比上不足,比下已绰绰有余,要知道,那些贫穷人家大多是没有存粮的。从诗的内容看,当时苏辙一家生活也并非多么丰饶甚至有些拮据,但苏辙"烂熳煞苍耳"却又让人为之一粲。盖杜甫《驱竖子摘苍耳》有云:"江上秋已分,林中瘴犹剧。畦丁告劳苦,无以供日夕。蓬莠独不焦,野蔬暗泉石。卷耳况疗风,童儿且时摘。侵星驱之去,烂熳任远适。"老杜尚且如此,我辈何尝不可。这里更有趣的是,苏逊又名苏远,而苏逊的仲兄名适。苏辙有意以此调侃,想来苏逊读到此句,定当为老父的诙谐而一笑莞尔,进而心悦诚服地按老父的吩咐去处理麦收事宜。

还有,作于政和二年夏的《喜雨》诗,显然也是告示儿孙辈的。盖苏辙是时已老病蹒跚,来日无多了(当年十月三日即下世)。

喜 雨

一旱经春夏已半,好雨通宵晓未收。气爽暂令多病喜,来迟未解老农忧。
力耕仅足公家取,遗秉休违寡妇求。时向林间数新竹,矗龙腾上欲迎秋。

"寡妇"云云语本《诗·小雅·大田》:"有渰萋萋,兴雨祁祁。雨我公田,遂及我私。彼有不获稚,此有不敛穧,彼有遗秉,此有滞穗,伊寡妇之利。"苏辙《诗集传》:"时雨既降,斯民急其上,先忧公田而后其私。及其成也,田有余谷,力不能尽,故以有余为鳏寡之利。"诗教本源,也于此昭然可见。迟暮残阳,依然不忘教导儿孙辈怜悯穷苦,且最后两句,寄寓的是对自己儿孙辈的茁壮成长欣慰有加。读此诗句,一个善良仁爱、温润慈祥的儒者形象恍如眼前。

苏辙诗集中,对晚辈有所批评的诗仅有一首,即和次子苏远的一首诗。然而,却又是那么的温和而言近旨远。引而不发,跃如也。附引于此:

次远韵齿痛

元明散诸根,外与六尘合。流中积缘气,虚妄无可托。敝陋少空明,妇姑相攘夺。日出暵焦牙,风来动危萚。喜汝因病悟,或免终身着。更须诵《楞严》，从此脱缠缚。

以上，我们从三个方面浅论了苏辙的"诗教"，结合具体的诗篇或诗句，努力溯其本源，析其内涵。正如前边所及，本文讨论的"诗教"，是狭义的，是仅从苏辙的诗歌着眼，而又局限于苏辙写给晚辈或与晚辈唱和的诗歌。其实，如果就苏辙著作中体现的"诗教"精神，则其经史子集的著述中是处可见，我们将在后续的研究中再做努力。当然，以我们的学识和水平，或许很难对苏辙的"诗教"作出高质量的研究，不过是非曰能之，愿学焉而已。所以，从这个角度来说，本文只能算是愧抛未必有用之砖，而欲引昆山蓝田之宝玉云尔。

参考文献

（宋）李焘编著《续资治通鉴长编》，中华书局，2004。

《宋史》，中华书局，1985。

（清）徐松撰、孟二冬补正《登科记考补正》，燕山出版社，2003。

（清）陈奂：《诗毛氏传疏》，中国书店，1984。

蒋宗许、袁津琥、陈默：《苏辙诗编年笺注》，中华书局，2019。

孔凡礼撰：《三苏年谱》，北京古籍出版社，2004。

舒大刚：《三苏后代研究》，巴蜀书社，1995。

李文泽、舒大刚：《三苏经解集校》，四川大学出版社，2017。

张志烈、马德富、周裕锴主编《苏轼全集校注》，河北人民出版社，2011。

曾枣庄、舒大刚编《三苏全书》，语文出版社，2001。

曾枣庄：《苏辙年谱》，陕西人民出版社，1986。

曾枣庄：《嘉祐集笺注》，上海古籍出版社，2009。

曾枣庄：《三苏评传》，上海书店出版社，2016。

苏轼的孔子观、道统论及教育思想遗产

刘 强

摘 要：苏轼的思想世界丰富多彩，儒、释、道三教杂糅交织作为一个总体判断无可厚非，但如对其诗文下一番深思密察的功夫，则不难发现，如林语堂对苏轼所做的"佛教徒"或"是一纯然道家"之类的指认，显然与事实相去甚远。实际上，在苏轼心目中，不仅孔子是其终生致敬效法的"圣人"和"吾师"，孔子和儒家所标举的仁义礼乐更是其秉承弘扬的"道统"，而佛教和老庄则是其常加抨击的对象。尽管苏轼、苏辙兄弟试图调和三教之关系，但其思想的立足点显然还在儒家。与此相应，苏轼的"政教观""文教观"和"情教观"，也是植根于孔子的德治和人格教育思想基础之上的。苏轼虽非传统意义上的教育家，但他留下的教育思想遗产，对于当下的教育生态颇具典范意义和参考价值。

关键词：苏轼 孔子观 道统论 教育思想

苏轼的思想融摄儒、释、道，至为丰富与博大，此已是学界之共识。然长期以来，尽管论者无不看到其作为士大夫必然抱持的儒家思想，但相较而言，似乎更为关注其随坎坷遭际而日渐突出的佛、道二家之旨趣。比如，拥有很多读者的林语堂著《苏东坡传》就多次提到，苏轼是一位"佛教徒"。又说他"为父兄，为丈夫，以儒学为准绳，而骨子里则是一纯然道家，但愤世嫉俗，是

本文作者刘强，现为同济大学人文学院教授，博士生导师。守中书院山长，明伦书院名誉山长。

非过于分明"。其实,"愤世嫉俗,是非过于分明",与其说是道家姿态,不如说正是儒家本色。而"佛教徒"之说,非不成立,唯当在承认其首先是一"儒教徒"之前提下,始更切实而得体。

要言之,苏轼之所以为苏轼,正如中国文化之所以为中国文化一样,明显呈露出"一体两翼"——儒学为体,释、道为翼——的思想格局与文化精神。无两翼,则苏轼的锦绣诗文不可能获得轻盈飘举之态;无主体,则鲲鹏亦不能扶摇而上,展翅图南,并完成一次关乎人生价值理想与文化终极追求的伟大而浪漫的"逍遥游"。若把苏轼比作一架飞机,释、道两家提供了美丽的外形和飞翔的平衡,确保了其人格及美学上的多元和稳定。儒家思想则不仅提供了机身(包括机头、机舱、机尾),还供给了飞行必不可少的引擎、动能和燃料。在其春风得意、仕途坦荡时是如此,在其贬谪异地、命运屯蹇,看似释、道思想占据上风之时,尤其如此!

这一点,由其晚年谪居海南,却依然笑看风月,吟诗作赋,修订其在黄州所作的《易传》和《论语说》,并终于完成《东坡书传》这三部阐释儒家经典之著,便可窥见其大概。又其写于离世前两月的《自题金山画像》诗云:

> 心似已灰之木,身如不系之舟。问汝平生功业,黄州惠州儋州。①

以贬谪固穷之地为功业圆满之处,岂偶然哉?②正如苏轼诗云:"平生学道真实意,岂与穷达俱存亡。"③此一千古独绝的生命觉悟和文化姿态,绝非佛、道二家所可造就,而只能归结于其自幼浸淫、长大确立、终身践行的儒者气节与淑世情怀。以下就苏轼的孔子观、道统论及其教育思想遗产三点申论之。

一、"圣人"与"吾师"——苏轼的孔子观

欲深入了解苏轼思想之底色,只需将其对儒、释、道三教之不同论说排比分析即可。其中,尤以苏轼如何看待孔子为最切要者,亦最能窥见此中消息。盖孔子之后的历史人物,无论为政、为学,抑或为人、为文,无不与孔子发生

---

① 《苏轼诗集》卷四十八,孔凡礼点校,中华书局,1986,第2641页。
② 我曾撰有《苏轼的"平生功业"与"忧困书写"——兼论苏轼扬州"和陶"之缘起及其晚年心境》一文,详论其中委曲,见《"苏东坡扬州"学术研讨会论文集》,2020年8月22日。
③ 《苏轼诗集》卷四十一,第2245页。

必然亦必要之联系。故每一人之"孔子观"之于其个人思想之最初与最后之完成，实有举足轻重之地位与无与伦比之价值。孔子之后之思想人物，或者是战国时"逃墨必归于杨，逃杨必归于儒"（《孟子·尽心下》）的思想争锋，或者是魏晋时"老庄与圣教同异"（《世说新语·德行》）的现实抉择，或者是中唐韩愈所谓"言道德仁义者，不入于杨，则归于墨；不入于老，则归于佛"（《原道》），抑或是"北宋五子"及朱熹的"辟佛老"，直至王阳明"出入于二氏""三变而至道"①，凡此种种，无不面临一个"逃儒"还是"归儒"及"去孔"抑或"尊孔"的"大哉问"！

正是在此一思想史之视域下，现代学者柳诒徵才会说："孔子者，中国文化之中心也。无孔子，则无中国文化。自孔子以前数千年之文化，赖孔子而传；自孔子以后数千年之文化，赖孔子而开。"（《中国文化史》）历史学家夏曾佑才会说："孔子一身直为中国政教之源；中国历史孔子一人之历史而已。"（《中国古代史》）职是之故，当我们把目光投向苏轼的"思想世界"时，就不得不将苏轼的"孔子观"作为评判其"三教权重"的重要依据。

泛览苏轼诗文，我们发现，在苏轼心目中，孔子道大德全，气象万千，其地位是"无以尚之"的。既是"仰高钻坚"的"圣人"，又是可以致敬效法的"吾师"。在《上富丞相书》一义中，苏轼与道：

> 昔者夫子廉洁而不为异众之行，勇敢而不为过物之操，孝而不徇其亲，忠而不犯其君。凡此者，是夫子之全也。原宪廉而至于贫，公良孺勇而至于斗，曾子孝而徇其亲，子路忠而犯其君。凡此者，是数子之偏也。夫子居其全，而收天下之偏，是以若此巍巍也。②

此文以"偏"与"全"为说，凸显弟子与孔子之不同。因为"全"，故能致其"道"。但孔子之"全"，非仅见于气象，且能显于"行事"。在《论孔子》一文中，苏轼明确指出：

> 孔子以羁旅之臣，得政期月，而能举治世之礼，以律亡国之臣，堕名都，出藏甲，而三桓不疑其害己，此必有不言而信，不怒而威者矣。孔子

---

① 《王阳明全集》卷四十一，上海古籍出版社，2014，第1574页。
② 《苏轼文集》卷四十八，孔凡礼点校，中华书局，1986，第1376页。

之圣，见于行事，至此为无疑也。①

苏轼认为，相比齐国的宰相晏婴，孔子秉公执法，遇事能断，正因其有一种"以直养而无害、塞乎天地之间者"的"浩然之气"！后来苏轼入仕为官，能直言极谏，独立不回，"立朝大节极可观"②，原因正在于此。在《宰我不叛》一文中，苏轼为了给孔子之徒宰我洗刷冤屈，证明"吾先师之门"绝无"叛臣"，不惜对司马迁口诛笔伐，斥其为"固陋承疑"，"使宰我负冤千载，而吾师与蒙其诟"③！从"吾先师"到"吾师"，辞气何其亲切而深情！此盖承陶渊明"先师有遗训，忧道不忧贫"④之余绪也。

苏轼一生，对老、庄、杨、墨，甚至孟、荀、扬、韩，皆不无讥刺排诋，唯独对孔子，几无一字之褒贬。尤其在贬居黄州、惠州、儋州时，孔子之于东坡，几乎可谓如影随形，不离不弃。⑤这里仅举几例。如《与陈季常十六首》云：

> 到惠州半年，风土食物不恶，吏民相待甚厚。孔子云："虽蛮貊之邦行矣。"岂欺我哉！

苏轼一生多次贬谪，厄运不断，但几乎每一次遭遇挫折，孔子的形象都会在其心中浮现，成为其强大的精神支柱。贬居惠州之时，苏轼的书斋名都与孔子的教诲有关："我室思无邪，我堂德有邻。"⑥甚至夜里做梦，也会想到孔子："弃书事君四十年，仕不顾留书绕缠。自视汝与丘孰贤？《易》韦三绝丘犹然，如我当以犀革编。"⑦苏轼在海南儋耳谪居三载，物质生活贫乏至极，但其精神生活却能发扬蹈厉，也是因为有孔子：

> 东家著孔丘，西家著颜渊。⑧

---

① 《苏轼文集》卷五，第150页。
② 《宋史·刘安世传》。
③ 《苏轼文集》卷六十五《史评》，第2001-2002页。
④ 陶潜：《癸卯岁始春怀古田舍》诗之二。
⑤ 参见刘强《苏轼的"平生功业"与"忧困书写"——兼论苏轼扬州"和陶"之缘起及其晚年心境》一文，见《"苏东坡扬州"学术研讨会论文集》，2020年8月22日。
⑥ 《苏轼诗集》卷四十五《用前韵再和孙志举》，第1440页。又，《答毛泽民七首五》云："新居在大江上，风云百变，足娱老人也。有一书斋名思无邪斋，闲知之。"同书，第1572页。
⑦ 《苏轼诗集》卷四十一《夜梦》，第2252页。
⑧ 《苏轼诗集》《和陶归园田居六首其一》，第2134页。

仲尼实不死，于圣亦何负。①

万事思量都是错，不如还叩仲尼居。②

莫作天涯万里意，溪边自有舞雩风。③

舞雩，盖取《论语·先进》篇"风乎舞雩咏而归"之义。苏轼在海南的最后一首诗《六月二十日渡海》云："参横斗转欲三更，苦雨终日也解晴。云散月明谁点缀，天容海色本澄清。空余鲁叟乘桴意，粗识轩辕奏乐声。九死南荒吾不恨，兹游奇绝冠平生。"④这里，"鲁叟乘桴"正是用孔子"道不行，乘桴浮于海"（《论语·公冶长》）之典，寄托自己无往而不适道，无处不可安放道心的豁达胸襟。又如《和陶游斜川》诗云："过子诗似翁，我唱而辄酬。未知陶彭泽，颇有此乐否。问点尔何如，不与圣同忧。问翁何所乐，不为由与求。"⑤这分明是以夫子自诩了。可以说，苏轼内心深处，一直给儒家推崇的"圣人"留着不可褫夺的主脑地位，"圣人之道"也一直是其黾勉求之的价值归趋所在。无佛、老，不妨碍苏轼所以为苏轼，无孔子，则苏轼的精神世界恐怕将要坍塌大半！

苏轼在贬谪"三州"（黄州、惠州、儋州）陆续撰成的"经学三书"（《易传》《论语说》《书传》），之所以必欲"了得"而后快，既与其对经典的无上崇敬不无关系，亦可理解为对"先师"孔子的遥遥致敬。苏轼说：

> 到黄州，无所用心，辄复覃思于《易》《论语》，端居深念，若有所得，遂因先子之学，作《易传》九卷。又自以意作《论语说》五卷。穷苦多难，寿命不可期。恐此书一旦复沦没不传，意欲写数本留人间。……而《易传》文多，未有力装写，独至《论语说》五卷。公退闲暇，一为读之，就使无足取，亦足见其穷不忘道，老而能学也。⑥

正因"穷苦多难"，才要究心于经典，意欲传之名山，成一家之言。写于

---

① 《苏轼诗集》卷三十九《和陶读山海经十三首》其九，第2134。
② 《苏轼诗集》卷四十七《过黎君郊居》，第2560页。
③ 《苏轼诗集》卷四十二《被酒独行，遍至子云、威、先觉四黎之舍三首之二》，第2322页。
④ 《苏轼诗集》卷四十三，第2366页。
⑤ 《苏轼诗集》卷四十二，第2319页。
⑥ 《苏轼文集》卷四十八《黄州上文潞公书》，第1380页。

元符三年（1100年）七月四日的《书合浦舟行》说："余自海康适合浦，连日大雨，桥梁大坏，水无津涯。……碇宿大海中，天水相接，星河满天。起坐四顾叹息，吾何数此险也！已济徐闻，复厄于此乎？稚子过在旁鼾睡，呼不应。所撰《书》《易》《论语》皆以自随，而世未有别本。抚之而叹曰：'天未欲使从是也，吾辈必济！'已而果然。"①可知即便在生死俄顷之际，苏轼最为牵挂的还是"经学三书"能否传世。若非心中时刻住有一孔子，绝不至于如此也！

二、"佛老之似"与"周孔之真"——苏轼的道统观

如上所述，苏轼虽出入于儒、释、道三教，其思想复杂丰富之程度古今罕见，但终其一生都不失为一个"志在行其所学"②的儒者。其平生最大的人格偶像，不是出世离尘的佛、老，而是心系天下苍生、志在传经弘道的圣人孔子，故其所志、所行之道，亦可谓"圣人之道"。

众所周知，最早推明"道统"说的是韩愈。在《原道》一文中，他说："斯吾所谓道也，非向所谓老与佛之道也。尧以是传之舜，舜以是传之禹，禹以是传之汤，汤以是传之文、武、周公，文、武、周公传之孔子，孔子传之孟轲，轲之死，不得其传焉。荀与扬也，择焉而不精，语焉而不详。……"③因为要树立以孔子为代表的"圣人之道"，就不得不对佛、老二氏有所排抵。此一思潮，由韩愈发端，蔓延至于宋元明清。苏轼的恩师欧阳修承韩愈之说云：

> 儒者学乎圣人，圣人之道直以简，然至其曲而畅之，以通天下之理，以究阴阳天地人鬼事物之变化，君臣父子吉凶生死，凡人之大伦，则六经不能尽其说，而七十子与孟轲、荀、扬之徒，各极其辩而莫能殚焉。④

这是对儒家"圣人之道"在形上思辨之学上具有无限诠释可能性的一种发皇之论！苏轼多篇文章论儒道，如《学士院试孔子从先进论》《学士院试春秋定天下之邪正论》《礼义信足以成德论》等文，皆以仁义礼乐为圭臬，在在可见其

---

① 《苏轼文集》卷七十一，第2277页。
② 宋孝宗赵昚《苏轼文集序》称苏轼："忠言谠论，立朝大节，一时廷臣无出其右。负其豪气，志在行其所学。"见《苏轼文集》卷七十三，第2385页。
③ 《韩愈文集汇校笺注》，刘真伦、岳珍校注，中华书局，2010，第4页。
④ 《欧阳文忠公集》卷四十二《韵总序》。

承传有自、根深立定的儒者风范。

相较而言，佛、老之间，苏轼对老庄的批判尤其峻烈。如《韩非论》云："昔周之衰，有老聃、庄周、列御寇之徒，更为虚无淡泊之言，而治其猖狂浮游之说，纷纭颠倒，而卒归于无有……自老聃之死百余年，有商鞅、韩非著书，言治天下无若刑名之贤，及秦用之，终于胜、广之乱，教化不足，而法有余，秦以不祀，而天下被其毒。后世之学者，知申、韩之罪，而不知老聃、庄周之使然。"①此文本为批判法家，却将"韩非之罪"追溯至老、庄，认为"事固有不相谋而相感者，庄、老之后，其祸为申、韩。由三代之衰至于今，凡所以乱圣人之道者，其弊固已多矣，而未知其所终，奈何其不为之所也"。此一番论述势大力沉，足以破解"老子与韩非同传"②之千古谜团！可知在苏轼心目中，不仅杨、墨，甚至老、庄、申、韩，皆为"异端"！此与"北宋五子"之相关论说，实无二致。又，其《六一居士集叙》云：

> 自汉以来，道术不出于孔氏，而乱天下者多矣。晋以老、庄亡，梁以佛亡，莫或正之。五百余年而后得韩愈，学者以愈配孟子，盖庶几焉。愈之后二百有余年，而后得欧阳子，其学推韩愈、孟子以达于孔氏，著礼乐仁义之实，以合于大道，其言简而明，信而通，引物连类，折之于至理，以服人心。故天下翕然师尊之。……欧阳子没十有余年，士始为新学，以佛老之似，乱周孔之真，识者忧之。赖天子明圣，诏修取士法。风厉学者，专治孔氏，黜异端，然后风俗一变。……③

此文将欧阳修与韩愈并论，也是基于儒家之"道统"观。尤其"以佛老之似，乱周孔之真"一语，更是沉着痛快，一语破的！又如《御试制科策一道（并策问）》一文，苏轼对皇帝制策中"孝文尚老子，而天下富殖；孝武用儒术，而海内虚耗"的观点提出的不同看法，认为："孝文之所以为得者，是儒术略用也。其所以得而未尽者，是儒术略而未纯也。而其所以为失者，则是用老也。……今夫有国者徒知循其名而不考其实，见孝文之富殖，而以为老子之功，见孝武之虚耗，而以为儒者之罪，则过矣。此唐明皇之所以溺于宴安，彻去禁

---

① 《苏轼文集》卷四，第102页。
② 《南史·王敬则传》载，王俭尝与王敬则同列，曰："不图老子遂与韩非同传。"后世每将拟不于伦的两者并列，以"老子韩非同传"讥之，实则韩非与老子，实有内在理路之承传也。
③ 《苏轼文集》卷十，第316页。

防，而为天宝之乱也。"①不用说，这还是崇儒斥老的论调。

对道家是如此，对佛家呢？通常认为，苏轼贬居黄州之后，便出入佛、老，有其与多位僧人交往、且自好"东坡居士"之事可证。然而，事实果真如此吗？且看苏轼自己怎么说：

> 佛书旧亦尝看，但暗塞不能通其妙，独时取其粗浅假说以自洗濯，若农夫之去草，旋去旋生，虽若无益，然终愈于不去也。……学佛老者，本期于静而达，静似懒，达似放，学者或未至其所期，而先得其所似，不为无害。②

> 吾非学佛者，不知其所自入，独闻之孔子曰："《诗》三百，一言以蔽之，曰，思无邪。"夫有思皆邪也，善恶同而无思，则土木也，云何能使有思而无邪，无思而非土木乎！③

苏轼明说自己于佛学"暗塞不能通其妙"，"不知其所自入"，应该不是自谦。也许他未尝不想参禅悟道，然孔子的声音始终萦绕耳边，使其终不至于"离经叛道"。至于与佛僧交往，也不难理解。苏轼曾以韩愈为例，称"韩退之喜大颠，如喜澄观、文畅之意，了非信佛法也"④——此亦可视为苏轼本人的"夫子自道"。不唯如此，苏轼还曾批评僧人："至其荒唐之说，摄衣升坐，问答自若，谓之长老。吾尝究其语矣，大抵务为不可知，设械以应敌，匿形以备败，窘则堕滉漾中，不可捕捉，如是而已矣。吾游四方，见辄反覆折困之，度其所从遁，而逆闭其途。往往面颈发赤，然业已为是道，势不得以恶声相反，则笑曰：'是外道魔人也。'吾之于僧，慢侮不信如此。"⑤这里，"外道魔人"正是僧人对苏轼的评价，而"吾之于僧，慢侮不信如此"，则是其坦率自陈，适可见其绝非佛道之徒也。

苏轼对佛教的态度在其临终时的表现中尽显无遗。据惠洪《跋李豸吊东坡文》载："东坡没时，钱济明侍其傍，白曰：'端明平生学佛，此日如何？'坡曰：'此语亦不受。'遂化。"又据傅藻《东坡纪年录》，东坡临终之际，与僧人

---

① 《苏轼文集》卷九，第 297 页。

② 《苏轼文集》卷五十六《尺牍》《答毕仲举二首》，第 1671-1672 页。

③ 《苏轼文集》卷十二《虔州崇庆禅院新经藏记》，第 390 页。

④ 《苏轼文集》卷十二《记欧阳论退之文》，第 2055 页。

⑤ 《苏轼文集》卷十二《中和胜相院记》，第 384 页。

维琳应对，有"平生笑罗什，神咒真浪出"之偈。维琳不明其意，东坡则索笔答云："昔鸠摩罗什病亟，出西域神咒，三番令弟子诵以免难，不及事而终。"东坡弥留之际，维琳"叩耳大声云：'端明亦勿忘（西方）！'"东坡曰："西方不无，但个里着（力）不得！"①明是不愿就范之意。所以，尽管苏轼被载入禅宗之"灯录"，被归在临济宗黄龙派东林常总（1025—1091年）的弟子之列②，但直至苏轼临终前，护国景元（1094—1146年）禅师却说他是禅学"门外汉"（释晓莹《罗湖野录》卷四），这不是没有缘由的。正如陶渊明曾篮舆访慧远大师，却不入白莲社一样，苏轼终究还是一个儒家的信徒。其晚年写于海南的《和陶神释》诗云："莫从老君言，亦莫用佛语。仙山与佛国，终恐无是处。……仲尼晚乃觉，天下何思虑。"③此最能见出其最终的思想归趣。

尽管苏轼所论之"道"，颇有"自然之道"的成分，但其对仁义礼乐的坚守，又使其道回归于周、孔。"苏轼的'道'概念，其主要的意义不在形而上方面，而在它作为一切事物及规律的总名方面。……在苏轼的时代，儒家学者早已不满足于韩愈那种诉诸列圣相承之权威性的'道统'论，而要求把'道'建立在实际事理之真的基础上，他们相信世间的所有事物都是有个道理可以追究的，而且也应当依此道理来处置事物，如果一切都处置得当，那也就是依'道'行事了。"④这一点在苏辙的文章中说得更为明白：

> 老佛之道与吾道同，而欲绝之，老佛之教与吾教异，而欲行之，皆失之矣。⑤

这里的"吾道"与"吾教"，显然是指以仁义礼乐为圭臬的"儒道"与"儒教"。由此可知，尽管苏轼兄弟试图调和三教之关系，但其立足点显然是儒家而非佛、老。王水照、朱刚二先生所著之《苏轼评传》认为："苏轼在文化史上的意义之大在于，他不曾遁入佛老的出世之路，而寻求到了另一种入世的价

---

① 详参王水照《苏轼的"终极关怀"》，见氏著《苏轼研究》，上海人民出版社，2019，第142-143页。

② 《五灯会元》卷十七载："内翰苏轼居士，字子瞻，号东坡。宿东林日，与照觉常总禅师论无情话，有省，黎明献偈曰：'溪声便是广长舌，山色岂非清净身。夜来八万四千偈，他日如何举似人。'"

③ 《苏轼诗集》卷四十二，第2307页。

④ 王水照、朱刚：《苏轼评传》，长江文艺出版社，2019，第114页。

⑤ 《苏辙集·栾城后集》卷九《历代论·梁武帝》。

值。儒家思想是入世的，却以庙堂价值为旨归，佛老思想在理论上是肥遁于庙堂之外的，却又走向出世。苏轼受佛老思想滋养而得以超越庙堂，但不由此从其出世，却仍保持了对人生、对世间美好事物的执着追求，他为自己的精神寻找到了真正足以栖居的大地。"此论敏锐地捕捉到苏轼之于中国古代思想文化的独特价值，对于我们深入理解苏轼的思想结构颇具启发意义。但作者接着又说："'大地'的意义就是：一种入世的，却不指向庙堂的价值所寄。……苏轼找到的确实是一种自足的圆满的生存价值，而其依托之地，恰恰与三教都不相同，它不在世外，也不在庙堂，而在包括庙堂与庙堂之外的广阔世界的世内……"①这就把苏轼的思想世界孤悬于三教之外了。窃谓"大地"并非是儒家思想的"异质化"存在，而"庙堂价值"也仅是儒家"外王之学"之"旨归"——如果我们摆脱对儒家的"现代性成见"，仔细寻绎苏轼生平思想演进之轨迹，则不难发现，其思想的最终落脚点，正是儒家的"内圣之学"，而非"另一种入世的价值"。尽管儒释道三教并称，然究其实，在古代士人的历史世界和思想世界中，儒学或儒教所涵盖的价值空间还是要比佛、道二家为大。余英时先生说："儒学不只是一种单纯的哲学或宗教，而是一套全面安排人间秩序的思想系统，从一个人自生至死的整个历程，到家、国、天下的构成，都在儒学的范围之内。"②不妨说，儒家思想正是一种在"大地"上安顿生命的思想体系。离开了"庙堂"，还有"田园"和"山林"可"栖迟"，还有"江湖"和"海岛"可"乘桴"！

正是在这一点上，苏轼和远离"庙堂""结庐在人境""守拙归园田"的陶渊明找到了精神上的联系，产生了强烈的共鸣。而值得注意的是，这两位历史上最伟大的诗人，都是以孔子为"先师"，且都是从"佛老之似"中全身而退，最终去拥抱"周孔之真"的。看不到这一点，就难以抵达苏轼"思想世界"的真正"腹地"和"原乡"。

三、从"政教"到"情教"——苏轼的教育思想遗产

从其一生履历而言，苏轼首先是一位政治家，其次才是一位文学家，再次则勉强可以算是一位教育家——之所以说勉强，盖因其志不在此也。但是，苏

① 王水照、朱刚：《苏轼评传》，第327-328页。
② 余英时：《现代儒学的困境》，见《现代儒学的回顾与展望》，三联书店，2012，第54页。

轼之思想和人格，却又是极具教育价值和现实意义的，故我们特以"教育思想遗产"名之。如前所述，因为苏轼有着基于儒家的"道统"观，故其虽不是严格意义上的教育家，却始终能够秉承着儒家"兼济天下"的政治理想和"化民成俗"的教化精神。所以，当我们梳理苏轼的教育思想和言论时，会发现佛、老的影子再不复见。屹立在我们面前的，纯然是一个"道理贯心肝，忠义填骨髓"①的儒者形象了。关于苏轼的"教育思想"学界已有不少论述②，这里仅就"政教""文教""情教"三端简论之。

（一）"敦教化"与"兴学校"的政教观

苏轼在教育上的言论往往是建立在"治道"基础上的，故其常从大处立论，不离"圣人之道"，其中尤为重视"敦教化"。他说：

> 安万民者，其别有六。一曰敦教化。夫圣人之于天下，所恃以为牢固不拔者，在乎天下之民可与为善，而不可与为恶也。昔者三代之民，见危而授命，见利而不忘义。此非必有爵赏劝乎其前，而刑罚驱乎其后也。其心安于为善，而忸怩于不义，是故有所不为。③

首先，"安万民"与"敦教化"，相辅相成，正是苏轼"政教观"的核心观点。至于如何敦教化，自然离不开儒家的仁义礼乐孝悌忠信之道。孔子在论述治国之道时，曾提出"庶富教"三部曲（《论语·子路》），孟子也说："仁言不如仁声之入人深也，善政不如善教之得民也。善政，民畏之；善教，民爱之。善政得民财，善教得民心。"（《孟子·尽心上》）孔、孟的这种以教代政的思想，正是苏轼政教观的理论源头。

其次，则是"兴学校"与"课百官"，这又涉及取士也即用人的问题了。苏轼说："三代之衰，学校废缺，圣人之道不明，而其所以犹贤于后世者，士未知有科举之利。……世之儒者，忘己以徇人，务射策决科之学，其言虽不叛于圣人，而皆泛滥于辞章，不适于用。"④这里，"圣人之道"依旧是判断学校及科举取士的最大标准。在《南安军学记》中，苏轼说："古之为国者四：井田也，

---

① 《苏轼文集》卷五十一《与李公择十七首》之十一，第1500页。
② 详参张帆《苏轼教育思想研究》，四川大学出版社，2015年。
③ 《苏轼文集》卷八《策别安万民一》，第253页。
④ 《苏轼文集》卷八《策总叙》，第225页。

肉刑也，封建也，学校也。今亡矣，独学校仅存耳。古之为学者四，其大者取士论政，而其小者则弦诵也。今亡矣，直诵而已。"又说："古之取士论政者，必于学。有学而不取士、不论政，犹无学也。"①可见，其对学校和教育的要求有二，一是取士，一是论政，二者缺一不可。作为一位以直言极谏著称的士大夫，苏轼的言论观颇具与现代民主相通之处。

具体到学校教育之主旨，依旧是崇"实学"而黜"浮诞"，事实上就是斥佛、老之"浮诞"，归经术之"实学"②。说到"设科立名"，苏轼也不无隐忧地指出："夫欲行德行，在于君人者修身以格物，审好恶以表俗，孟子所谓'君仁莫不仁，君义莫不义'，君之所向，天下趋焉。若与设科立名以取之，则是教天下相率为伪也。"③这分明是主张君主要"为政以德"，率先垂范，此又本自孔孟之"德治"思想，可无疑也。

（二）"文与道俱"与"技道两进"的"文教"观

这里所谓"文教"，乃取其狭义，仅指苏轼的文学价值论和教化观。作为一代文豪，苏轼对于文学的理解绝非泛滥辞章式的，而是遵循孔子之教，强调"辞达"。因为"辞达"，则"文不可胜用""有意于济世之实用"④，这分明是强调文学的经世致用。这依旧是儒家的文学观。唯其如此，苏轼才主张"文与道俱"，也即"文以载道"："我所谓文，必与道俱。"⑤"诗文皆奇丽，所寄不齐，而皆归合于大道。"⑥也就是说，苏轼绝不是"为艺术而艺术"的一派，而是"文章合为时而著，歌诗合为事而作"（白居易《与元九韦》）的一派。又，苏轼推崇韩愈，也是因为其文合"道"："自东汉以来，道丧文弊，异端并起，历唐贞观、开元之盛，辅以房、杜、姚、宋而不能救。独韩文公起布衣，……文起八代之衰，而道济天下之溺……岂非参天地，关盛衰，浩然而独存者

---

① 《苏轼文集》卷十一，第373页。
② 《苏轼文集》卷二十五《议学校贡举状》，第725页。
③ 同上书，第724页。
④ 苏轼《答谢民师推官书》："辞至于能达，则文不可胜用矣。"《答虔倅俞括》："子曰：'辞达而已矣。'物固有理，患不知之，知之患不能达之于口与手。所谓文者，能达是而已。……今观所示议论，自东汉以下十篇，皆欲酌古以取今，有意于济世之实用，而不志于耳目之观美，此正平生所望于朋友与凡学道之君子也。"又，《与王庠书》："辞至于达，止矣，不可以有加矣。"《苏轼文集》，第1418、1793、1422页。
⑤ 《苏轼文集》卷六十三《祭欧阳文忠公夫人文（颍州）》，第1956页。
⑥ 《苏轼文集》卷四十九《答陈师仲主簿书》，第1248页。

乎!"①

当然，作为一位艺术家，苏轼绝不排斥"技艺"，只不过，他依旧遵循孔子"志于道，据于德，依于仁，游于艺"（《论语·述而》）的教诲，一方面主张"有道有艺，有道而不艺，则物虽形于心，不形于手"②，另一方面又强调"技道两进"：

> 少游近日草书，便有东晋风味，作诗增奇丽，乃知此人不可使闲，遂兼百技矣。技进而道不进则不可，少游乃技道两进也。③

无论"技而进乎道"④，抑或"技道两进"，无不强调"道"对于"文"的决定作用。

论文如此，论诗亦然。惠洪《冷斋夜话》卷五记苏轼评柳宗元《渔翁》诗⑤云："东坡云：'诗以奇趣为宗，反常合道为趣。熟味此诗有奇趣，然其尾两句，虽不必亦可。'"又，清人吴乔《围炉诗话》卷一："子瞻云：'诗以奇趣为宗，反常合道为趣。'此语最善。无奇趣何以为诗？反常而不合道，是谓乱谈；不反常而合道，则文章也。"苏轼的"反常合道"，让人想起汉儒的"守经达权"。"达权"和"反常"，类乎俄国形式主义之"陌生化"理论，盖指要有形式和语言上的新变，"守经"与"合道"则强调万变不离其宗，"反常"而不"反道"，依旧是以儒家中庸美学为旨归的。可见，苏轼的"文教"观于是乎依旧是建构于儒家"道统论"基础上的。这一文教观上承杜甫、韩愈、白居易和欧阳修，下启"苏门四学士"（黄庭坚、秦观、晁补之、张耒）的文学创作，事实证明，不仅最具生命力，同时也最具艺术性。

（三）"崇真尚实"与"恶其不情"的"情教"观

除了"政教"与"文教"，苏轼对"人情"的标举及身体力行更值得今人汲取，我们姑且谓之"情教"。情者，实也，真也。故苏轼之"情教"又与其

---

① 《苏轼文集》卷十七《潮州韩文公庙碑》，第508页。

② 《苏轼文集》《书李伯时山庄图后》，第2211页。

③ 《苏轼文集》《跋秦少游书》，第2194页。

④ 《苏轼文集》卷六十六《书黄道辅〈品茶要录〉后》："轮扁行年七十二老于斫轮，庖丁自技而进乎道，由此其选也。"第2067页。

⑤ 柳宗元《渔翁》诗云："渔翁夜傍西岩宿，晓汲清湘燃楚竹。烟销日出不见人，欸乃一声山水绿。回看天际下中流，岩上无心云相逐。"

"循名责实""崇真尚实"的思想若合符节。前引《策别安万民一》中,苏轼对"好文而益喻,饰诈而相高"的"世之儒者"提出了尖锐的批评,说他们"皆好古而无术,知有教化而不知名实之所存者也"。"实者所以信其名,而名者所以求其实也。有名而无实,则其名不行。有实而无名,则其实不长。凡今儒者之所论,皆其名也。"①又说:"儒者之患,患在于名实之不正。"②在《韩愈论》中,苏轼说:"圣人之道,有趋其名而好之者,有安其实而乐之者。……韩愈之于圣人之道,盖亦知好其名矣,而未能乐其实。"③他认为,"夫圣人之道,自本而观之,则皆出于人情"④。"夫六经之道,惟其近于人情,是以久传而不废。"⑤还说:"宜先其实而后其名,择其近于情者而先之。"⑥

这就把"名实"问题引申到"性情"之辩了。苏轼反对当时儒者"以为喜怒哀乐皆出于情,而非性之所有"的观点,认为"有喜有怒,而后有仁义,有哀乐,而后有礼乐。以为仁义礼乐皆出于情而非性,则是相率而叛圣人之教也"。也就是说,性情本是一体,"离性以为情",犹如"离实以求名"⑦。苏轼还说:"孔子不取微生高,孟子不取于陵仲子,恶其不情也。陶渊明欲仕则仕,不以求之为嫌,欲隐则隐,不易去之为高,饥则扣门而乞食,饱则鸡黍以延客,古今贤之,贵其真也。……"⑧这种"崇真尚实"的主张,与其父苏洵《辨奸论》所谓"凡事之不近人情者,鲜不为大奸慝",可谓一脉相承,其来有自。不用说,这是苏氏父子针对王安石新法的"不近人情"而表达的"不同政见"。

不过,苏轼的重视"人情",并非毫无节制,而必须合乎"礼"。"磐折百拜"之礼看起来有些强"人情"之所难,但如果"反其本而思之",无非是让人不至于"将裸袒而不顾","天下之匹夫匹妇,莫不病之也,苟为病之,则是其势将必至于磐折而百拜。由此言也,则是磐折而百拜者,生于不欲裸袒之间而已也"⑨。苏轼还说:"礼之近于人情者,非其至也。周公、孔子所以区区于

---

① 《苏轼文集》卷八《策别安万民一》,第254页。
② 《苏轼文集》卷三《周公论》,第86页。
③ 《苏轼文集》卷四《韩愈论》,第113—114页。
④ 《苏轼文集》卷二《中庸论中》,第61页。
⑤ 《苏轼文集》卷二《诗论》,第55页。
⑥ 《苏轼文集》卷八《策别安万民一》,第255页。
⑦ 《苏轼文集》卷四《韩愈论》,第114—115页。
⑧ 《苏轼文集》卷六十八《书李简夫诗集后》,第2148页。
⑨ 《苏轼文集》卷二《中庸论中》,第62页。

升降揖让之间，丁宁反覆而不敢失坠者，世俗之所谓迂阔，而不知夫圣人之权固在于此也。"①毋宁说，苏轼最为看重的只是"人情"之"真"，而非"人情"之"伪"；只是"人情"之"礼"，而非"人情"之"野"。此又可见，苏轼的"情教"完全是以儒家"礼教"为旨归的。

以上三点，看似歧异纷出，实则皆可以落实在苏轼之"人格"上。可以说，"政教""文教"和"情教"，无不归本于"人教"，也即"成人之教"，或曰"人格教育"——这是苏轼对于当今时代而言，最为重要的"教育思想遗产"。所谓人格教育，其实正是儒家的成人、立人、达人、爱人之君子养成教育。窃以为，孔子的"兴于诗，立于礼，成于乐"（《论语·泰伯》），即"在《诗》的熏陶中兴起人格，在礼的践行中挺立人格，在乐的涵养中成就人格"②，以及"己欲立而立人，己欲达而达人"，"不怨天，不尤人，下学而上达"等教言，其实就是全方位的人格教育。苏轼出身蜀中儒学世家，自然是人格教育的受益者。这使其最终虽不以"经师"立名，却能以"人师"立命，其如高山流水、光风霁月般的伟大人格，成为后世文人士子乃至匹夫匹妇歆羡和膜拜的偶像。

苏轼的一生就是一部人格教育的"伟大史诗"。其幼年受教、青年成才的经历可以为今天的"家庭教育"和"励志教育"提供鲜活的个案③；其多次贬谪、愈挫愈奋、乐观豁达、百折不挠的精神更是"挫折教育"的生动教材；其一生重情，无论父子情、兄弟情、夫妻情、师生情、朋友情、同僚情，无不一往情深，更是"情感教育"或曰"情商教育"的最佳楷模；而苏轼一生热爱生活，无论在哪里都能发现美，衣食住行、笔墨纸砚、山水田园、鸟兽虫鱼等，无不让他深情相与，如对故旧——这又是"生活教育"和"审美教育"的丰富宝藏！从这一意义上说，苏轼虽非传统意义上的"教育家"，但他又是最具"教育

---

① 《苏轼文集》卷三《秦始皇帝论》，第80页。
② 刘强：《论语新识》，岳麓书社，2016，第225页。
③ 苏轼《凫绎先生诗集叙》自述苏洵文章之教曰："昔吾先君适京师，与卿士大夫游，归以语轼曰：'自今以往，文章其日工，而道将散矣。士慕远而忽近，贵华而贱实，物已见其兆也。'……其后二十余年，先君既没，而其言存。"（《苏轼文集》卷十）这一番教诲对苏轼为人为文之影响，如影随形，伴随终身。"士之不能自成，其患在于俗学。"（《送人序》，《苏轼文集》卷十）苏氏之家学，可谓不俗之学也。不唯得聆父教，苏轼的母亲程氏亦给其最好的家庭熏陶。又《宋史》本传载："母程氏亲授以书，闻古今成败，辄能语其要。程氏读东汉《范滂传》，慨然太息，轼请曰：'轼若为滂，母许之否乎？'程氏曰：'汝能为滂，吾顾不能为滂母邪？'"此一家教故事传诵不衰，正因其对于塑造苏轼之志向与人格关系至大。

家"人格气质的。他就是一部最具典范意义和参考价值的永远的"活教材"!

苏轼曾说:"古之立大事者,不唯有超世之才,亦必有坚忍不拔之志。"①此言虽是论晁错,但移诸对苏轼本人的评价,亦可谓恰如其分。唯其有此"超世之才"与"坚忍不拔之志",苏轼才在"文格"与"人格"上,实现了最终的也是最具文化价值和生命意义的"完满"和"圆成"。

---

① 《苏轼文集》卷四《晁错论》,第 107 页。

中国古代书院教育对当代大学中文学科建设的几点启示

廖可斌

摘　要：近代以来学校教育取代书院教育是必然趋势，现代书院教育只能作为学校教育的辅助形式。但中国古代悠久深厚的书院教育传统，掌握和运用了教育的某些一般规律，可以为当代教育提供借鉴。中国古代书院教育特别重视人文教育，尤其重视语言文学教育，与西方早期学校重视"三科"教育的传统有相通之处。中国古代书院教育注重将经典教育与现实关怀相结合，注意打通不同学科之间的界限。这些方面的思想和经验，都可以为面对严峻挑战的当代大学中文教育和中文学科的发展提供重要启示。

关键词：书院　当代大学　语言文学　中文学科

拥有源远流长的书院教育传统，这是中国古代教育的一大特色。相传商、周之时即有太学，可存而不论。春秋时期孔子分科教育学生，汉代设立各经博士，传授学术，可以视为中国古代私立书院和公立书院的滥觞。从唐代开始，特别是宋代以后，公立书院和私立书院日渐增多，成为政府教育和民间教育的主要形式，对培养人才、传承文化发挥了重要作用。十九世纪晚期，西方思想文化和科学技术大量传入中国，以学习西方先进科学技术为主要目标的新式学堂次第开办。传统书院逐渐式微，纷纷转型。二十世纪初，科举考试停开，传

本文作者廖可斌，现为北京大学中国古文献研究中心教授，博士生导师。

统书院逐渐退出历史舞台。

近年以来，人们开始反思中国近代以来教育发展的历史过程和经验教训。鉴于二十世纪后半叶片面强调分科教育造成的严重弊端，加上近年来传统文化热的推动，社会上兴起了开办书院的热潮。全国以书院命名的教育机构达数千所，形成当代教育的一道重要景观。实事求是地说，十九世纪末至二十世纪初新式学堂兴起、传统书院教育衰落是必然的。书院教育现在虽有一定程度的复兴，但只能作为当代教育体系的辅助部分，不可能成为当代教育的主要形式，这一点毋庸置疑。尽管如此，中国传统书院教育经过上千年的摸索，掌握和运用了教育活动的某些基本规律，其中的某些经验，还是可以为当代教育提供某些借鉴的。本文仅就中国古代书院教育对当代大学中文学科建设的启示意义，略抒浅见。

一

中国古代书院教育侧重于人文教育，特别是语言文学教育，这一点可以对当代教育提供重要启示。那就是当代教育必须重视语言文学教育，特别是母语语言文学的教育。当代基础教育中必须特别重视语言文学教育，当代大学教育中中文学科的地位不能削弱，而应该进一步得到加强。

中国古代的书院教育，以学习古代人文经典为主。宋以后的书院教育与科举考试密切相关，书院学子花大量时间练习应试文体的写作。因此，中国古代的书院教育，以人文教育为主，尤其是以语言文学教育为主。这既与农耕文明时代科学技术不够发达有关，也与人们对教育的本质的认识有关。古代先贤们认识到，教育的本质，不仅是传授专业知识和技能，更重要的是培养学子的健全心智，使他们具有独立的观察、思考、判断、选择、表达、坚持的能力，成为一个具有独立人格的人，这才是教育的首要任务。只有通过比较充分的语言文学教育，教会学生阅读、思考、表达，学习理解历代经典，才能使学子具备这样的能力。无独有偶，西方早期的学校，一般诞生在教堂之侧，开始一般都叫文法学校。主要课程就是"三科七艺"，尤其以"三科"为主，指的是语法、逻辑、修辞，"七艺"指数学、音乐等。语法可让学子把一句话说得明白规范；逻辑帮助学子把一段话或一篇文章表达得符合逻辑，条理清楚；修辞让学子表达得更生动有力。一般人学好了这三门课，就具备了独立观察、思考、表达的能力，就能成为一个具有独立人格的人，就基本实现了教育的主要目的。中国古代的书院教育，与西方早期文法学校教育的旨趣有相通之处。

近代以来，随着科学技术的发展，人们需要掌握越来越多的自然科学知识和技能，教育的重心逐步向知识教育和技能教育转移。这在一定程度上是必然的，也是合理的。但由此也产生了一定的弊端，即偏重自然科学技术的知识和技能的教育，而忽略了人文教育，特别是语言文学教育。在当代中国，就表现为中文学科在大学以至整个社会上的地位明显下降。

中文学科的重要性不言而喻。作为一个中文人，我认为中文是一个神圣的学科！我们从吮吸母乳的时候开始，就学习母语。母乳滋养我们的躯体，母语滋养我们的心灵。从此母语与我们终生相伴，不可须臾相离。能够使用语言文字，是人类不同于动物的根本特征；使用不同的语言，则是各个民族的主要标志。不同民族之间的主要差别，不在于肤色、外貌、血统等，而在于文化，文化的主要载体就是语言。文学则是艺术化的语言，是语言的高级形态，它反映一个民族的生活状态和精神世界，塑造一个民族的思想和情感。因此，语言是一个民族的根，文学是一个民族的魂。根在魂在，则族在国在；根灭魂灭，则族灭国灭。犹太民族通过复活希伯来语，建立了自己的国家。汉语方块字、汉语文学在构建和维系中华民族大家庭的过程中，发挥了至关重要的作用。古今中外一切有识之士，都充分认识到本民族的语言文学的重要意义，都给予语言文学以崇高的地位。当代世界全球化浪潮势不可当，有人认为再强调民族特性，包括强调民族语言文学已不合时宜。在我看来，这种看法是相当幼稚的。当代世界实际上是全球化和民族认同两种潮流并行。全球化越发展，各个民族在融入整个人类大家庭的同时，就越会意识到加强本民族认同的重要性。我们从事中国语言文学的教学和研究，是在守护中华民族的根基和灵魂，这是一项无比神圣的事业，我们绝不能妄自菲薄。

我们对中文学科的内在必要性和远大发展前景要保持高度信心，但我们又不能对中文学科目前面临的挑战甚至危机视而不见。在大学内部，种种量化统计、考核、排名对学术研究和人才培养造成巨大干扰，中文学科因为不能在科研项目、经费、论文等量化数据和可直观显示的成果、效益上给学校增光添彩，正在不知不觉被边缘化。中文学科在大学中曾经享有的优越地位正在或已经失去，只要看看现在与几十年前各所大学对校内各个学科排序的变化，就可窥见一斑。而就与人类本身的相关性、对人类命运的重要性、在人类文化学术体系中的基础性和文化学术的内在逻辑以及大学学科发展的历史传统而言，语言文学永远应该排在大学各学科的首位。

在社会上，由于现代教育的普及，语言文学不再是部分文化贵族的特权。互联网的出现，更促进了文化的平等化，大学语言文学研究的权威性日益消解。科学技术的发展，物质的极大丰富，整个社会的全面市场化，使人们更关注实在的物质享受，而忽视精神生活，特别是比较高雅的语言文学生活。即使保留了一些对语言文学的兴趣，这种兴趣也被铺天盖地的市场化、商品化浪潮所裹挟。包括语言文学在内的文化也都变成了商品，文化商品的策划者、制造者、供应者成为社会文化生活的主导者。在文化市场的众生喧哗中，大学语言文学研究者的声音变得越来越微弱。在实用主义大行其道的环境下，语言文学学科为社会服务、为现实政治服务的功能，以及由此决定的它受到政府、社会重视的程度，不仅不如理工农医学科和经济、法律、管理、教育、新闻传播等社会科学学科，即使在人文学科内部，也不如哲学、历史、艺术、宗教等学科。这是我们不得不面对的近乎残酷的现实。我们有必要回顾中国古代书院教育的历史经验，反思这些年来实用主义教育造成的弊端，深入认识教育的本质，扭转中文教育受到忽视的局面。

二

中国古代书院教育强调学子学以致用，密切关注社会现实，关注世道人心，以天下为己任。"风声、雨声、读书声，声声入耳；家事、国事、天下事，事事关心"，这一优良传统应该得到继承。反观当代大学的中文教育，它的社会地位之所以下降，除了整个社会对教育的认识出现偏差外，也与中文学科自身的一些缺陷有关。甚至可以说，中文学科最大的挑战或者危机，还在于中文学科本身。我们当然不能否认，当代中国语言文学研究取得了很大成果，也有不少学者做出了优秀的成绩。但在大学内部的学科挤压和整个社会的市场化浪潮卷吞之下，大学语言文学研究者总体上采取了一种退避三舍的态度。开始还有几分迫不得已，后来则是越来越自觉地将自己限定在一个所谓专业学术圈中，语言文学研究纯粹变成了少数专门从业人员谋生的一种职业。许多研究者就一些琐细的命题甚至伪命题作烦琐论证，陈陈相因，云里雾里，故弄玄虚，孤芳自赏。既与时代脱节，不关注当代社会大众语言文学生活的实际情形，不回应现实问题，不能对民众的语言文学生活起到引领指导作用；也没有抓住语言文学研究的真问题，缺乏创新精神，不能对语言文学研究的发展真正起到推动作用。语言文学本来就应该存在于大众的现实生活中，脱离大众现实生活的语言文学难免成为无源之水，研究也必然走向穷途末路。

如何改变这种现状？如何避免中文学科的衰落，如何面向未来，实现中文学科建设和学术研究的创新呢？借鉴中国古代书院教育的优良传统，和世界上优秀大学语言文学学科的成功经验，我们应该注意处理好下面两种关系。

首先是处理好经典与时尚的关系。任何一个民族的语言文学都有它的经典，这些经典是经过千百年时间检验而形成的。晚明时期、五四运动前后，新生的语言文学形态都曾像铺天盖地的海浪，漫灌了整个文坛。人们对新的语言文学形态给予热烈欢呼，而对经典的地位产生怀疑。然而大浪退去之后，经典依然是经典。这些历史经验告诉我们，要使中文学科具有深厚的基础和强大的生命力，必须永远坚持经典的教学和研究，这是中文学科的立身之本。但另一方面，任何时代的语言文学研究又都必须面向现实，面向未来，密切关注大众语言文学生活的新情况，回应新问题，这样语言文学研究才能保持旺盛的生机与活力。当代社会生活最大的变化就是信息化，它对包括语言文学生活在内的整个人类社会生活的影响是全局性的、根本性的。哪些大学的语言文学学科能突破陈旧观念的束缚，及时关注信息时代的语言文学现象，并进行深入的研究，哪些大学的语言文学学科就将占得先机，就有可能在未来的语言文学研究中居于领先地位。这需要我们在学科规划布局、人才队伍建设、资源配置等方面作出较大调整。经典和时尚，是我们必须重点抓住的两头。其他那些既非研究经典又非研究时尚的学术领域，可以大大压缩。

其次是处理好本土学术与外国学术的关系。中国已经是全球第二大经济体，在不久的将来就很有可能成为第一大经济体，但我们的文化，包括我们的语言文学研究的学术水平，还与此不相称。我们应该基于中华民族语言文化的丰厚历史传统和当代中国语言文学的丰富实践，敢于提出中国语言文学研究以至整个人类语言文学研究的新理论，包括新概念、新问题、新方法、新观点等。就像我们在全球治理、全球经贸、技术标准等领域一样，我们要从规则的学习者、接受者、模仿者，变为规则制定过程的参与者，在世界语言文学研究界发出中国的声音，这毫无疑问是中国语言文学研究的必由之路。但是，我们一定要保持清醒，绝不能以此为理由，忽视继续学习和借鉴外国先进的学术思想、学术方法，走向封闭保守，自以为是，夜郎自大。近些年来，学术界倡导对近代以来的中国学术史进行反思，走出生搬硬套外国学术思想和方法的误区，揭示中国文化的本来面目，这是合理的和必要的。但有些学者对近代以来我们学习和借鉴外国先进学术思想和方法的做法否定太过，这就走向偏激和极端了。我们无论如何不能否认，正是在学习包括马克思主义在内的外国先进学术思想和方法的基础上，中国近代学术体系才得以建立。要超越外国，前提是了解和学习外国。因此，面向未来的中文学科，必须加强对世界语言文学和比较语言文学的研究，打通中外，比较互鉴，这样才有可能真正看清中国语言文学的特点，并对人类语言文学的普遍性问题提出自己的见解，真正走向世界学术前沿。事实证明，近代以来，研究中国的思想、历史、语言文学等取得重大成就者，如王国维、鲁迅、胡适、陈寅恪、冯友兰、钱钟书、王力等，无一不是精通外国学术文化者。他们正是在学习借鉴西方学术思想和方法的基础上，在与外国学术文化的比较中，才成功揭示了中国古代文化的某些独特性质。

三

中国古代书院教育没有人为地设置学科壁垒，注意培养通才，这一经验也值得当代中文学科建设借鉴。古代书院教育往往义理、考据、辞章并重，虽然每所书院各有特色，每位导师各有所长，每位学子兴趣各异，但一般都强调因材施教，允许学生相对自由地发展。我们现在的大学中文学科，与大学里的其他学科一样，有一套系统而牢固的学科分类体系及与之相配套的教研室管理体制。这一体系并不是从来就有的，而是20世纪50年代从苏联学来的。当时这么做自有其必要性，它也发挥了一定的积极作用。但现在它已成为严重阻碍学术发展的制度瓶颈。将学术研究体系划分为若干学科门类，下面又划分为若干一级学科、二级学科、三级学科，又通过本科和研究生培养的专业设置、教研室设置、重点学科和重点研究基地评审、研究项目评审、论文发表、成果评奖等一系列环节，将这种学科分类体系大大强化和固化。20世纪90年代，国务院学位委员会曾调整学科目录，合并了若干学科。如中国语言文学一级学科内，中国文学批评史学科合并到文艺学或古代文学等学科，汉语史学科合并到汉语言文字学等学科，产生了一定的效果，但后来就基本停滞不前了。这种对学术研究进行科层制管理的办法，方便管理者操作控制，又掺入了学术权力、经济利益等因素。久而久之，大家已对这种体制习以为常，甚至以为天经地义。人们不知受其束缚之弊，反而为了增强自己的学术话语权和经济利益，有着强烈的增设学科的冲动。随着科学技术和社会文化的发展，有些学科逐步走向衰微，以致被淘汰，是完全合理的。有些新兴学科崛起，甚至变得越来越重要，这也是完全必要的。但在现有科层制学科分类体制和体系之下，旧的学科淘汰难，新的学科设置易。虽然不断在调整，但总是增的多，减的少，总的学科数越来越多。为了改变学科分得太细的问题，有些学者建议设立了一些所谓交叉学科、综合学科，结果这些交叉学科和综合学科又变成了一方领地，造成了新的学科分割。这是用不对的办法来解决不对的问题，结果只能使学科划分太细的问题越来越严重。学科分类太细，人为地割断各个学科之间的联系，使不同学科之间界若鸿沟。出身于不同学科的教师，只能在自己所了解的一点知识范围内打转，不敢越雷池一步，自然缺乏创新能力。培养的学生又往往只能继承其中一个分支，屋下架屋，一蟹不如一蟹。文学是语言的艺术，不懂语言学，如何研究文学？文学是语言的高级形态，不懂文学，如何能研究好语言？不懂外国文学，如何能真正了解中国文学？不懂中国文学，又如何能作为一个中国学者对外国文学作出中国视角的解读？不了解现当代文学，如何能以现代意识对古代文学作出新的阐释？不懂古典文学，又如何对现当代文学的来龙去脉和种种新变作出准确的判断？不是说一个学者什么都要研究，都能研究，每个学者研究的领域和问题肯定是有限的，相对集中的。但他必须有尽可能广博的知识视野，才能对某个问题作出具有创新性的研究。

目前中国大学内部的这种学科分类体系和管理体制，已经非常不适应当代文化和科学技术发展融合交叉的发展趋势，不符合培养造就优秀创新型人才的需要。对它的弊端，人们已经形成很强烈的共识，但改革的步子却很慢，也很艰难。这里面有认识还不够到位的原因，更重要的还是管理体制和利益机制方面的原因。对于现实，我们中国人最不缺就是批评和抱怨，甚至也不缺改革的想法和建议，缺的是改革的勇气和决心。鲁迅先生说过，在中国，搬动一张椅子都是要流血的。这深刻揭示了改革的艰难性。即使在语言文学学科方面作一点小小的改革，也牵一发动全身，会遇到因为体制、习惯、利益等因素带来的重重障碍。我们必须有担当和勇气，为了中国教育和学术的前途，从小的地方做起，从具体的地方做起，争取有所突破。我们应该达成共识，向国家教育管理层面进言，尽快进一步修订简化学科分类体系；同时在基层层面改变已经过时的教研室管理体制，淡化学科概念，倡导以问题为中心的学术研究。鼓励不同学科之间的交叉融合，上下联动，打破学科壁垒，为学术创新提供良好环境。

三苏家庭教育思想研究

刘清泉

摘　要：本文论述了三苏家庭教育科举入世、治国安邦、修身养性的目标，经史子集、诗词文赋、琴棋书画的内容，记诵作文、读书行走、寻找伯乐的形式，以及在中国教育史上的地位、影响和价值。三苏倡导的读书藏书、言传身教、自然发展，对于当今家庭教育，以至学校教育都有一定的参考价值和现实意义。

关键词：三苏　家庭教育　目标　内容　形式　价值

有人说"教育的问题已经不是教育部的问题了"，在"望子成龙"的社会风气裹挟之下，天下父母皆有"望子成龙"的期望，然而天下父母亦皆感叹"无能为力"，不知道究竟该如何教育子女。在这样的背景下，眉山苏氏的家庭教育思想，尤其值得关注。

一、三苏家庭教育的目标

三苏家庭教育的目标非常明确。我们认为，是科举入世、治国安邦、修身养性等。

（一）科举入世

三苏家庭教育的首要目标是科举入世。明代郑瑄所作《昨非庵日纂》记载：

本文作者刘清泉，现为眉山市三苏文化研究院研究室主任、副研究员。中国苏轼研究学会副秘书长。主要从事三苏文化研究。

　　东坡端正道人，乐善好施。有一异人频受施舍，因谓曰："吾有二穴，一富一贵，惟君所择。"道人曰："吾欲子孙读书，不愿富。"于是偕往眉山，指示其处。命取一灯燃之于地，有风不灭。道人遂以葬母。①

　　苏轼的祖父苏序家庭教育的目标是希望子孙读书做官——显贵，而不希望子孙经商赚钱——富裕。由此可见发展方向的重要性、家庭规划的重要性和一家之长的重要性。正是因为苏序高瞻远瞩，规划了家庭发展的正确方向，才有了苏家后来的书香门第。

　　从苏序三个儿子读书科举的情况来看，长子苏澹（995？—1037年），欧阳修《故霸州文安县主簿苏君墓志铭》云"职方君三子：曰澹、曰涣，皆以文学举进士"②。张方平《文安先生墓表》云"生三子，澹、涣，教训甚至，各成名宦"。③可见，苏澹读书、科举、出仕亦有成就，因体弱多病，仕途偃蹇，英年早逝。次子苏涣（1000—1062年），苏辙《伯父墓表》云："公于是时独勤奋问学，既冠，中进士乙科。"④宋仁宗天圣二年（1024年），苏涣进士及第，年仅24岁。他打破了苏氏"自唐始家于眉，阅五季皆不出仕""三代皆不显"的局面，历仕宝鸡主簿、阆州通判、祥符知州、衡州知州等。少子苏洵（1009—1066年），青壮年时期，游青城，登峨眉，落拓鞍马，驰骋山川，寻奇觅异，交朋结友。"年二十七始大发愤"，一年之后，参加考试皆未中。他便烧毁了所写的诗文，闭户读书，逐渐弄通了六经和百家之说，下笔作文，思维敏捷，顷刻可写数千字。宋仁宗嘉祐五年（1060年）八月，他被举荐踏入仕途。第二年，经欧阳修推荐，苏洵以霸州文安县主簿的身份，与陈州项城县令姚辟一起编修礼书，治平二年（1065年）九月修成《太常因革礼》一百卷。

　　宋仁宗嘉祐二年（1057年），苏轼兄弟参加礼部考试，兄弟俩同科进士及第。苏轼《谢范舍人书》云："且蜀之郡数十，轼不敢远引其他，盖通义蜀之小州，而眉山又其一县，去岁举于礼部者，凡四五十人，而执事与梅公亲执权衡而较之，得者十有三人焉。"⑤眉山县考中者共有13人，占当年全国进士总数

① 颜中其：《苏东坡轶事汇编》，岳麓书社，1984，第353页。
② 曾枣庄、舒大刚主编《三苏全书》第6册，语文出版社，2001，第280页。
③ 同上书，第279页。
④ 《苏辙集》，陈宏天、高秀芳点校，中华书局，1990，第414页。
⑤ 张志烈、马德富、周裕锴主编《苏轼全集校注》（文集），河北人民出版社，2010，第5316页。

388 人的 3.4%。仁宗惊叹："天下好学之士皆出眉山。"宋仁宗嘉祐六年（1061年）八月，苏轼、苏辙兄弟参加制科考试，皆以贤良方正能直言极谏被录取，苏轼入三等（最高等），苏辙入四等。仁宗回到后宫对皇后感慨地说："朕今日为子孙得两个宰相矣！"苏轼从此踏入仕途，仕宦一生。

苏涣子孙辈、苏洵的子孙辈由于苏轼兄弟卷入党争，被禁止参加科举考试，因而功名受到影响，但进入仕途者仍然不少，如苏迈、苏迨、苏过、苏元老、苏符等。苏涣曾孙苏元老（约 1078—1124 年），幼孤力学，长于春秋，善属文。黄庭坚见而奇之，曰"此苏氏之秀也"。宋徽宗崇宁五年（1106 年），苏元老进士及第，先后担任彭州通判、司农少卿、卫尉少卿、太常少卿等。苏轼孙子苏符（1086—1156 年），自幼好读书、有大志，随侍苏轼 15 年，直至惠州。绍圣以后，党争复起，元祐罪臣子孙摒弃不用，苏符遂闭门读书。南宋初年，苏符被召回朝廷，绍兴五年（1135 年）赐进士出身，历任中书舍人、礼部侍郎、礼部尚书、遂宁知府、邛州知府等。

（二）治国安邦

科举入世的最终目标是为了治国安邦。要实现自己的人生价值、理想抱负，"致君尧舜上，再使风俗淳"，没有走上仕途恐怕再远大的理想都是美丽的肥皂泡。

苏序的倡导读书，至关重要，影响深远。受父亲影响，苏洵热衷功名、有志当世。从"慨然有志于功名者也"[1]、"洵幼而读书，固有意于从宦"[2]、"窃有志于今世"[3]、"尝有志于当世"[4]可知，苏洵从小就熟读经史，也曾有治国安邦、经时济世的理想，原本打算通过科举考试进入仕途的，却未能如愿。

苏辙说母亲程夫人"生而志节不群，好读书，通古今，知其治乱得失之故"[5]。"好读书，明识过人，志节凛然，每语其家人：'二子必不负吾志。'"[6]可知，程夫人喜欢读书，熟悉古今治乱得失，常常对家里人说，两个儿子不会辜负他们的期望。

---

[1] 曾枣庄、舒大刚主编《三苏全书》第 6 册，第 282 页。
[2] 同上书，第 108 页。
[3] 同上书，第 65 页。
[4] 同上书，第 73 页。
[5] 《苏辙集》，第 1240 页。
[6] 同上书，第 1014 页。

苏轼《谢除龙图阁学士表二首》说"少时妄意，盖尝有志于事功"①。《醮北岳青词》说："少年出仕，本有志于救人；晚节倦游，了无心于交物。"②话虽如此说，但有些言不由衷。我们知道，苏轼贬谪英州途中，又多次接到朝廷贬谪的诏令。在这种情况下，到了鄱阳湖畔，登望湖亭，作《南康望湖亭》诗，竟然有"许国心犹在，康时术已虚"③的诗句。即使贬谪海南将渡琼州海峡之时，还与苏辙开玩笑说："岂所谓道不行乘桴浮于海者耶！"

苏辙《四十一岁岁莫日歌》诗云"少年读书不晓事，坐谈王霸了不疑"④。《许昌三首》云："所经生日，六十有七，来日无几，有志未从。"⑤六十七岁的苏辙，感叹自己"有志未从"，有志向却未实现，四处碰壁，壮志难酬。苏辙《七十三岁作》云："一生有志恨无才，久尔萧萧白发催。"⑥七十三岁的苏辙，仍然感叹自己有大志、无大才。我们知道，苏辙曾官至枢密副使（副宰相），在元祐时期的政坛上可谓叱咤风云，一展抱负。可是，老年的苏辙却认为，自己没有实现德治仁政的政治理想，于是感叹岁月已逝、华发早生，致使自己抱憾终身。

（三）修身养性

读书科举、治国安邦是家庭教育的外在目标，家庭教育的内在目标则是修身养性，修养孝敬、仁爱、诚信、清廉、刚直等高尚的品德，这才是最根本的目标。

程夫人在家庭教育中倡导仁爱、清廉、刚直。苏轼在《记先夫人不残鸟雀》⑦和《异鹊》⑧中记述母亲程夫人禁止捕鸟，告诫子孙要有仁爱情怀。苏轼的仁政理想，与母亲的教导密切相关。他在《记先夫人不发宿藏》中记述母亲程夫人不贪外财、不发宿藏的故事。母亲的言行影响儿子、儿媳和孙子，并形成"不贪外财"的家风。苏轼一生牢记母亲教诲，视钱财如浮云，一生清廉。他在

① 张志烈、马德富、周裕锴主编《苏轼全集校注》（文集），第2648页。
② 同上书，第6827页。
③ 张志烈、马德富、周裕锴主编《苏轼全集校注》（诗集），第4363页。
④ 《苏辙集》，第169页。
⑤ 同上书，第1092页。
⑥ 同上书，第1186页。
⑦ 张志烈、马德富、周裕锴主编《苏轼全集校注》（文集），第8458页。
⑧ 张志烈、马德富、周裕锴主编《苏轼全集校注》（诗集），第3470页。

《赤壁赋》里说"苟非吾之所有，虽一毫而莫取"①，在《梦中作寄朱寰中》中说"至今不贪宝，凛然照尘寰"②。苏辙在《亡兄子瞻端明墓志铭》中，记述了苏轼十岁的时候，父亲宦学四方，母亲程夫人讲授《东汉史》，范滂的故事深深地感动了他们母子。苏轼说长大了做范滂那样的人，程夫人说你做范滂那样的人，那我就做范母那样的人。母亲常常称引有关古人名誉节操的事例来勉励他们，说你们如果能够为正道而死，我也没有什么忧愁悲哀的了。苏轼伯父苏涣"修身于家，为政于乡"亦是非常重视修身养性的。

苏轼《司马温公行状》云："公上疏，言：'治身莫先于孝，治国莫先于公。'其言切至，皆母子间人所难言者。"③俗话说"百善孝为先"，苏轼倡导治身之孝和治国之公的美德。苏轼《记子由言修身》云："子由言：有一人死而复生，问冥官：'如何修身，可以免罪？'答曰：'子宜置一卷历，昼日之所为，莫夜必记之，但不记者，是不可言不可作也。'"④此文颇为有趣，亦颇为实用。如果一个人天天写日记，但凡有不敢记下来的，那就是不可以说、不可以做的了。苏辙《泉城田舍》云："家世本来耕且养，诸孙不用耻锄耘。"⑤告诫子孙苏家历代躬耕自食，切不可以农耕为耻。苏过《和叔宽田园六首》云："一饭食我力，愿与农夫同。"⑥认为像农夫一样自食其力，没有什么不体面的；教育子孙不能因为出身官宦，觉得颜面尊贵，而鄙视农业生产。

如今，在三苏祠飨殿中，苏洵像神龛顶部悬挂着一块牌匾，乃馆藏清代第一大匾："养气"。孟子曰："我善养吾浩然之气。""存之于身谓之气，见之于事谓之节，节也气也，合而言之道也。"此匾为孟子"我善养吾浩然之气"之缩写，凝练概括了三苏父子做人、治学之根本。三苏文章名满天下，正是以"养气"为宗。三苏父子的个人操守、政治主张、治学精神，皆是以孔、孟儒家的"养气"为立身之本。

三苏在家庭教育中，是非常重视道德修养的。他们把修身养性，作为家庭教育的根本目标。家庭教育行为是一种有目标的行为，有目标才能事半而功倍。

---

① 张志烈、马德富、周裕锴主编《苏轼全集校注》（文集），第27页。
② 张志烈、马德富、周裕锴主编《苏轼全集校注》（诗集），第5330页。
③ 张志烈、马德富、周裕锴主编《苏轼全集校注》（文集），第1633页。
④ 同上书，第8468页。
⑤ 《苏辙集》，第940页。
⑥ 苏过：《注斜川集校注》，舒大刚、蒋宗许等校，巴蜀书社，1996，第141页。

二、三苏家庭教育的内容

考试制约着读书，从古至今概莫能外，人们总是习惯于依据考试内容选择阅读范围。

（一）经史子集

北宋时期考试制度虽然屡有变革，但大致包括试论、试策、试诗赋等。司马光《贡院定夺科场不用诗赋状》说有三场考试内容，"第一场试论，第二场试策，第三场试诗赋"。① 曹安《谰言长语》说："吴临川云：初场在通经而明理，次场在通古而善词，末场在通今而知务。"② 可知，北宋的科举考试主要有三场：第一场试论，又称经义，因为它是以儒家五经或六经为题，要求阐释经文义理；第二场试诗赋，看看诗赋写得怎样，是否文从字顺；第三场试策，策即策谋、策略的意思。古代的策文有制策、对策和奏策三种。制策又称策问，是朝廷选士时所出的考问题目；对策，是士子根据所问而陈述政见；奏策，又称进策，不属于考试范围，而是大臣上陈朝廷的奏文。王炳照、徐勇所著《中国科举制度研究》中说："至宋代科举制度相对稳定之后，知识结构主要包括三个方面的内容：一是能背诵四五十万字的《四书》《五经》；二是精通历史，尤其是政治史，以便长于策论；三是填诗赋词。"③ 科举规制决定了士子学习的内容不外乎包括六经、史书、诗赋、属对、声律等，三苏家庭教育内容也主要体现在这些方面，除此以外还有琴棋书画、佛道思想等内容。

以现存关于三苏的文献作品、进论篇目和程文选本来看，三苏家庭教育的主要内容是经史，可以说三苏是经史传家。

苏轼在《眉州远景楼记》中说眉州的"士大夫贵经术而重氏族"，"独吾州之士，通经学古，以西汉文词为宗师。方是时，四方指以为迂阔。至于郡县胥史，皆挟经载笔，应对进退，有足观者"。④ 当时眉山的士子主要学习六经和古文。在科举的路上，苏洵屡次碰壁，醒悟之后，于是"悉取所为文数百篇焚之。益闭户读书，绝笔不为文辞者五六年，乃大究六经百家之说，以考质古今治乱

---

① （宋）司马光：《温国文正司马公文集》，涵芬楼《四部丛刊》。
② 曹安辑《谰言长语》，中华书局，1991，第38页。
③ 王炳照、徐勇：《中国科举制度研究》，河北人民出版社，2002，第441页。
④ 张志烈、马德富、周裕锴主编《苏轼全集校注》（文集），第1112页。

成败、圣贤穷达出处之际，得其精粹，涵畜充溢，抑而不发"①。可知苏洵学习的主要内容是六经和诸子的著作。苏洵《上张侍郎第一书》说："洵有二子轼、辙，龆龀授经，不知他习。"②苏轼《夜梦》诗云："夜梦嬉游童子如，父师检责惊走书。计功当毕《春秋》余，今乃始及桓庄初。怛然悸寤心不舒，起坐有如挂钩鱼。"③苏辙《亡兄子瞻端明墓志铭》云："比冠，学通经史，属文日数千言。"④可知，苏轼、苏辙兄弟幼时主要学习的六经和史书。苏轼《与千之侄二首》云："可读史书，为益不少也。"⑤苏轼《与姪孙元老四首》云："然亦须多读史，务令文字华实相副，期于适用乃佳……侄孙宜熟看前、后《汉史》及韩、柳文。"⑥苏轼以上言论，皆提倡读史。

若从宋代制科进论题目来看，亦可窥见一斑。张志烈、马德富、周裕锴主编的《苏轼全集校注》有苏轼关于经史的二十五篇进论。陈宏天、高秀芳点校的《苏辙集》有苏辙关于经史的二十五篇进论。另外，苏轼之前张方平的进论篇目和苏轼之后李清臣的进论篇目，亦可知他们学习的内容为六经和史书。

魏天应编选、林子长笺注《论学绳尺》是南宋省试的程文选本，"从题目出处看，大致统计，全书共一百五十五篇文章。出自《汉书》约四十七篇，《论语》十一篇，《孟子》二十三篇，《荀子》十篇，扬雄之文十四篇，《文中子》五篇，唐代史实、史书及文十六篇，韩愈《原道》二篇、《进学解》一篇，以上包括同题作文，所选文都为南宋人之'论'。"⑦由此亦可间接推知三苏的学习内容为经史。

经史之外，三苏学习内容还有子集。苏洵《上欧阳内翰第一书》云"由是尽烧曩时所为文数百篇，取《论语》《孟子》《韩子》及其他圣人、贤人之文，而兀然端坐，终日以读之者七八年矣"，⑧可知，苏洵所读之书有子部、集部的《论语》《孟子》《韩昌黎集》《柳河东集》等。

苏轼《乞校正陆贽奏议上进札子》云"六经三史、诸子百家，非无可观，

① 曾枣庄、舒大刚主编《三苏全书》第 6 册，第 280 页。
② 同上书，第 88 页。
③ 张志烈、马德富、周裕锴主编《苏轼全集校注》（诗集），第 4856 页。
④ 《苏辙集》，第 1117 页。
⑤ 张志烈、马德富、周裕锴主编《苏轼全集校注》（文集），第 6647 页。
⑥ 同上书，第 6652 页。
⑦ 曹安辑《谰言长语》，第 68 页。
⑧ 曾枣庄、舒大刚主编《三苏全书》第 6 册，第 76 页。

皆足为治"①，除了六经三史之外，诸子百家也是学习的重要内容。苏辙《亡兄子瞻端明墓志铭》云："公之于文，得之于天，少与辙皆师先君。初好贾谊、陆贽书，论古今治乱，不为空言。既而读《庄子》，喟然叹息曰：'吾昔有见于中，口未能言，今见《庄子》，得吾心矣。'"②苏辙《上两制诸公书》云"辙读书至于诸子百家纷纭同异之辩"③，说自己遍览诸子百家之书，并弄清楚他们的同异之处。

至于读文集，从苏轼对乡贤的接受可以见出端倪。苏轼对司马相如的文学十分推崇，而对他的政绩却极力贬斥。苏轼对扬雄最为核心的哲学思想持肯定的态度，不过他批评扬雄"好为艰深之词，以文浅易之说"却很尖锐。苏轼、李白文艺思想均受庄子影响，苏轼追求行云流水似的自然平淡，李白追求清水芙蓉似的自然真率。苏轼称赞杜甫诗才纵横，众体兼备，在诗歌创作实践中，套用杜诗的题材、袭用杜诗句意、化用杜诗语典等。可知，苏轼从小熟读李白、杜甫诗集，受其影响极大。

（二）诗词文赋

在科举中有诗赋的专场考试，可以肯定地说，士子必修作诗赋，必须学习诗赋的基础知识和基本技能。作诗赋的基础知识包括用韵、对仗、平仄等，苏洵对这些东西很不感兴趣，因而很不擅长。他在《送石昌言使北引》中说："吾后渐长，亦稍知读书，学句读、属对、声律，未成而废。"④

苏轼兄弟在年幼之时师从张易简在天庆观北极院、师从刘微之在州学寿昌院读书，学会了属对声律的基本知识和诗赋写作的基础技能，诗赋写作得心应手。苏洵《上张侍郎第一书》说苏轼兄弟"始学声律，既成"⑤，童年时期开始学习声律，很快就学成了。关于作文，苏轼在《论作文》中说："'作文'，东坡教人读《战国策》，学说利害；读贾谊、晁错、赵充国章疏，学论事；读《庄子》，学论理性。又须熟读《论语》《孟子》《檀弓》，要志趣正当；读韩、柳文，记得数百篇，要知作文体面。"⑥其中开列的书单就有一长串。作文所需要

---

① 张志烈、马德富、周裕锴主编《苏轼全集校注》（文集），第 3566 页。
② 《苏辙集》，第 1117 页。
③ 同上书，第 405 页。
④ 曾枣庄、舒大刚主编《三苏全书》第 6 册，第 112 页。
⑤ 同上书，第 88 页。
⑥ 张志烈、马德富、周裕锴主编《苏轼全集校注》（文集），第 8899 页。

的积累之多、时间之长，不可小觑。

（三）琴棋书画

对于琴棋，苏轼在《书林道人论琴棋》中说"不通此二技"①，他在《观棋并引》中云"予素不解棋"②。北宋陈正敏撰《遁斋闲览》亦云："子瞻尝自言，平生三不如人，谓著棋、吃酒、唱曲也。"但这丝毫不影响他对博弈活动的浓厚兴趣，"竟日不以为厌也"。三苏家中有传世雷琴，苏轼诗文屡有提及，如《舟中听大人弹琴》《次韵子由以诗见报编礼公，借雷琴记旧曲》《家藏雷琴》《记游定惠院》《游桓山记》等，苏辙亦有《大人久废弹琴，比借人雷琴以记旧曲，十得三四，率尔拜呈》。苏轼最早的一首有关音乐的诗歌是《舟中听大人弹琴》③，作于宋仁宗嘉祐四年（1059 年）冬。三苏父子从水路南行赴京，夜泊戎州（今宜宾），苏轼在船上聆听父亲抚琴而作，反映了苏洵高超的琴艺，以及崇尚古乐而不满新曲的倾向，从中亦可以看出古琴对苏轼的影响。

苏轼十二岁时，于纱縠行故居，发现一块天石砚。父亲苏洵手刻木匣受砚，并激励他的写作兴趣，说这是你文章发达的祥瑞之兆，苏轼作《天石砚铭并叙》④以记此事。苏辙有《缸砚赋叙》⑤，他们兄弟在小时候都有自己心爱之砚。苏轼的书法名列"宋四家"之首，绘画为"湖州竹派"的重要画家之一。苏洵、苏辙也有书法传世，其作品亦让人惊叹。

北宋时期的四川，佛教、道教皆有浓厚氛围，苏轼外公和母亲都信佛，因此苏轼兄弟小时候便受佛道濡染。苏轼兄弟有不少诗文提及阅读佛教经典，如"君少与我师皇坟，旁资老聃释迦文"⑥、"《楞严》在床头，妙偈时仰读"⑦、"凭君借取《法界观》，一洗人间万事非"⑧、"《楞严》十卷几回读，法酒三升是客同"⑨、"三十年前诵《圆觉》，年来虽老解安心"⑩等。苏轼说"吾八岁入小

---

① 张志烈、马德富、周裕锴主编《苏轼全集校注》（文集），第 8049 页。
② 张志烈、马德富、周裕锴主编《苏轼全集校注》（诗集），第 4984 页。
③ 同上书，第 19 页。
④ 张志烈、马德富、周裕锴主编《苏轼全集校注》（文集），第 2099 页。
⑤ 《苏辙集》，第 329 页。
⑥ 张志烈、马德富、周裕锴主编《苏轼全集校注》（诗集），第 4291 页。
⑦ 同上书，第 4959 页。
⑧ 同上书，第 1265 页。
⑨ 《苏辙集》，第 914 页。
⑩ 同上书，第 935 页。

学，以道士张易简为师"，"眉山道士张易简，教小学，常百人，予幼时亦与焉。居天庆观北极院，予盖从之三年"①。苏辙《龙川略志》亦云"余幼居乡间，从子瞻读书天庆观"②。师从道士张易简三年，道家思想在苏轼兄弟幼小的心灵中留下深深的烙印。苏轼与同样好道的刘宜翁的书信中，回忆青少年时期这段经历时说："轼龆龀好道……一落世网，不能自逭。然未尝一念忘此心也。"③从苏轼《陈太初尸解》《众妙堂记》《题李伯祥诗》《却鼠刀铭》《思堂记》等诗文中可以窥见道家的影响。另外，苏轼兄弟幼时喜读《山海经》，那些神话故事深深地吸引着他们，从他们后来的作品中，可以看出那些神话的痕迹。

三苏家庭教育内容丰富多彩，其主要特点是养德、有用和广博。

三、三苏家庭教育的形式

三苏家庭教育的主要形式是记诵作文，次要形式是读书行走和寻找伯乐，三苏家庭教育的形式具有顺势、激励和自觉的特点。

（一）记诵作文

记诵作文是三苏家庭教育的主要形式。从三苏的诗文中，我们可以看出，他们记诵诗文的痕迹。苏轼《忘不得》云"少年记诵经史"④，他的《和陶饮酒二十首》（其十二）云："我梦入小学，自谓总角时。不记有白发，犹诵论语辞。"⑤其《六一居士集叙》云："考论师友渊源所自，复知诵习欧阳子之书。"⑥《跋翰林钱公诗后》云："轼龆龀入乡校，即诵公诗，今得观其遗迹，幸矣。"⑦《戏子由》云："宛丘先生长如丘，宛丘学舍小如舟。常时低头诵经史，忽然欠伸屋打头。"⑧《和陶郭主簿二首》（并引）中记载苏轼小儿子苏过记诵之事："清明日闻过诵书，声节闲美。"⑨

苏辙所记诵的书籍，除了《诗经》之外，还有《楞严》《圆觉》等佛教经

---

① 张志烈、马德富、周裕锴主编《苏轼全集校注》（文集），第1142页。
② 胡先酉译注《龙川略志译注》，西南交通大学出版社，2018，第5页。
③ 张志烈、马德富、周裕锴主编《苏轼全集校注》（文集），第5281页。
④ 同上书，第8820页。
⑤ 张志烈、马德富、周裕锴主编《苏轼全集校注》（诗集），第3974页。
⑥ 张志烈、马德富、周裕锴主编《苏轼全集校注》（文集），第977页。
⑦ 同上书，第7635页。
⑧ 张志烈、马德富、周裕锴主编《苏轼全集校注》（诗集），第642页。
⑨ 同上书，第5074页。

典。其《次韵吴厚秀才见赠三首》云："问我近来谁复可，对君聊拟诵《周南》。"①《伤足》云："昔尝诵《楞严》，闻有乞食师。"②《次远韵齿痛》云："更须诵《楞严》，从此脱缠缚。"③《春深三首》云："三十年前诵《圆觉》，年来虽老解安心。"④

总之，从以上诗文中，可以看出三苏小时候朗读背诵诗文的蛛丝马迹。

以抄书的方式来记诵，不知是否为三苏所创。苏轼曾多次提倡抄书，尤其是抄写史书，他说自己抄写《汉书》三遍，且戏称为"日课"。苏轼《觅俞俊笔》云："虽是玉堂挥翰手，自怜白首尚抄书。"⑤其《与程秀才三首》（其三）说："儿子到此，抄得《唐书》一部，又借得《前汉》欲抄。若了此二书，便是穷儿暴富也。"⑥他在《与王定国四十一首》（其十一）中说："多读书史，仍手自抄为妙。"⑦苏轼《李氏山房藏书记》说："余犹及见老儒先生，自言其少时，欲求《史记》《汉书》而不可得，幸而得之，皆手自书，日夜诵读，惟恐不及。"⑧

父亲苏洵因材施教，在读书作文方面，尽力培养，让苏轼兄弟尝到了甜头，并乐此不疲。关于作文的秘诀，苏轼转述欧阳修的话说"惟勤读书而多为之，自工"，提倡学习写作，就要多读多写。苏轼在《与王定国四十一首》（十一）中说"多读史书"⑨，在《与姪孙元老四首》（其二）中说"亦须多读史"⑩，在《陈隋好乐》中说"读书多则能撰文"⑪。如此看来，多读多写，似乎就是三苏学习写作的主要途径，也是三苏家庭教育的主要形式之一。

（二）读书行走

三苏家庭教育的次要形式是读万卷书、行万里路。

苏辙《再祭亡兄端明文》云："惟我与兄，出处昔同。幼学无师，先君是

---

① 《苏辙集》，第 199 页。
② 同上书，第 322 页。
③ 同上书，第 898 页。
④ 同上书，第 935 页。
⑤ 张志烈、马德富、周裕锴主编《苏轼全集校注》（文集），第 5534 页。
⑥ 同上书，第 6068 页。
⑦ 同上书，第 5673 页。
⑧ 同上书，第 1131 页。
⑨ 同上书，第 5373 页。
⑩ 同上书，第 6652 页。
⑪ 同上书，第 7294 页。

从。游戏图书，寤寐其中。"①可知，苏轼兄弟常常寤寐于父亲的藏书室，对千卷藏书爱不释手。

苏洵教导儿子从小树立正确的读书观，以达到让他们主动学习、勤奋学习的目的。他还与儿子一同读书，循循善诱地引导他们打开思路，以获得更好的学习效果。他与两个儿子共研当朝宰相富弼所写的《使北语录》就是很好的例子。这里有三点值得借鉴：一是变被动学习为主动学习；二是老师的"导"不可或缺；三是教师的赏识很重要。

苏轼兄弟的母亲程夫人也曾与两个儿子一同阅读《汉书·范滂传》，并告诫儿子要以古人名节自励，从此苏轼"奋厉有当世志"。贬谪黄州时苏轼与苏迈夜坐联句；赴登州途中苏轼以"骥子"赞誉苏迨；贬谪岭南时苏轼常常与小儿子苏过唱和，通过唱和引导苏过成长，以至他有"小坡"之誉。

苏辙在《上枢密韩太尉书》中称赏司马迁"其文疏荡，颇有奇气"②，究其原因乃"太史公行天下，周览四海名山大川"之故。三苏父子皆喜行走天下、游山玩水。苏洵在《祭亡妻程氏文》中说："昔予少年，游荡不学。子虽不言，耿耿不乐。我知子心，忧我泯没。"③他的《忆山送人》诗云："少年喜奇迹，落拓鞍马间。纵目视天下，爱此宇宙宽。山川看不厌，浩然遂忘还。"④生动而又详尽地描述了他游历祖国名山大川的情况。苏辙《武昌九曲亭记》云："昔余少年，从子瞻游，有山可登，有水可浮，子瞻未始不褰裳先之。有不得至，为之怅然移日。至其翩然独往，逍遥泉石之上，撷林卉，拾涧实，酌水而饮之，见者以为仙也。"⑤由此可见，苏轼兄弟对于游山玩水的浓厚兴趣。

总之，三苏都把游历山川放在十分重要的地位，因为它是学习的重要方式、养气的重要途径。

（三）寻找伯乐

千里马之不遇于时，让世人感叹。苏洵以为，不可守株待兔，以待伯乐。苏洵主动寻求伯乐赏识，值得后人借鉴。苏轼、苏辙兄弟亦然。

至和二年（1055 年）、嘉祐元年（1056 年），苏洵带着苏轼、苏辙两次到成

---

① 《苏辙集》，第 1100 页。
② 同上书，第 381 页。
③ 曾枣庄、舒大刚主编《三苏全书》第 6 册，第 275 页。
④ 同上书，第 25 页。
⑤ 《苏辙集》，第 406 页。

都拜谒张方平。这两次拜谒对于三苏一生，尤其是苏轼、苏辙的成长极为重要。嘉祐元年，苏洵还带着苏轼兄弟拜谒了雅州知州雷简夫、犍为县令吴中复。他们也都向朝廷名臣张方平、欧阳修、韩琦等大力推荐了三苏。

苏洵在自己与儿子学有所成的基础上，带着他们拜谒学者名流，无疑让自己与儿子都开阔了眼界。苏辙《上枢密韩太尉书》中说："见翰林欧阳公，听其议论之宏辩，观其容貌之秀伟，与其门人贤士大夫游，而后知天下文章之聚乎此也。"①三苏父子在见识文坛巨擘的同时，也让他们了解了自己。欧阳修不仅赏识苏洵，奉为座上宾，还将他介绍给朝廷重臣韩琦、富弼、文彦博等人。加之苏洵自己的毛遂自荐，才使苏洵的文章受到社会名流的共同赏识。尽管他自己并未仕途通达，但苏轼兄弟从中获益匪浅。

四、三苏家庭教育的价值

三苏家庭教育思想在中国教育史上具有重要地位，也产生了巨大影响。而且具有现代价值，即对于当今家庭教育具有重要的参考价值和巨大的现实意义。

（一）地位

三苏之前，在文化艺术领域父子兄弟互相影响、学有所成、成就卓著者寥寥无几，下边列举几个例子。

在历史领域的司马谈、司马迁父子，班彪、班固、班昭、班超父子/女；在书法领域的王羲之、王献之父子；在文学领域的曹操、曹丕、曹植父子，即"三曹"，此外便是苏洵、苏轼、苏辙父子，即"三苏"。以上这些双子星似的璀璨星辰，文学领域仅仅只有"三曹""三苏"而已。因而像"三苏"这样少有的文学世家，在家庭教育史上有着典范地位。

在西蜀眉州，受"三苏"父子的影响，一家父子兄弟皆成名宦者亦相继出现。譬如在南宋眉州丹棱出现了"三李"，即李焘、李壁、李埴父子。《宋史·李壁传》曰："壁父子与弟埴皆以文学知名，蜀人比之三苏云。"②在清代出现了"三彭"，即彭端淑、彭肇洙、彭遵泗兄弟。总之，三苏之后，眉州的教育，尤其是家庭教育中父子兄弟的相互学习，深受三苏家庭教育的影响。

---

① 《苏辙集》，第381页。
② 《宋史》，中华书局，1985，第12106页。

（二）价值

当今教育出现的问题，以三苏家庭教育观之，我们可以从中受到启发、找到办法。

一是倡导藏书读书。苏辙在《藏书室记》中说："（先君）有书数千卷，手缉而校之，以遗子孙，曰：'读是，内以治身，外以治人，足矣。此孔氏之遗法也。'"①藏书室里有上千卷书，苏洵亲自辑录、校订，作为子孙阅读的教材。苏洵认为读了这个选本，可以内外兼治。既可治身又可治人，已经足够用了。如今，有些家庭中，儿童在进入小学以前没有适合阅读的图书。进入小学、初中以后，除了教材指定阅读的图书之外，没有自己的藏书，倒是有不少的教辅。以致到初中或者高中毕业之后，对教辅深恶痛绝，甚至发誓再也不读书了。这不能不说是我国当代教育的败笔。

二是倡导言传身教。苏轼兄弟少时皆"师事先君"。父亲苏洵一方面严格督促苏轼兄弟读经史，另一方面亲自指导他们做文章。苏轼习作有"人能碎千金之璧，不能无失声于破釜；能搏猛虎，不能无变色于蜂虿"的句子，苏洵大加赞赏，后来他把这两句用到《颜乐亭诗序》和《黠鼠赋》里。苏轼作的《却鼠刀铭》、苏辙作的《缸砚赋》，苏洵很满意，叫他们誊写出来，张贴到墙上，以示鼓励。有时父子三人还同题作文，一较高下，以至后人以"是父是子"赞之。父亲的言传侧重在学业传授方面，而母亲的身教侧重在品德养成方面，从而形成仁爱、清廉的家风。如今，适龄儿童上学读书，广大家长都把注意力集中到分数上，当然也就迫使学校领导、教师把注意力集中到分数上，而在思想品德的养成方面重视不够，以致出现这样那样的社会问题。

三是倡导自然发展。"知子莫若父"是说父母对儿女的"知"，是别人不可达到的。譬如苏洵给苏轼、苏辙取名。轼是车上用作扶手的横木，是露在外面的，与苏轼豪放不羁的性格颇相类似。苏洵训诫说："轼乎，吾惧汝之不外饰也。"辙是车轮碾过的印迹，虽无车之功，但也无翻车之祸，"善处乎祸福之间"。这与苏辙冲和淡泊、深沉不露的性格符合。苏洵《名二子说》②在诠释二子之名的同时，表达了他对两个儿子的担心、期望和规诫之意。苏洵写此文时，苏轼十一岁，苏辙八岁，兄弟二人一生的际遇，恰如苏洵所预言。由此可知，

---

① 《苏辙集》，第 1238 页。
② 曾枣庄、舒大刚主编《三苏全书》第 6 册，第 245 页。

苏洵对两个儿子的深切了解。深切了解子女，实事求是地确定发展目标、路径，顺其自然地发展，这是苏轼兄弟成才的关键，也是所有儿童、少年成才的关键。当今，家长"望子成龙，望女成凤"者太多，期望太高是普遍现象。而能够理智对待子女的发展，找到他们最感兴趣、最适合发展的目标和路径，才是成功的关键。

书斋静坐与征行万里

——论苏轼知行合一的教育思想

阮　怡

摘　要：苏轼一生热爱读书，在对子女的教育中也十分注重培养他们爱读书的习惯。他将读书视为重要的精神文化生活，对人生的发展具有不可代替的意义，但是他也认识到要想清楚地认识外部世界还需要丰富的实践认知，旅行体验则是获得书中真义的有效方式。他常将书斋阅读的经历与旅行中对自然世界的体验结合在一起，将书中世界与自然世界相互对应、比较，慎思明辨以获得新知。同时也教育子女要将读书与游历相结合，在实践中去获取真知。这成为苏氏家族一脉相守的教育理念，而这种学习方式已开朱熹"格物致知"学术思想之先河。苏轼的这种知行合一的学习方式以及教育理念对我们今天的教育仍然是有重要意义的。

关键词：苏轼　读书　旅行　知行合一

苏轼是中国文化史上难得的奇才和通才，在多个领域都取得了令人瞩目的成就。他在政治上坚持儒家入世的精神，有着自由独立的意志，直言敢谏、刚直不屈；在生活上历尽人生的艰辛与痛苦，却能苦中作乐，旷达超脱，随缘自适；在文学上，诗、词、文兼擅，成就斐然。在书法、绘画、医药、饮食各方面都有较高的造诣。他的人生境界以及在各方面的成就对宋人及后世文人产生

本文作者阮怡，现为四川师范大学文学院副教授。四川大学文学博士。

了深远的影响，成为最受后人景仰的历史人物之一。学界对苏轼的相关研究十分丰富，涉及领域相当广泛。不同学科的学者都从自己的专业背景来解读苏轼，取得了一大批重要成果，其中已有一些学者关注到苏轼的教育思想的论题。苏轼在后世并不以教育家著称，他也没有系统地提出过教育思想理论，但是从他的成长经历、学习体会，从他对子女、弟子的教诲中，我们仍然可以感受到他在教育方面的许多独到的见解。目前，已有一些学者在这方面进行过研究，如张帆《苏轼教育思想研究》一书从苏轼教育思想产生的家族背景、社会教化、科举改革思想、文艺修习方法、教子实践中蕴含的教育思想、师生关系的处理等方面较为全面地论述了苏轼的教育思想。此外还有盛晓文《宋代眉山苏氏家族家庭教育研究》、江晓梅《苏轼的妇女观与女子教育思想》、韩鸿伟《苏轼教育思想研究》、范琐哲《苏轼教育思想研究》、吴洪成《苏轼教育思想探析》[①]等论文也对此论题作了探讨。大多数研究成果都是从教育目的、教育方法、教育内容、教育原则等层面进行研究，显得宏观而概括，对其中涉及的具体的教育思想还缺少深入的论证。本文试图从较为微观的层面，以苏轼如何处理读书和旅行的关系这个角度来考察苏轼知行合一的教育思想。

一

苏轼被同时代的人以及后人视为是"读书破万卷"的典型代表。"苏门四学士"之一的黄庭坚曾称赞苏轼的作品："语意高妙，似非吃烟火食人语。非胸中有万卷书，笔下无一点尘俗气，孰能至此！"（黄庭坚《跋东坡乐府》，《豫章黄先生文集》卷二六）苏辙也在《亡兄子瞻端明墓志铭》中称颂其兄"幼而好书，老而不倦"。"苏轼初好贾谊、陆贽书，论古今战乱，不为空言。既而读《庄子》，喟然叹：'吾昔有见于中，口未能言，今见《庄子》，得吾心矣。'……后读释氏书，深悟实相，参之孔、老，博辩无碍，浩然不见其涯也。"（《栾城后集》卷二二）可见苏轼一生热爱读书，儒家、道家、佛家，无论哪一思想流派的书籍，皆广泛涉及，才得以成就其浩然无涯的学识。

苏轼视读书为重要的精神文化生活，对人生的发展具有重要意义。他说：

---

① 盛晓文《宋代眉山苏氏家族家庭教育研究》，东北师范大学 2014 年硕士论文；江晓梅《苏轼的妇女观与女子教育思想》，暨南大学 2006 年硕士论文；韩鸿伟《苏轼教育思想研究》，河南大学 2011 年硕士论文；范琐哲《苏轼教育思想研究》，载于《内蒙古师范大学学报》（教育科学版）2008 年第 2 期；吴洪成《苏轼教育思想探析》，载于《衡水学院学报》2014 年第 3 期。

"象怪犀珠玉珍之物，有悦于人之耳目，而不适于用。金石草木丝麻五谷六材，有适于用，而用之则弊，取之则竭。悦于人之耳目而适于用，用之而不弊，取之而不竭，贤不肖之所得，各因其才，仁智之所见，各随其分，才分不同，而求无不获者，惟书乎！"（《李氏山房藏书记》，《苏轼文集》卷十一）认为书是一种既能取悦于人，又用之不竭的宝物。不同的人读书或许所得见解不一，但必有所获，因此他认为"其学必始于观书"，读书是学习的最重要的门径。在对友人的评价中，也彰显了读书对人生的意义。如论朋友李公择自少年时期起，于庐山僧舍勤奋苦读，藏书九千余卷，称颂"公择既已涉其流，探其源，采剥其华实，而咀嚼其膏味，以为己有，发于文词，见于行事，以闻名于当世矣"。长期的读书经历使得李氏得其书中真义，文辞、品行皆有可观，遂一举成名。苏轼认为读书的意义至少有以下几个方面：首先，他认为读书能涵养心性、修炼气质。在《和董传留别》一诗中提出"腹有诗书气自华"（《苏轼诗集》卷五）的看法，饱读诗书能提升人的修养，使其气质不凡。其次，认为读书可以增进学问，创作佳篇。在《送安惇秀才失解西归》一诗中曰："旧书不厌百回读，熟读深思子自知。"（《苏轼诗集》卷六）多读、反复阅读经典才能获得最真切的感受，才能有宏富的学问和高明的见解，进而熔铸万物产生优秀的诗文。他在文集中还特意记录了欧阳修的读书经验，曰：

> 顷岁孙莘老，识欧阳文忠公，尝乘间以文字问之。云："无他术，唯勤读书而多为之，自工。世人患作文字少，又懒读书，每一篇出，即求过人。如此，少有至者。疵病不必待人指摘，多作自能见之。"此公以其尝试者告人故尤有味。（《记欧阳公论文》卷六六）

欧阳修多读书、勤作文的为文经验与苏轼的看法不谋而合。苏轼亦认为勤读书才能提升艺术修养以及知识储备，吸取前人在命意构思、谋篇布局、遣词造句方面的经验进而作出不同凡响的作品，因而认为欧阳修的话"尤有味"。

苏轼平生酷爱读书，他在《上韩太尉书》一文中自述："自七八岁知读书，及壮大，不能晓习时事，独好观前世盛衰之迹，与其一时风俗之变。自三代以来，颇能论著。"（《苏轼文集》卷四八）从小喜读书，尤好从书中获取历史兴衰演变的知识。在《送安惇秀才失解西归》一诗中回顾早年读书生活："我昔居家断往还，著书不暇窥园葵。"（《苏轼诗集》卷六）读书勤奋刻苦，连园中风景也来不及欣赏。苏轼长期生活在党争的夹缝中，一生大起大落，但无论是在顺境还是逆境，他都与书籍为伴。被贬黄州是他人生遭遇的第一次重大挫折，但他并没有因此意志颓废，而是在贬所悉心读书。"到黄州，无所用心，辄复覃思于《易》《论语》，端居深念，若有所得，遂因先子之学，作《易传》九卷。又自以意作《论语说》五卷。"（《黄州上文潞公书》，《苏轼文集》卷四八）谪居黄州，"不得签书公事"，虽与儒家经世济民之理想相去甚远，却得到了难得的空闲时间。在这段时间他用心钻研儒家经典，并进行发明阐释，写下《易传》《论语说》等著作。直至暮年苏轼仍读书不倦。友人李公择藏书近万卷于僧舍，求苏轼为之作记，苏轼不仅慨然应允，为之作《李氏山房藏书记》一文，且感慨："余既衰且病，无所用于世，惟得数年之闲，尽读其所未见之书，而庐山固所愿游而不得者，盖将老焉。尽发公择之藏，拾其余弃以自补，庶有益乎？"（《李氏山房藏书记》，《苏轼文集》卷十一）饱览天下奇书的愿望何其强烈！苏轼平生遇到好书则爱不释手，他素来敬仰东晋文人陶渊明的人品和学识，做过百余首和陶诗，视陶渊明为异代知音。他听闻江州东林寺藏有陶渊明诗集，便多方求索，望能一睹为快。后"李江州忽送一部遗予，字大纸厚，甚可喜也。每体中不佳，辄取读，不过一篇，惟恐读尽，后无以自遣耳。"（《书渊明义农去我久诗》，《苏轼文集》卷六七）遇友人赠书，如获至宝，视为自娱消遣之良方。对于特别重要的书籍，甚至采用抄书的方式来加强记忆。南宋文人陈鹄《耆旧续闻》记载了苏轼手抄汉书的佳话：

> （朱载上）偶一日谒至，典谒已通名。而东坡移时不出。欲留则伺候颇倦，欲去则业已达姓名，如是者久之，东坡始出，愧谢久候之意。且云："适了些日课，失于探知。"坐定，他语毕，公请曰："适来先生所谓日课者何？"对云："抄汉书。"公曰："以先生天才，开卷一览，可终身不忘，何用手抄邪？"东坡曰："不然，某读汉书，至此凡三经手抄矣。初则一段事抄三字为题，次则两字，今则一字。"公离席复请曰："不知先生所抄之书，肯幸教否？"东坡乃命老兵就书几上取一册至，公视之皆不解其义。东坡云："足下试举题一字。"公如其言，东坡应声辄诵数百言，无一字差缺，凡数挑皆然。公降叹良久曰："先生真谪仙才也！"他日以语其子新仲曰："东坡尚如此，中人之性岂可不勤读书邪？"新仲尝以是诲其子辂。（《耆旧续闻》卷一）

朋友朱载上拜谒苏轼，苏轼正在勤学苦读。所谓日课则是一边读《汉书》，一边抄写《汉书》，用最凝练的字句概括书中的含义，达到熟练背诵、深刻理解的目的。看似迂钝的读书方法却成就了苏轼宏富的学问，苏轼手抄《汉书》一时传为佳话，成为时人教育子女的楷模。

苏轼不仅自己爱读书，在与友人、子女的交谈中也十分推崇读书。他曾批评当时科场中人投机取巧，着意撰写科考文章，唯求科举及第，而不去博览群书的弊病。他说：

> 自孔子圣人，其学必始于观书。当是时，惟周之柱下史老聃为多书。韩宣子适鲁，然后见《易》《象》与《鲁春秋》。季札聘于上国，然后得闻《诗》之风、雅、颂。而楚独有左史倚相，能读《三坟》《五典》《八索》《九丘》。十之生于是时，得见《六经》者盖无几，其学可谓难矣。而皆习于礼乐，深于道德，非后世君子所及。自秦汉以来，作者益众，纸与字画日趋于简便。而书益多，士莫不有，然学者益以苟简，何哉？余犹及见老儒先生，自言其少时，欲求《史记》《汉书》而不可得，幸而得之，皆手自书，日夜诵读，惟恐不及。近岁市人转相摹刻诸子百家之书，日传万纸，学者之于书，多且易致如此，其文词学术，当倍蓰于昔人，而后生科举之士，皆束书不观，游谈无根，此又何也？（《李氏山房藏书记》，《苏轼文集》卷十一）

古代书籍匮乏，古人少有机会能阅读到经典，但他们却能珍惜难得的机会，尽可能勤苦读书。近岁，书籍易得，时人却务求科举时文，空谈义理，不求读书。苏轼认为这种做法是不可取的，是"游谈无根"，没有打下扎实的学习基础。他也教育自己的子女要多读书。他自述对儿孙的期望就是"长留五车书，要使九子读"（《借前韵贺子由生第四孙斗老》，《苏轼诗集》卷四二），愿儿孙饱读诗书。他的三个儿子，长子苏迈、次子苏迨、幼子苏过皆有才学，受父亲影响颇深。特别是小儿子苏过随苏轼宦海沉浮、迁徙流离，一直侍奉左右，受父亲的教诲也最多。父子在一起的闲暇时光，讨论最多的就是读书。苏轼有诗记其当时的情形，曰："小儿耕且养，得暇为书绕。"（《将至广州，用过韵，寄迈迨二子》，《苏轼诗集》卷四四）苏过也受父亲影响，喜读陶渊明的诗歌，在惠州读陶诗，苏轼"归卧既觉，闻儿子过诵渊明《归园田居》诗六首，乃悉次其韵"，遂有《和陶归园田居》组诗。苏轼贬儋州，苏过亦随侍，在贬所无所事事，与幼子一起读书成为最大的乐趣。"诸史满前，甚可与语者也。借书，则日与小儿编排整齐之，以须异日归之左右也。"[《与郑靖老四首》（其一），《苏诗文集》卷五六] 又云："儿子到此，抄得《唐书》一部。又借得《前汉》欲抄，若了此二书，便是穷儿暴富也。"[《与程秀才三首》（其三），《苏轼文集》卷五十五] 虽然儋州条件艰苦，小儿子仍刻苦读书，继承父亲的读书方法，手抄史书以研习前代历史。苏轼对此赞赏有加，认为如能将二书理解通透，便如"穷儿暴富"，学习取得质的飞跃。并将此作为学习的重要原则，"乐以此告壮者耳"，传授给其他年轻人。

二

读书能有助于培养高尚的品德，明辨是非，修炼心性，开阔视野，增进学问，对人的发展具有不可代替的意义。但是苏轼也认识到静坐书斋、潜心读书的冥想与体验并不能完全准确生动的认识外部世界，要想清楚地认识世界还需要丰富的实践理性认知。他在《日喻》一文中以"北人学没人"为喻生动地表现了他对学习实践的重视，其文曰：

> 南方多没人，日与水居也。七岁而能涉，十岁而能浮，十五而能浮没矣。夫没者，岂苟然哉，必将有得于水之道者。日与水居，则十五而得其道；生不识水，则虽壮，见舟而畏之。故北方之勇者，问于没人，而求其所以没，以其言试之河，未有不溺者也。故凡不学而务求道，皆北方之学没者也。（《苏轼文集》卷六四）

南方人与水常年为伴，熟知水性，故能在水中浮沉自如。北方人向南方人请教，只得其枯燥的说教，而不去亲自操练，是不可能掌握潜水的规律的。以此说明如果学习没有反复实践，掌握其中的规律，是不可能求得事物之"道"的。在苏轼的其他文章中也反复申说这个道理，如《书黄筌画雀》曰："黄筌画飞鸟，颈足皆展。或曰：'飞鸟缩颈则展足，缩足则展颈，无两展者。'验之信然。乃知观物不审者，虽画师且不能，况其大者乎？"（《苏轼文集》卷七十）《书戴嵩画牛》曰："蜀中有杜处士，好书画，所宝以百数。有戴嵩《牛》一轴，尤所爱，锦囊玉轴，常以自随。一日曝书画，有一牧童见之，拊掌大笑，曰：'此画斗牛也？牛斗，力在角，尾搐入两股间。今乃掉尾而斗，谬矣。'处士笑而然之。古语有云：'耕当问奴，织当问婢。'不可改也。"（《苏轼文集》卷七十）黄筌是五代宋初著名画家，擅画花鸟，所画飞鸟虽精美，却与鸟飞时的实际情形不相符。戴嵩为唐代著名画家，擅画田园风景，尤以画水牛著称，但所画牛却被牧童指出破绽，两者皆因缺乏对事物的亲身观察而为人指摘。作画如此，读书何尝不是这样，因此苏轼感叹道："耕当问奴，织当问婢"，读书也应当有亲见其物、亲闻其事、亲至其地的实践经验，才能掌握事物的规律。"书斋里的阅读只能弄懂纸上（文字上）的意义，无论怎样意推悬解难免有隔膜之感"①，只有亲身去体验，躬行实践，才能识得书中三昧，山程水驿的旅行体验则是获得书中真义的有效方式。

苏轼一生"身行万里半天下"，足迹遍及各地。从西蜀眉州到东吴钱塘，北至密州，南至儋州，长期的游宦、贬谪生活使得苏轼南迁北徙。虽居无定所，却也有机会亲身体验自然事物之理。苏轼常将书斋阅读的经历与旅行中对自然世界的体验结合在一起，在旅途中亲自体验作品中所写的场景，从而更准确地把握作者原意，读懂作品。如《书子美云安诗》："'两边山木合，终日子规啼。'此老杜云安县诗也。非亲至其处，不知此诗之工。"（《苏轼文集》卷六七）杜甫《子规》诗云："峡里云安县，江楼翼瓦齐。两边山木合，终日子规啼。眇眇春风见，萧萧夜色凄。客愁那听此，故作傍人低。"（《杜诗详注》卷一四）杜诗所写云安，在唐代属夔州。夔州一带是西蜀通往外地的门户，地形狭长，山高水深。"两边山木合，终日子规啼"一联写出此地高山绝壁，古木森然，子规悲鸣的凄清景象。苏轼曾于嘉祐四年（1059年）出川赴京参加皇帝特别下诏举行的制科考试，从眉州出发，经嘉州、泸州、渝州、夔州，出三峡至江陵，陆路赴京。苏轼亲历夔州，体验到杜诗中描写的风景，进一步理解到杜诗的妙处。又如以下诸例：

> （司空图）云："棋声花院静，幡影石坛高。"吾尝游五老峰，入白鹤院，松阴满庭，不见一人，惟闻棋声，然后知此句之工也，但恨其寒俭有僧态。（《书司空图诗》，《苏轼文集》卷六七）
>
> 谪居黄州五年，今日离泗州北上。岸上，闻骡驮铎声空笼，意亦欣然，盖不闻此声久矣。韩退之诗云："照壁喜见蝎。"此语真不虚也。（《泗岸喜题》，《苏轼文集》卷七一）

前一则写在庐山僧院中所见松树环绕、杳无人迹的风景，体验到司空图诗

---

① 周裕锴：《宋代诗学通论》，上海古籍出版社，2007，第444页。

歌营造的幽深之境。后一则引韩愈《送文畅师北游》一诗，诗云："昨来得京官，照壁喜见蝎。况逢旧亲识，无不比鹣鲽。"（《昌黎先生文集》卷二）韩愈之前被贬阳山，忽被召还京，授国子博士一职，北归途中即使看到蝎子这样的剧毒之物也喜不自禁。此时苏轼结束了在黄州的贬谪生活，期满经泗州赴南京（今河南商丘），上表求常州安置，精神愉悦，就连岸边骡子发出的铃声也让他感到欣慰，真切地体验到韩愈诗中表现的久经黜落、忽然得以见用的喜悦之情。

苏轼在旅途中亲身体验到书本中的境界，并以一个批评家的眼光探讨诗文"写物之功"的问题。"宋诗学常讨论诗人'写物之功'的问题，而'功'除了修辞的巧妙之外，主要是指形容的准确。"[1]他关注前人诗作能否准确生动地表现现实的风景，能否恰当清晰地表达观景的体验。他以其亲身游历印证了诗歌世界的精妙，文中处处散发着评诗论诗的兴致。

其次，他在行旅途中习惯以读书的知识积累来观察自然世界，将书中世界与自然世界相互对应，相互比较。如《书子美骢马行》曰："余在岐下，见秦州进一马，鬃如牛，项下垂胡侧立，倾倒毛生肉端。番人云：'此肉鬃马也。'乃知《邓公骢马行》云：'肉骢礧磊连钱动。'当作鬃。"（《苏轼文集》卷六七）亲自岐下见到肉鬃马，听闻蕃人的解释，才恍然大悟杜诗中的错误。又如《书苏子美金鱼诗》曰："旧读苏子美《六和寺》诗云：'松桥待金鱼，竟日独迟留。'初不喻此语。及倅钱塘，乃知寺后池中有此鱼如金色也。"（《苏轼文集》卷六八）游宦杭州，见到池中金色之鱼，方知苏舜钦诗中"金鱼"之意。再如《记黄州故吴国》云："昨日读《隋书·地理志》，黄州乃永安郡。今黄州东十五里许有永安城，而俗谓之'女王城'，其说鄙野。而《图经》以为春申君故城，亦非是。春申君所都，乃故吴国，今无锡惠山上有春申君庙，庶几是乎？"（《苏轼文集》卷六六）将《隋书》中关于地名的记载与民间的称呼相对比，以见出民间传言之不实，又以现实中无锡的春申君庙反证书籍中的错误记载。将书中世界与自然世界相比较，在比较中往往透过现象深入思考，慎思明辨以获得新知。

苏轼不仅自己在旅途中玩味书中的世界，或以书中的知识去证实自然世界的物理，或以眼中的风景印证或修正书中的知识，从而加强对书本知识与自然世界的理解。他也教育自己的子女要在实践中去获取真知，《石钟山记》即是对

---

① 周裕锴：《宋代诗学通论》，第446页。

这一教育过程的忠实记录。石钟山是江西湖口鄱阳湖之滨的一座奇异的山峰，常有钟鸣之声传出，引起历代文人墨客的好奇。郦道元《水经注》认为石钟山"下临深潭，微风鼓浪，水石相搏，声如洪钟"；唐代李渤著《辨石钟山记》一文，认为钟声源于山中之双石，因双石"扣而聆之，南声函胡，北音清越，桴止响腾，余韵徐歇"，故山中有洪钟之声。前人的这些说法虽载入典籍，流传甚广，但苏轼却对此甚疑。元丰七年（1084年）苏轼从黄州团练副使量移汝州团练副使，经过湖口县，他带着儿子苏迈一同去探寻石钟山的奥秘，闻"大声发于水上，噌吰如钟鼓不绝……徐而察之，则山下皆石穴罅，不知其浅深，微波入焉，涵淡澎湃而为此也。舟回至两山间，将入港口，有大石当中流，可坐百人，空中而多窍，与风水相吞吐，有窾坎镗鞳之声，与向之噌吰者相应，如乐作焉。"（《苏轼文集》卷一一）终于明白石钟山因山石多隙，水石相击，故而钟鸣之声如缕。通过实地考察向儿子阐发了"事不目见耳闻，而臆断其有无"之不可行的观点，告诉了儿子尽信书不如无书，读书与亲身实践相结合才能获得真知的道理。

三

苏轼将读书与实践相结合的知行合一的教育观念源于父亲的言传身教。父亲苏洵就是酷爱诗书的典型。他少不喜读书，直到二十七岁幡然醒悟，苦读诗书，是大器晚成的代表。他先后参加进士考试、"茂材异等"科考试，皆因为文风与时文风尚不一致而落第。此后，苏洵不再追求仕进，闭门读书，著书立说，终成一家。被当时文坛盟主欧阳修称赞为："大究六经百家之说，以考质古今治乱成败，圣贤穷达出处之际，得其精粹，涵畜充溢，抑而不发。"（《故霸州文安县主簿苏君墓志铭》《欧阳文忠公集》卷三四）穷研百代之史，精通诸子百家之书，学识渊博。他也鼓励子女多读书，苏辙在回忆父亲时说道："先君平居不治生业，有田一廛，无衣食之忧。有书数千卷，手缉而校之，以遗子孙曰：'读是，内以治身，外以治人，足矣。'此孔氏之遗法也，先君之遗言今犹在耳。"（苏辙《藏书室记》，《栾城三集》卷十）苏洵希望子女饱读诗书，实现修身养性、兼济天下的人生理想。正如元代孙友仁在《两苏先生神道碑阴记》中所说："初老泉先生之未第也，闭户十年，贯穿诸子之书，穷研百代之史。而二先生侍侧，得于心传面命之际，莫不自家法中出来。"苏轼从小看到父亲废寝忘食读书的样子，自然激发了他对书本的兴趣。

苏洵不仅有静坐书斋、闭门苦读的经历，也爱四处远游，徜徉于佳山胜水之间。苏辙的《亡兄子瞻端明墓志铭》中记载："公（即苏轼）生十年，而先君宦学四方。"苏轼生于景祐三年，即公元1036年，所谓十年，则是从1036年至1046年间，这十年也正好是苏洵奔走于京师与地方之间求取仕途的十年。苏洵出蜀远游，曾两次入京参加科考，在备考、赴考之间，遍游各地大好河山。苏洵在《忆山送人》一诗中也回顾了当年热衷于游历山川的生活，诗云："少年喜奇迹，落拓鞍马间。纵目视天下，爱此宇宙宽。山川看不厌，浩然遂忘还……"（《嘉祐集笺注》卷一五）据诗所述，苏洵不仅流连于蜀山蜀水，也寻访过嵩山、终南山、庐山等名山，远至虔州等地。正是早年的游学经历扩大了眼界、增长了见识，与日后闭门苦读相得益彰，使苏洵成为名动京师的大学者，写出博古通今的好文章。他也把这种读书游学、博闻强识的学习方式传授给了两个儿子。如嘉祐四年（1059年），苏洵带着他的两个儿子出川赴京。他们没有为赶时间沿陆路北上出汉中、越秦岭、赴汴京，而是选择了颇为耗时的水路。从眉州出发乘舟前行至江陵，再沿陆路北上赴京，从十月出发一直走到次年二月，才到达汴京，前后历时近五个月。一路上，苏洵与家人巡山览胜、体悟民情，使两个儿子看到了许多寓居一地不曾见到的绮丽风光，大大开阔了他们的视野。父子三人沿途酬唱，佳作迭出，将书本知识与山川游览有机地结合在一起。

在父亲的循循善诱下，两个儿子耳濡目染。不仅读万卷书，亦行万里路，将读书与游历相结合，作为学习的重要途径。苏辙在《上枢密韩太尉书》一文中总结道："百氏之书虽无所不读，然皆古人之陈迹，不足以激发其志气。恐遂汨没，故决然舍去，求天下奇闻壮观，以知天地之广大。过秦、汉之故都，恣观终南、嵩、华之高，北顾黄河之奔流，慨然想见古之豪杰；至京师，仰观天子宫阙之壮，与仓廪、府库、城池、苑囿之富且大也，而后知天下之巨丽；见翰林欧阳公，听其议论之宏辩，观其容貌之秀伟，与其门人贤士大夫游，而后知天下之文章聚乎此也。"（《栾城集》卷二二）博览群书固然重要，而行旅途中所见山川、故都、宫阙、城池之奇闻壮观，与古之豪杰的精神沟通，与今之名贤的交游唱和更能开阔眼界，治心养气。

苏轼把父亲的学习方式牢记于心，并将其作为重要的学习经验传授给他的子女，成为苏氏家族一脉相守的教育理念。长期浸润于翰墨书斋之中饱读诗书的经历，使得他们在旅途中能以既有的知识积淀来观照眼前的世界。南迁北徙的宦游经历也使得他们能以亲身经历来判断、补充、修正书斋阅读中获得的知识，处处散发着理性思辨的光辉，这种学习方式已开朱熹"格物致知"学术思想之先河。"格物致知"被朱熹认为是"《大学》第一义，修己治人之道无不从此而出"（《晦庵先生朱文公文集》卷五八），它是获取知识的重要途径，也是提升道德修养的根基。"格物"就要求人们"穷至事物之理，欲其极处无不到也"（朱熹《大学章句》），探究、穷尽清楚事物中的规律。这样才能"致知"，不断扩充自己已有的知识，达到融会贯通的境界。可见，"穷理"是获得认知的关键，而多读书又是"穷理"的关键。朱熹提出"为学之道莫先于穷理，穷理之要必在于读书"（《晦庵先生朱文公文集》卷一四），要想探究清楚事物之理，多读书是基础，只有这样才能获得知识。另外，他还指出要想获得知识也离不开"行"，"知与行，工夫须着并到。失之愈明，则行之愈笃；行之愈笃，则知之益明。二者皆不可偏废"（《朱子语类》卷一四）。适时地践行更能获取真知。苏轼正是以宦游经历为践行真知的途径，在行旅征程中一边玩味书册，重新审视读书获得的经验，一边亲临真实的地理空间，寻求自然世界之"理"，将书斋静坐的读书生活与跋山涉水的行旅经历结合起来，使读书涵咏的内心体悟与外部自然世界联系起来，相印证、比较，即物穷理，格物致知，获取新知。

千载之下，苏轼的这种知行合一的学习方式以及教育理念对我们今天的教育仍然是有重要意义的。读书是获取知识、培养道德情操的最重要的途径，而亲至其地的行旅经历可更加深入地理解书本知识，增添学习的乐趣，将读书与旅行相结合必将获得更大的收获，使孩子受益无穷。

巴蜀书院文化的回顾与前瞻

舒大刚

摘　要："书院"是古代中国重要的教育模式，巴蜀自古是书院建设的重要方面军。自西汉"石室学宫"、东汉"周公礼殿"、五代"蜀刻石经"兴建，后世书院的"讲堂、供祀、藏书"三大功能即已齐备。从文献考知，西汉胡安、严遵等，东汉赵戒等，三国谯周、向朗等，都曾开设私家书馆，接纳士子学习，逐渐形成官私互补的教育格局。唐代巴蜀出现"张九宗书院"，自是之后，巴蜀书院兴办益多，体制益具，常居全国前列。巴蜀书院的兴办，具有"政府重视，政策宽松""官私结合，院学互补""功能齐备，尤崇信仰""兼容并包，以儒为主"的特点。汲取历史经验，结合当下实际，本文认为，现代书院建设应当着重以下四点："正位"（书院建设应与体制内学校互补）、"正名"（充分挖掘各地历史文化资源，书院命名要雅正）、"正规"（书院建设要借鉴历史书院"讲学、供祀、藏书及出版"三大功能，有条件地开展较全面的活动）、"正学"（教学应当关注中华文化主旋律，以儒统众，百花齐放）、"正气"（书院建设要避免成为某些个人谋利的手段，要有弘扬传统文化的志向）。

关键词：书院　巴蜀教育史　私塾

巴蜀自古有重教的传统，西汉文翁建"石室学宫"，首开郡学于 2000 余年

本文作者舒大刚，现为四川大学教授，博士生导师。四川大学古籍整理研究所所长。

前；东汉高朕立"周公礼殿"，初具"庙学合一"规制；西汉胡安、严遵俱隐居教授学生，东汉尹珍、苏汝砺兴办私塾，三国谯周、向朗开设书馆，接纳士人学习，巴蜀私学也有1700余年历史。唐代，巴蜀出现以"书院"命名的"张九宗书院"，正式书院也已经历1200年的发展。自是之后，巴蜀书院兴办益多，体制益具，成就益大，成为全国书院事业的重要方面军。

综观巴蜀学校教育和书院建设史，具有时间早、规模大、影响深、人才众等特点。特别是在汉代、宋代、近代，形成三大高峰，号称"文章冠天下""蜀学比齐鲁"。固然巴蜀地区物产丰富是其物质保障，而政府重视，政策宽松，民间兴办，名儒掌教，大师垂范，士子向学，则是促成巴蜀书院兴旺发达、人才辈出的主要因素。

一、巴蜀早期教育寻踪

关于巴蜀书院历史文化的研究，首推胡昭曦先生《四川书院史》①。该书首次对四川书院史进行了系统的研究，完整系统地呈现了巴蜀地区书院教育的历史面貌；加之其书概念明确，范围清楚，资料丰富，编撰规范，是一部不可多得的地区书院史专著，对我们了解四川官学体系以外的书院办学模式及其经验，具有非常重要的参考价值。

该书开篇即对书院性质和重要性进行说明："书院是中国历史上的一种特殊的教育组织。在上千年的历史长河中，它是教育的重要方面军，也是学术研究的重要方面军，又是传播文化、进行教化的重要场所，为中国历史上教育的发展繁荣，为中国传统文化的传承延续起了积极的促进作用。"

开宗明义突出了"书院"作为与官学或私塾教育并行不悖的教育模式的价值和意义。同时指出："同全国书院的发展进程相一致，四川地区的书院兴起较早，至迟在唐代已有书院。两宋时期，四川是社会经济发展的地区之一，文化教育也有明显发展，书院亦随之兴起并逐步形成制度。"从而突出了"四川地区书院的发展，在中国书院史上具有重要地位"。

说起四川的教育，盖起源于巴蜀大地自古重教的传统。虽然众所公认"'书院'一词始见于唐代"，"确立制度"成于宋世。但若从具备"书院"功能和效

---

① 胡昭曦：《四川书院史》，巴蜀书社，2002；修订本纳入"四川大学《儒藏》学术丛书"，四川大学出版社，2006；其繁体字本又纳入四川大学古籍整理研究所编《儒藏》史部之"学校史志"类，四川大学出版社，2010。

果的教育机制论，巴蜀还应该是"书院"教育的发源地，而且时代并不过晚。

史载，西汉景帝末年（约公元前141年。或谓文帝末年，约公元前157年），蜀守文翁在成都创办石室精舍，传授儒家"七经"及当朝"律令"，蜀士大化，"巴、汉亦化之"。这种以讲习儒家经典为手段，以移风易俗为目的的教育模式，正是后世书院"讲学"和"教化"的主要功能。其后"至武帝时，乃令天下郡国皆立学校官，自文翁为之始云"（《汉书·循吏传》）。

以文翁兴办石室学宫为基础，后世蜀学绵延不绝，历久弥新，代有创制，人才辈出。东汉末的兴平元年（194年），益州太守高联于石室故址重建被大火焚烧的石室学舍，又在其东新建"周公礼殿"，祭祀开辟以来三皇五帝、历代圣君贤臣、地方贤达和孔子及其门人，从而形成后世遵行的"庙学合一"体制（295年后，北魏于和平十三年即公元489年，官方在京师洛阳建立孔子庙；453年后，唐贞观二十一年即公元647年，政府令全国地方学校皆建文庙）。

凡教学必有书。孔子删"六经"，订"六艺"；石室亦行"七经"，聚群籍。在2000余年几乎没有中断的教学活动中，石室学宫兴建起了"经史阁"，不断接受和储藏各方的图书捐赠，俨然成为成都一大图书中心。特别是到了五代后蜀，由毋昭裔倡刻、北宋卒刊的"石室十三经"，规模宏大，"石逾千数"，是中国历史上规模最大的儒家石经丛刻，也是儒家"十三经"古经古注的最早结集。这无疑是后世书院"图书收藏和著作刊刻"的最早实践。

由是看来，学界普遍公认"书院教育在宋代已经形成了由教学、藏书、供祀三部分构成的基本制度"（《四川书院史》），书院的三大特色和功能都早已在蜀学"文翁石室"中具备了。因此，清康熙时按察使刘德芳《锦江书院记》即谓，文翁石室"乃作礼殿，立石经，修起学宫于成都市中，文教由是大启，士风埒齐鲁焉……生徒相诵习讲课，历魏、晋、唐、宋、元、明，巨公名彦，踵接代兴，蜀学之盛甲宇内"。嘉庆《四川通志》卷七九《学校志·书院序》云："蜀自文翁倡其教，相如为之师，受（授）以'七经'，而岷络之地，风教大行，人才蔚起，班氏谓'天下郡国皆立学校官自文翁始'，然则谓'书院之设亦始于蜀'，无不可也！"将书院功能定格于文翁石室，不是没有道理的。

如果说文翁石室开启了中国地方官学体系，其办学故地后来也成为成都府学（也是四川最高学府）的根据地的话，巴蜀私学的其他办学模式却也并不落后。《太平御览》卷四九"小酉山"就引盛弘之《荆州记》："小酉上石穴中，有书千卷，相传秦人于此讲学，因留之。故梁湘东王云'访酉阳之逸典'是也。"小酉山在武陵山区，即今重庆酉阳县境。据考古发现，酉阳地区在秦代系夏、夷设防的重要边关，近时还从毗邻的龙山县里耶古镇废井中发现秦简三万余枚。秦始皇焚书坑儒，中原地区谈学色变，对儒家经学更是讳莫如深。而远在西南武陵山区的小酉山中，却聚集着一批儒生仍然带徒讲学，其地遂有"二酉藏书"等传说。唐人段成式《酉阳杂俎》，亦取"大小二酉山多藏奇书"的典故。

入汉，巴蜀亦有私人讲学传统。如汉初西蜀的临邛人胡安，隐居白鹤山，"聚徒讲学于山中""司马相如尝从之受经"，研习《易经》。传说胡安后来"于山中乘白鹤仙去，弟子即其处为台"（《大明一统志》卷七二），至今留为一方名胜。

在成都东边的安居县、铜梁县之间，亦有汉隐者苏汝砺所立书馆。《蜀中广记》卷一八"安居县"引《初学记》佚文"龙门山"："汉隐士苏汝砺藏书三万卷于此。"①宋朝祝穆《方舆胜览》卷六四"龙门山"："在铜梁县东北七十里，山高一里，隐者苏汝砺之居也。有书院，藏书三万卷。"②

东汉时期，在古属巴蜀的今黔北夜郎、道真等地，有识之士亦建有学舍书馆。《蜀中广记》卷二十"真安州"："夜郎即今桐梓县乐源废县，在（真安州）治西六十里，有乐道书院，汉尹珍建。又云，尹珍以俗敦稼穑，并建'务本堂'。"尹珍（79—162年），字道真，东汉毋敛（今独山、荔波）人，曾到京师洛阳从许慎学习古文经学，又前往武陵郡从太守应奉学习今文经学，是当时难得的古今皆通的儒者。

三国蜀汉时，有大儒谯周于南充果山聚徒讲学，培养了陈寿、文立等一批有影响的文人。《大明一统志》卷六八"顺庆府"载："果山书院，在（顺庆）府城北五里，蜀汉谯周建。"

以上三处"书院"，当是苏汝砺、尹珍、谯周先聚徒讲学于其地，后沿袭掌故以建"书院"。

《三国志》还载，蜀汉大将向朗"年踰八十，犹手自校书，刊定谬误，积聚

---

① 曹学佺：《蜀中广记》卷一八"安居县"条引。今本《初学记》无之。

② 祝穆《方舆胜览》卷六四"龙门山"说"有书院，藏书"云云，不知"三万卷"者，是后世书院所有，还是汉代苏汝砺所藏？按《汉书·艺文志》统计西汉一朝藏书，所录"大凡书，六略三十八种，五百九十六家，万三千二百六十九卷"（实614家、12990卷）；姚振宗《后汉艺文志》著录后汉人著述1087种，即以每种平均10卷计，也才10800余卷。即使前汉所藏毫无损毁，后汉所著全数得藏，也才23790余卷。苏氏以一介隐士，何得30000卷书入藏？

篇卷，于时最多"；还开馆纳宾，接纳四方读书人："开门接宾，诱纳后进，但讲论古义，不干时事，以是见称，上自执政，下及童冠，皆敬重焉。"①向氏校书处应是藏书与研学并重的私人书馆。

因有这些历史渊源的关系，巴蜀在二千年间，诵声不息，文风鼎盛，有"蜀学比齐鲁""巴蜀好文雅""文章冠天下""文宗出西蜀""蜀学之盛冠天下而垂无穷"等说法，生动再现了巴蜀历来重视教育、文学富于天下的历史旧貌。

二、巴蜀书院概貌

唐代以后，"书院"之名正式见于正史，巴蜀地区也紧随其后，形成了早期教育型书院。据胡昭曦《四川书院史》考证，"四川地区至迟唐德宗年间（公元8世纪）就已经有书院"，其突出代表就是张九宗书院。

《大明一统志》卷七一"潼川府"："张九宗书院，在遂宁县书台山，唐贞元间建。"［嘉庆《四川通志》卷七九作"贞观九年（635年）"，误。］这是有明确纪年可考的巴蜀唐代书院。此外，还有依名人读书处或故居建立的书院，如巴中"丹梯书院"是唐状元张曙读书处，南溪"凤翔书院"（又称"南溪书院"）是唐杨发读书处，盐亭"青莲书院"是李白读书处。大足"南岩书院"也是唐代所建。

据胡昭曦考订所得，唐代巴蜀有书院5所，宋代有书院31所，元代有书院11所，明代有书院95所，清代有书院552所，总计巴蜀书院达687所。

晚清废书院建学堂后，在四川仍然还有以"书院"命名的教学机构活动。如"复性书院"（马一浮主讲）、"勉仁书院"（梁漱溟主办）、"灵岩书院"（李源澄主办）等。此外一些地方还存在少量私塾性书院，但已经不是教育和教学的主流了。

为方便大家一目了然地观察巴蜀书院建设盛况，特引录胡昭曦《四川书院史》所列宋、元、明三代书院表如下：

---

① 陈寿：《三国志·蜀书·向朗传》。

表1 宋代四川书院简表

书院名称	地址		设置时间	设置人	官办或民办
	州 县	具体地址			
张九宗书院	遂宁	县治西南书台山下	建自唐代。宋时仍有		
修文书院	洪雅	县治东南修文山麓田锡读书处	太宗太平兴国三年（978年）后		
果山书院	蓬州（今蓬安）	州治南嘉陵江岸	太宗端拱年间（988—989年）	知蓬州王旦	官办
岳阳书院	普州（今安岳）	州治南门龙泉山	仁宗初年（1023—1041年）	知普州彭乘	官办
东台书院	盐亭	县治西15里任伯传读书地	仁宗皇祐元年（1049年）前		
太元书院	盐亭	县治东北40里文同读书地	仁宗皇祐元年（1049年）前		
柳沟书院	富顺	县治东北60余里	徽宗时（1102—1125年）	李文渊	民办
东馆书院	眉州（今眉山）	州城西75里东馆镇	高宗绍兴初年（1131—1162年）	东馆镇乡士	民办
云庄书院	眉州	城南	宁宗嘉定四年（1121年）以前	史少弼	民办
北园书院	眉州	北郊	理宗宝庆二年（1226年）以前	李埴	民办
栅头书院	丹棱	县治南40里栅头镇	高宗绍兴五年至八年（1135—1138年）	县令冯时行	官办
巽岩书院	丹棱	县治北15里	高宗绍兴年间（1131—1162年）		
龙门书院	江安	县治东70里龙门山	孝宗乾道年间（1165—1173年）	泸州隐士吕伯祐	

书院名称	地 址		设置时间	设置人	官办或民办
	州 县	具体地址			
云山书院	潼川府（今三台）	府治之南山	孝宗淳熙至理宗宝庆二年（1189—1226年）	杨子谟	民办
静晖书院	夔州府（今重庆奉节）	府治后	孝宗时期（1163—1189年）	知夔州王十朋	官办
少陵书院	夔州府	府治东			
蟠龙书院	宜宾	县治西北100里越溪上程公许读书处	宁宗庆元至嘉定四年（1195—1211年）		
五峰书院	泸州（今泸州）	州治北小市五峰山	宁宗庆元年间（1195—1200年）	知泸州杨汝明	官办
江阳书院	泸州	州治小厅西隅	宁宗嘉定八年（1215年）前后	知泸州范子长	官办
穆清书院	泸州	州治南	理宗绍定端平之际（1233—1234年）	知泸州魏了翁	官办
玉渊书院	黎州（今汉源）	州城内	宁宗开禧年间（1205—1207年）	知黎州薛绂	官办
鹤山书院	蒲江	县东南限支山	宁宗嘉定三年（1210年）	魏了翁	民办
北岩书院	涪州（今重庆涪陵）	州治大江北岸	宁宗嘉定十年（1217年）	知涪州范仲武	官办
同人书院	夹江	县城中	宁宗嘉定后期（1220—1224年）	知县高定子	官办
沧江书院	成都府（今成都）	府治之合江	宁宗至理宗宝庆二年（1195—1226年）	虞刚简	民办
凤山书院	大宁监（今重庆巫溪）	监东	理宗绍定二年（1229年）前		

续表

书院名称	地 址		设置时间	设置人	官办或民办
	州 县	具体地址			
山阴书院	长宁军（今长宁）	军治	理宗绍定二年（1229年）前		
瑞应山房	合州（今重庆合川）	州学之侧	理宗绍定端平之际（1233—1234年）	合州官员	官办
宏文书院	咸淳府	龙渠县（今重庆市万县东南）	度宗咸淳初年（1265—1274年）	知咸淳府常福庆	官办

表 2　元代四川书院简表

书院名称	地 址		设置时间	设置人	官办或民办
	州 县	具体地址			
东馆书院	眉州	州城西75里东馆镇	至元年间（1264—1294年）重修	不详	
紫岩书院	汉州绵竹县	县治北20里紫云岩张栻读书堂	延祐三年（1316年）	四川行省平章政事赵世延	官办
文贞书院	剑州武连驿	原武连县治武连驿	泰定年间（1324—1328年）	监察御史忽鲁大都、兴亚中大夫李义甫	官办
亲民书院	剑州	州治剑阁县州署后	至顺年间（1330—1332年）	同知任浚	官办
龙虎书院	忠州（今重庆忠县）	州城北门内	后至元年间（1335—1340年）		
石室书院	成都府治（？）		后至元六年（1340年）以前	秘书大监达可	民办
石室书院	成都府治	府治	后至元六年（1340年）或此前	云南宣慰司都元帅述律杰	民办

书院名称	地 址		设置时间	设置人	官办或民办
	州 县	具体地址			
金华书院	潼川府射洪县	县治西南金华山麓陈子昂读书处	至正九年（1349年）重建	射洪县令周镐	官办
草堂书院	成都府		至正元年（1341年）以前		
墨池书院	成都府		至正元年（1341年）以前		
石室书院	成都府	府治文翁石室	至正五年（1345年）		

表3 明代四川书院简表

书院名称	地 址	设置时间	设置人	官办或民办
凤山书院	长寿（今属重庆市）	洪武初年（1368—1398年）	知县沙文达	官办
龙虎书院	忠州（今重庆忠县）	元时已有。明因之		
潼江书院	梓潼	洪武年间	知府李正芳、知县张斌	官办
紫岩书院	绵竹	元时建。明永乐初（1403—1424年）迁建于此	侍郎黄某	官办
岳阳书院	安岳	宋时建。明宣德八年（1433年）重修	主簿王祥	官办
九峰精舍	安县	正统六年（1441年）		
月心书院	名山	正统九年（1444年）		官办
东坡书院	嘉定州（今乐山）	正统十三年（1448年）	州人刘新	民办
筹边书院	松潘军民司（今松潘）	景泰初年（1450—1456年）	侍郎罗绮	官办
鹤山书院	蒲江	成化七年（1471年）	知县邵有良	官办

书院名称	地 址	设置时间	设置人	官办或民办
翠屏书院	叙州府（今宜宾）	成化十七年（1481年）	知府陈渊之	官办
涪翁书院	叙州府	成化十八年（1482年）前		
甘棠书院	广安州（今广安）	成化二十二年（1486年）	州人吴伯通	民办
子云书院	郫县	成化年间（1465—1487年）		
潜溪书院	成都府	成化年间		
果山书院	蓬州（今蓬安）	宋时建。成化中期重修	毕宗贤	
井泉书馆	广安州	成化中期	州人吴伯通	民办
甘泉书院	岳池	成化年间	广安人吴伯通	民办
清平书院	长宁	成化年间	叙州府知府陆渊之	官办
子云书院	犍为	成化年间	邑人李长馥等	民办
少陵书院	成都府（今成都）	弘治年间（1488—1505年）	四川巡按御史姚祥	官办
平山书院	丰都（今属重庆市）	弘治年间	邑人杨孟瑛	民办
雅文书院	雅州（今雅安）	弘治初年		
大益书院（大儒祠）	成都府	正德十三年（1518年）	提学金事王廷相	官办
鹤山书院	邛州（今邛崃）	正德十三年	巡按御史卢雍、邛州知州吴祥等	官办
遗直书院	洪雅	正德十三年	知县杨麒	官办
兼山书院	剑州（今剑阁）	正德十四年（1519年）	知州李璧	官办
龙池书院	新宁县（今开江）	正德十四年	知县杨桧	官办
峨山书院	峨眉县	正德十四年	知县吴廷璧	官办
振德书院	蓬州	正德年间（1506—1521年）	知州潘时宜	官办
平川书院	夹江	正德年间	知县程洸	官办
一崖书院	夹江	正德年间		

续表

书院名称	地　址	设置时间	设置人	官办或民办
白云书院	涪州（今重庆涪陵）	正德年间	县人刘菠	民办
龙门书院	崇庆州（今崇州）	正德年间已记载		
思贤书院	绵州（今绵阳）	正德年间已记载		
太白书院	彰明（今江油）	正德年间已记载		
罗隐书院	罗江	正德年间已记载		
学古书院	内江	正德年间已记载	御史卢雍	官办
三陈书院	阆中	正德年间		
毋丘氏书院	南部	正德年间已记载		
琅玕书院	巴州（今巴中）	正德年间已记载		
清溪书院	广安州	正德年间已记载		
蓬莱书院	蓬州	正德年间已记载		
孝节书院	叙州府	正德年间已记载		
南溪书院	南溪	正德年间已记载		
三峨书院	嘉定州	正德年间	御史熊相	官办
石岩书院	合江	正德年间已记载		
钓鳌书院	合江	正德年间已记载		
白猿书院	合江	正德年间已记载		
弘道书院	合江	正德年间已记载		
南轩书院	汉州（今广汉）	嘉靖元年（1522年）	成都府丞尹充	官办
西湖书院	富顺	嘉靖四年（1525年）	知县周夔	官办
武信书院	遂宁	嘉靖九年（1530年）	知县郑重威	官办
鹤山书院	眉州（今眉山）	嘉靖九年	御史邱道隆等	官办
锦屏书院	保宁府（今阆中）	嘉靖初年（1522—1566年）	知府张思聪	官办
斗山书院	中江	嘉靖初年	知县余祺	官办
合宗书院（濂溪书院）	合州（今重庆合川）	嘉靖十年（1531年）	御史邱道隆	官办
九峰书院	嘉定州	嘉靖十二年（1533年）	巡按熊爵	官办

续表

书院名称	地 址	设置时间	设置人	官办或民办
崇正书院	井研	嘉靖二十一年（1542 年）	知县韩邦儒	官办
蟠龙书院	宜宾	宋时建。嘉靖二十三年（1544 年）后重建		
楼山书院	屏山	嘉靖二十八年（1549 年）	府丞漆登	
集贤书院	万县（今属重庆市）	嘉靖（1522—1566 年）中期	知县欧纂中	官办
三贤书院	开县（今属重庆市）	嘉靖中期		
石鼓书院	东乡县（今宣汉）	嘉靖中期		
凝道书院	重庆府（今重庆市）	嘉靖中期	知府刘绘	官办
凌云书院	丰都	嘉靖年间	知县万谷	官办
文明书院	长宁	嘉靖年间	邑绅李仕清	民办
崇仁书院	荣县	嘉靖年间	知县鄢懋卿	官办
五龙书院	犍为	嘉靖年间	知县徐景元	官办
白云精舍	安县	嘉靖年间		
三台书院	叙州府	隆庆元年（1567 年）	知府余良翰	官办
沐川书院	屏山	隆庆二年（1568 年）前	府丞吴宗尧	官办
凤山书院	井研	隆庆年间（1567—1572 年）	教谕谈起凤	官办
西林书院	营山	隆庆年间	知县王稷	官办
金泉书院	南充	隆庆四年至万历十四年（1570—1586 年）间	县人陈以勤	民办
仰高书院	奉节（今属重庆市）	万历二年（1574 年）	夔州知府郭斐	官办
蓬莱书院	蓬溪	万历三年（1575 年）	知县李建中	官办
讲易书院	邛州	万历六年（1578 年）	知州鞠文谷	官办
凤山书院	岳池	万历十三年（1585 年）		
琴堂书院	涪州	万历三十七年（1609 年）	州人何环斗	民办
嘉陵书院	顺庆府（今南充）	万历年间（1573—1620 年）	知府饶景晖	官办
嘉湖书院	南充	万历中期	顺庆知府昝云鹤、知县吴嗣亮	官办

书院名称	地　址	设置时间	设置人	官办或民办
修文书院	洪雅	宋时建。天启五年（1625年）改建	知县陕嗣宗	官办
石鱼书院	蓬溪	天启六年（1626年）	知县杨学孔	官办
乐阳书院	乐至	崇祯年间（1628—1643年）	知县田舜年	官办
紫奎书院	温江	明时	知县郭肇登	官办
云霞书院	巴州（今巴中）	明时		
夔龙书院	夔州府（今重庆奉节）	明时		
来凤书院	重庆府	明时		
和溪书院	定远县（今武胜县）	明时		
云台书院	南溪	明时		
东溪书院	长宁	明时	周世祥	
峨峰书院	峨眉县	明时		
九龙书院	乐山县	明时		
子渊书院	资阳	明时		

———摘自胡昭曦《四川书院史》相关章节，清代四川书院550余所，兹处从略。

　　胡昭曦《四川书院史》的考订，呈现了目前最为完整的四川书院教育历史面貌，这是目前学界有关四川书院史最前沿、最集中的研究成果。当然，由于四川历史上极少编纂"书院志"，给今天的研究留下不小困难，统计数据难免有所遗漏。因此胡昭曦在《四川书院史》中曾经自白："这也是一个不完全的统计数字，实际上可能还要多一些。"这虽是他的谦虚之辞，却也是学术研究不断深入的真情道白。

　　首先，由于后世政区变化，有些不在今天四川辖区内的书院就没有被统计进来。如前述清雍正还属四川的珍州"乐道书院"（依尹珍"务本堂"而建），就没有统计进四川书院内。《蜀中广记》卷二十"绥阳"（唐宋元明俱属蜀）"古迹考"又载："朗水里之溪源，地有'柳宗元书院'。"绥阳今属黔北遵义，其地有"柳宗元书院"，乃是当地人士有感于柳宗元高义（他曾经为了方便同贬的刘禹锡养母，自请从条件较好的柳州改迁播州）而建。据此则唐代书院可以再增加 1 所。

《蜀中广记》卷五"郫县"又引《舆地纪胜》："郫县有张白云先生故居，范镇《留题张少愚屋壁》诗云：'高隐郫城下，平时仍往还。门开值冠盖，帘卷为江山。沛雨人间待，片云天外闲。泥封诏不起，朝夕奉慈颜。'文同题《张少愚书院》诗云：'涧水浸断桥，车马不得通。飞岚积庭础，秋苏垂紫茸。窗纸烂溪雨，帘衣折林风。主人殊未归，使我烟景空。'"范诗见《成都文类》卷七、《两宋名贤小集》卷三九；文诗见文同《丹渊集》卷三，标题都一致。可见"张少愚书院"至少在北宋嘉祐年间就已经存在。

《蜀中广记》卷十三"名山县"引《舆地碑目》："名山治东一里许，有紫府飞霞洞。开禧丁卯，邑人苟洙于梓潼观后，甃一洞穴，刻神之父母像，并凿石龙蟠于其中，请神作记，亲书于石。今'石龙书院'是也。"

如此看来，若按历史本来面貌统计，宋代巴蜀书院至少可补"乐道书院""张少愚书院"和"石龙书院" 3 所。

还有据《方舆胜览》卷六十"梁山"记载，梁山县（今重庆梁平县）在宋代已有"书院峡"的地名："在（梁山）军东五十里峡石市之北。每风雨冥冥，如闻读书声故。其中有夫子崖、子贡坝。"梁山地当川东大道要冲，其地峡谷名叫"书院峡"，说明宋时书院建设在彼处已经深入人心，在山川地理中留下了深厚的文化痕迹。

至于明、清时期的书院，由于方志资料未能尽行刊布，各地需要补充的书院数目恐怕不在少数。如"清代四川书院"部分，胡昭曦据嘉庆《四川通志》卷七九，于酉阳州著录"秀山书院" 1 所。考诸光绪《秀山县志》卷七"礼志"，秀山"县书院"始于嘉庆二十三年，初名"凤台书院"，道光中期改"凤鸣书院"（1949 年 12 月初，"刘邓"所率第二野战军入川，曾于此设司令部，并成立"西南军政委员会"）。其后咸丰、同治年间又陆续建有"梅江书院"，同治、光绪年间又建有"苹香书院"，可见清代秀山一县实有 3 所书院。似此之类，只有更待来学深入各地调研，详考县志来补充了。

四川的书院建设在全国具有重要地位。据《中国书院制度研究》①统计，四川书院在唐五代有 5 所，居全国第 4 位，宋代有 29 所，居全国第 6 位；元代 5

---

① 陈谷嘉：《中国书院制度研究》，浙江教育出版社，2007，第 354-358 页。

所，居全国第 11 位；明代 63 所，居全国第 13 位；清代 383 所，居全国第 2 位。如果加上胡昭曦及我们的新发现，四川书院的数量和位次当又有所提升。如唐代可以增加 1 所，宋代可以增加 5 所，元代可以增加 6 所，明代可增加 32 所，清代至少可增加 171 所。如果将这些新增数字统计进去，巴蜀书院在全国的位次应当还有提高。

三、巴蜀书院的成就和特色

巴蜀书院教育历史悠久，规模宏大，成就士子不少，移风易俗更巨。然而由于巴蜀书院不重视修志，其具体办学情形，至今还不太清楚。在历史上曾经产生重大影响的书院，也因改名或改建而逐渐淹没在历史的尘埃之中。在《四川书院史》中，胡昭曦为我们重点钩稽和介绍了 6 所书院。

成都锦江书院：康熙四十三年，总督刘德芳在文翁石室故址上建，培养出彭端淑、李调元、李榕、刘光第、骆成骧、吴虞等名流。

尊经书院：在成都南校场，光绪初张之洞建。培养出廖平、宋育仁、吴之英、杨锐、尹昌衡、吴玉章、张澜等。20 世纪初此二书院与中西学堂合并，设立四川通省大学堂，继改四川省城高等学堂，成为今天四川大学的前身。

重庆东川书院：在重庆府治洪崖坊，乾隆三年建，初名渝州书院，后更东川，再分出致用书院、经学书院、算学书院，培养出向楚、邹容、杨庶堪等名人。后为重庆中学。

嘉定九峰书院：在乐山凌云山，大佛寺旁，明代始建，后毁；清康熙中期即其地建高标书院，后被废弃；嘉庆建，复旧名。培养赵熙等。后为女子学校。

夔州莲峰书院：在今重庆奉节，乾隆三十三年知府李复捐银建。历 136 年，改建奉节乡高小，学风不衰，蜚声川东。

绵竹紫岩书院：始建于元朝延祐三年（1313 年），于城北二十里紫云岩，即张南轩读书处建。明初移建城内东一里。光绪三十一年改建学堂。今为绵竹中学。

其实，古代还有许多书院在当时很有影响。如南宋"鹤山书院"，魏了翁所建，在蒲江、邛州、眉山、泸州、靖州、苏州等地都有设置，宋理宗御赐"鹤山书院"四个大字。在蒲江办学时藏书十万卷，培养出吴泳、史绳祖、高斯得等名人。其后作、辍不一，直到明代还有邛州所办"鹤山书院"在发挥作用。

考察巴蜀书院的特色，除了其与全国书院共性"助人君顺阴阳，明教化"

者外，亦有其自身特色。归纳起来，约有如下数端。

首先，是政府重视，政策宽松。

四川的学校教育得益于政府的重视，常璩《华阳国志》卷三《蜀志》即说："孝文帝（《汉书》本景帝）末年，以庐江文翁为蜀守。穿湔江口，溉灌繁田千七百顷。是时世平道治，民物阜康；承秦之后，学校陵夷，俗好文刻。翁乃立学，选吏子弟就学。遣隽士张叔等十八人，东诣博士受《七经》，还以教授。学徒鳞萃，蜀学比于齐鲁。巴、汉亦立文学。孝景帝（《汉书》作武帝）嘉之，令天下郡国皆立文学，因翁倡其教、蜀为之始也。"

可见，文翁既是水利治理、经济建设的好官，也是文化教育的首倡者。石室学官自汉而下，直到明清，一直是四川成都最高学府。除了少数几个短暂时段遭到破坏而有所沉寂外，其他时期都承担了传播儒学、作育人才的历史使命。北宋吕陶《经史阁记》就说："始汉景末，距今凡十六代、千二百四十余年，崩离变革，理势不常，而三事之盛，莫易其故。然则冠天下而垂无穷，非夸说也。"（《成都文类》卷三〇）同时张俞《成都府学讲堂颂》序曰："蜀之学远矣，肇兴于汉，历晋、唐至于五代，世世传诵不衰。所谓周公礼殿、文翁石室，越千余载而岿然犹存。"（《成都文类》卷四八）

当然，石室学校在历史进程中，也会因战乱而停办，因官员忽略而低迷，但是其总体文脉是未断的，教化是延续的。即使在战乱分裂的五代十国，石室学官不仅诵声未息，而且还创造了"蜀刻石经"的辉煌。进入宋代后更得到大力发展。宋末曾经毁于兵火，元代后期又有修起。明代继续，明末复毁于张献忠之乱。清代康熙后期再起，建立锦江书院，成为有清一代四川最高学府。

表4　文翁石室历代兴建表

时代	人物	事项	出处	备注
西汉景帝末（公元前194年）	文翁	开石室精舍讲堂，复作礼殿，绘孔子及其弟子像	《华阳国志》	蜀守。始建郡国之学，汉武帝嘉之，令天下郡国皆立学
东汉建武十年（甲午，34年）	梓桐文君	增造吏舍二百余间	《殿柱记》，《金石录》一八	赵明诚考其为《华阳国志》之文参，或疑其为文翁后人

续表

时代	人物	事项	出处	备注
献帝初平五年（兴平元年，194年）	高公	重修石室讲学及礼殿，绘开辟以来历代君臣、孔子及其弟子像	同上	太守。名眹，又作胜、腾、朕、眹。
晋太康中（280—289年）	张收	增绘后贤像于壁间	席益《成都府学石经堂图籍记》，《成都文类》卷三	刺史。或说他始画像于壁，不确
南朝宋武帝（454—464年）	宋武帝代王	檄文于石壁之室，以丹青增饰古画，仍加豆卢辨、苏绰之像	李膺《益州记》	《元和郡县图志》卷三二引
齐永明十年（483—493年）	刘悛	益以礼家器服制度，弟填更为图	席益《成都府学石经堂图籍记》	刺史。或作"钱悛"，不确
梁天监九年（510年）	萧憺	兴学校，祭汉蜀郡太守文翁，由是人多向方	《南史》卷五二	
北周大象二年（580年）	辛昂	益州平，昂行成都令，到县即与诸生祭文翁学堂	《周书》卷三九	
唐永徽元年（650年）		修学馆庙堂，贺公亮撰《碑记》，刻石	《舆地碑目》	
大周（武则天）	宇文宪	立《总管太学碑》，刻石	同上	益州刺史齐国公
唐神龙二年（706年）	史焘	修州学庙堂，撰《益州州学庙堂颂》，刻石	同上	
开元二十七年（739年）	唐明皇	追谥孔子册文	同上	宋太平兴国五年府尹辛仲甫立石
开元中（713—741年）	周灏	撰《益州孔子庙堂碑》，刻石	同上	

续表

时代	人物	事项	出处	备注
大历十年 （775 年）	郑藏休	撰《石室赞》	同上	维州刺史。殿中侍御史李枢篆
会昌五年 （845 年）	裴儇	修文宣王庙，撰《益州文宣王庙碣》，刻石	同上	或作裴坦
唐	颜有意书，陈玉等撰	立《唐益州学馆庙堂记》	《集古录》二、《金石录》二四	颜为成都县令。陈为法曹。又有阙名"文学太子詹事待诏弘文馆陵州长史"某
五代孟蜀广政七年（942 年）	毋丘衍	仿太和石经，摹刻庙堂石壁	《石刻铺叙》上	
宋太平兴国五年（980 年）	辛仲甫	立明皇《追谥孔子册文》	《舆地碑目》	府尹
仁宗庆历中 （1042—1048 年）	蒋堂	汉文翁石室在孔子庙中，堂因广其舍为学宫，选属官以教诸生，士人翕然称之	《宋史》二九八本传	知府。迄成，堂去，继任转运使毁之以增廨舍
皇祐中 （1049—1054 年）	田况	增刻石经，吕陶撰《经史阁记》	《成都文类》三	知府
嘉祐中 （1056—1063 年）	宋祁	就西学废址建文翁祠，撰记	《成都文类》三四	知府
同时	王素	摹礼殿壁图像为七卷，凡 155 人	李石《方舟集》卷二	知府
治平中 （1064—1067 年）	韩绛	修讲堂，张俞作颂	《成都文类》卷四八	知府
绍兴六年 （1136 年）	胡宗愈	作石经堂以贮图籍，席益作记	《成都文类》三	胡为蜀帅，席兼知府事
同年	宋高宗皇帝	御书"大成殿"，榜成都府学	《成都文类》三	从教授范仲艿请

时代	人物	事项	出处	备注
同时	席益	摹礼殿人物图像于石经堂，凡168人		蜀守
绍兴二十八年（1158年）	王刚中	修殿庑斋舍四百楹，深广精邃，冯时行撰记	《成都文类》三	制置使
	陈某	就崇宁故址修四斋二十八楹，李焘撰记	《成都文类》三	蜀帅
淳熙二年（1175年）	范成大	修礼殿石室、学官讲堂、斋舍，杨甲撰记	《成都文类》三	蜀帅
元元贞初（1295年）	解瑨	修庙学门，撰记		教授
泰定中（1324—1328年）	赵世延	置赡学田，罗寿撰记	《全蜀艺文志》三六	节使
至正五年（1345年）	谢晋贤	王守城巡四川省，儒学提举谢晋贤请复文翁石室为书院，从之	《元史》王守诚传	
明洪武间（1368—1398年）		重修	《锦江书院纪略》卷上（以下简称《纪略》）	
弘治十三年（1500年）		修学。有碑记	《纪略》上	
嘉靖中（1522—1566年）		御书程子四箴	《纪略》上	
万历六年（1578年）	耿定力	重修殿庑门堂阶垣斋舍如制，楼钥撰记	《纪略》上	提学
	郭子章	刻唐吴道子所绘圣像于石，撰记	《纪略》上	提学

时代	人物	事项	出处	备注
明末（1644年）	张献忠	焚毁书院，古制尽毁	《纪略》上	
清顺治十八年（1661年）	佟凤彩	捐修大成殿五楹、东西庑各五间、戟门五间、灵星门、启圣宫、明伦堂、敬一亭、左右学舍、坊垣悉具，撰记	《纪略》上	巡抚。司事张明彩亦有记
康熙八年（1669年）	张德地	增修学宫	《纪略》上	巡抚
又四十三年（1704年）	刘德芳	即石室故址重建锦江书院	《纪略》上	按察使
又四十九年（1710年）	殷道正	重修	《纪略》上	知府
又六十年（1721年）	方觐	增修讲堂、学舍三十余间；拔通省士之尤者，延师教之，一时文物称盛	雍正《四川通志》二四	提学使
乾隆三十九年（1774年）	文绶等	重修，提学吴省钦撰记	《纪略》上	总督。与布政使钱鋆、署按察使顾光旭同建
嘉庆十九年（1814年）	李尧栋	仿古制，建石室于讲堂后	《纪略》上	
又二十二年（1817年）	蒋攸铦	查书院自雍正、乾隆、嘉庆年间历经培修，旧制狭隘，次处倡捐重修，改修门路，规模宏大，增修房舍	《纪略》上	

续表

时代	人物	事项	出处	备注
光绪二十八年（1903年）	岑春煊	锦江书院并入四川通省大学堂（1902年尊经书院与中西学堂合并），改称四川省城高等学堂	《四川大学史稿》第一册第三章	总督。是即四川大学的前身

文翁石室兴衰史，就是四川教育的兴衰史。在长达两千余年的办学活动中，社会长平，升官重视，政策宽松，学校就兴盛，否则就衰微。直到二十世纪初，这所在文翁石室故址上建立起来的锦江书院，又与尊经书院和中西学堂合并，成立四川通省大学堂（后改称四川省城高等学堂），是为今天四川大学的前身。宋代张俞《华阳县学馆记》说："三代之学繇秦废，蜀郡之学由汉兴，而天下之学由蜀起。"（《成都文类》卷三一）并赞曰："维蜀学宫，肇于汉初。用倡庠学，盛于八区。八区洋洋，弦诵复兴。周法孔经，是缵是承。"（《成都文类》卷四八）说"天下之学由蜀起"，说它"倡学"，"盛于八区"，"弦诵""缵承""周法孔经"，就其历史实际而言，一点儿也不夸张。

其次，官私结合，院学相辅。

西汉成都，已有文翁开启的郡学，自是两千余年，学校不停，讲诵不息，作育人才甚众。雍正《四川通志》卷五《学校志中》序："汉景帝时，文翁守蜀，招下县子弟为学官弟子，蜀士大化。武帝因令天下郡国皆立学校焉。唐、宋、元、明以来，经明行修之彦，蜀中亦代不乏人。今圣天子崇儒右文，加意学校，械朴作人，为亘古所莫及。蜀虽僻处遐方，沐浴诗书之泽，薰陶礼乐之教，无不油然兴起，争自濯磨，将必有如王褒、扬雄、三苏父子之伦者，接踵而出。又岂但如文翁之时，比隆齐鲁已哉！"此说自从西汉蜀守文翁兴起郡学、影响全国以来，蜀中官学，历唐宋元明清而不废，有"蜀士大化""代不乏人"之历史贡献。

但这只是官学一路，此外还有书院一路。仍以雍正《四川通志》"学校志"为例，其书既著录了各级各类的官办"儒学"，也附录了各地所办书院。如成都府，首先著录"成都府儒学：在府南汉文翁讲堂遗址。宋初建，明永乐间重修，国朝康熙元年巡抚佟凤彩捐葺，八年巡抚张德地增修，殿宇墙垣，焕然大备"云云，此即府级儒学也。

接着又在附录"书院"部分，著录"锦江书院：在成都府学明伦堂后，旧名'文翁石室'，以汉孝文时蜀二千石文党兴学造士，文风埒齐鲁；永初，太守高眹更新之，增一室以祀文翁。明末毁，国朝康熙四十三年按察使刘德芳重建"。

这是院、学同处，互为补充。整部《四川通志》著录清初官办政府儒学，从府儒学（大学）、州儒学（大学或中学），到县儒学（中学或小学），共计146所。同时又附录府县书院56所。

"儒学"为官方功令，几乎县县必有；而书院则比较自由，有人有力者则为之，但不是政府功课。故一些地方或有或无，或长或短，或多或少。如明末的成都，既有文翁石室，又有大益书院。合州既有州儒学，其侧又有濂溪书院。而有的州县竟然没有一所。

明正德年间（1506—1521年）夹江人张凤（羽工）《平川书院记》就感慨："他郡邑皆有书院以辅学校，而此独无，缺典也。"于是发愤兴起，即是这一规制的形象说明。及至清代，四川省城既有成都府学，又有锦江书院。乾隆年间著名锦江书院山长张晋生作《训士条约》说："书院与学校，相为表里者也。学校之制，自虞夏商周，迄今不坠。若书院之名，肇于唐；宋之兴，五星集于东井，大儒辈出，往往依名山胜地以相讲授。"可见当时"兴办书院以辅学校"的意识是非常明确的。

这所著名的锦江书院，在清代前期曾经作为四川成都第一高等学府，为国家和学术培养了不少人才。可惜进入晚清后也不免陷入"八股"泥潭，办学质量和成才效率都十分低下。于是张之洞入蜀督学，又兴建"尊经书院"济其穷，以收"绍先哲，起蜀学"之效。

如果不拘形名，这种以官立学校培养官吏、民间书肆教育后昆的官私并举、院学互补的方法，早在汉代就已经存在。《汉书·王贡两龚鲍传》载严君平深通《易》《老》及百家学说，"卜筮于成都市，裁日阅数人，得百钱，足自养，则闭肆下帘，而授《老子》，博览亡不通"。"扬雄少时从游学，以而仕京师显名。"君平"博览无不通"与太学博士独守一经，业术的宽窄自然不同。从他学习的扬雄亦深受影响，《扬雄传》载："雄少而好学，不为章句，训诂通而已，博览无所不见。"颜师古注："诂，谓义也。"汉代博士官学重章句，而雄独"不为"；官学守师法，而雄重"训诂"，通"大义"。这是在教学法上也与官学不同。《扬雄传》又谓："（雄）不汲汲于富贵，不戚戚于贫贱，不修廉隅以徼名当世。"官学目的在于培养官吏人才，而雄独不汲汲于此，是其教学目的上亦有所不同。后世书院多继承了这种自由讲学、作育人才的风格。

在书院山长或主讲的选任上，与官学由政府任命教官不一样，书院则多是自主聘任（或自己担当）的饱学之士，其中不乏精神独立、思想自由、富于创新的退休官员或大德隐士。嘉庆《四川通志》卷七九《学校志四书院一》序曰："书院之设，即三代党、庠、术、序之义。《尚书大传》云，'大夫七十而致仕，老其乡里，大夫为父师，士为少师，岁事已毕，令余子皆入学'。此书院所由昉欤？"这里直接将书院归结为古时乡庠术序的遗规，固然可以商量。但它引《尚书大传》说退休大夫归乡兴教为书院之远祖，却是有一定道理的。历考各地书院，其兴起者多得力于（或借重于）乡贤及归里之士大夫（或直接由他们开办），却是有案可稽、彰彰在目的。如巴蜀唐代几所书院，遂宁"张九宗书院"建于县西南的书台山，而山之著名乃"以唐张九宗得名"（《舆地纪胜》卷一六三"潼川府"）；巴州"丹梯书院"乃科举状元"唐张曙读书处"（雍正《四川通志》卷五）；南溪的"南溪书院"乃"唐进士杨发读书处"（嘉庆《四川通志》卷七九）；盐亭的"青莲书院"乃"唐李白读书处"（雍正《四川通志》卷五）。

有的书院，甚至本来就是官员退休后所建。如明代户科给事中涪州人刘藁，因弹劾刘瑾被廷杖，回乡开设了"白云书院"；大学士南充陈以勤，因与高拱不和，回乡开办了"金泉书院"；长宁人李仕清宦游归里，亦筹建了"文明书院"；晚清民国时期，盛极一时的"尊经书院"，其兴办动议，也是丁忧在家的兴文人工部侍郎薛焕所倡，等等。这种非功令的书院建设，在讲学上、学术上自然要自由得多。

当然，宋代、明代和清代也有不少书院系政府官员提议兴建。据胡昭曦考证，在宋代巴蜀的 31 所书院中，明确有功能可考的有 19 所，其中 12 所为官办，7 所为私立。但是，即使是官办书院，也与功令下的州县学在办学旨趣和办学目标上有所区别：官学重在贯彻政府方针和政令，而书院为代表的民间书肆，则比较侧重学术研讨和人格养成。久而久之，讲求实学的书院便渐渐超越官学而上之，取得更多声誉和拥趸。马端临《文献通考》卷四六就说："盖州县之学，有司奉诏旨所建也。故或作或辍，不免具文。乡党之学，贤士大夫留意斯文者所建也。故前规后随，皆务兴起。后来所至，书院尤多。而其田土之锡，教养之规，往往过于州县学。"以利劝人，利尽则止；以道劝人，道远情长。

其三，功能齐备，尤崇信仰。

诚如胡昭曦的著作所说："书院史研究者认为，书院有'三大事业'，即教学、藏书和供祀。书院的主要建筑也与此相应，为讲堂、藏书楼和供祀祠。"同时又指出："宋代四川书院也是围绕这'三大事业'开展活动，并且逐步趋于成型的规制。"此说自然是十分正确的。

如果我们推而广之，巴蜀学校从其诞生之日起，即初步形成了这三大特点。汉文翁石室教授"七经""律令"，培养的人才儒法同修、七艺兼备，是即"讲学"功能；文翁当时已经绘制仲尼及弟子画像于屋楣之上，粗具崇祀规模。东汉益州太守高眹，于文翁石室东建"周公礼殿"，绘制开辟以来三皇五帝、圣君贤臣、乡贤达官及儒林人物以供祭祀，体系宏大；后来历有增饰，至唐宋时期，所绘人物达300余人，正式具备了"庙学合一"规模，此即"供祀"功能之最早实践①。及至五代后蜀，毋昭裔等倡刻"蜀石经"，碑逾千数，形成儒家"十三经"古经古注的最早结集（时又习称"石壁九经"），并且成为儒经拓印的最早模本，是即"藏书"与"刻书"功能。

文翁石室的这一定制，一直为后来书院建设者所仿效（至少蜀中如此）。如张凤（羽工）《平川书院记》即谓："仿石室、《石壁》事，聚书万卷，以重惠后学。"即其证也。宋代魏了翁所建蒲江"鹤山书院"，其创建本意即欲"卜室储书其上，与朋友共焉"，既而付诸实施，"鹤山书院落成"，仍向当时贡士开放，"乃授之馆"，以为"讲肄之所"，"其秋试于有司"，中选者"拔十得八，书室俄空"，为国家培养和输送了人才。又"堂之后为阁"，魏氏"家故有书"，"又得秘书之副而传录焉，与访寻于公私所板行者，凡得十万卷，以附益而尊阁之"，形成远近闻名、当世绝无的著名藏书楼，也是讲学、藏书并重的典型。

又有遂宁的武侯书院，"后为祠堂三，以祀邑先哲。祠前为厢房二，以储祭器、书籍"（光绪《潼川府志》卷一四）；眉州的鹤山书院，有正堂、后堂、大门各三间，"堂则翼翼，可栖神明，举蒸尝"，此供祀也；"屋则爽垲，庋以六经，储以君籍"（王元直《重修鹤山书院记》），此藏书也。

---

① 按，祀孔有庙，庙在曲阜。盖孔子逝世时，鲁哀公诔孔子曰"尼父"，并即其旧宅为庙，置卒守之，具有家庙公助性质。其后，汉高祖十二年过曲阜以太牢祀孔子，元帝诏褒成君孔霸祀孔子，皆在曲阜家庙。后汉明帝永平二年诏学校皆祀周公、孔子，但止于释奠释菜，未有专门建筑。永平十五年明帝幸阙里祀仲尼及七十二贤，章帝祀孔子，皆于阙里。安帝延光三年祀孔子，桓、灵时诏为孔庙置百石卒史，亦在曲阜。灵帝元光元年置鸿都门学于洛阳，画先圣及二十二弟子像，已经在东汉末年矣。

蜀中书院也多继承了"周公礼殿"以来的崇礼功能，并时有损益。如宋代涪州"北岩书院"，"正堂三室，中以奉安伊川（程颐）塑像，其左待制尹公（焞）祠，其右为真阁谯公（定）祠"（《舆地纪胜》卷一七四"涪州"）。这是祭祀被贬在涪州注《易》的程伊川及其弟子尹焞、谯定的。又明朝正德年间始建的"大益书院"（在成都东北隅），本来也是讲学、祭祀并重的。后来遭遇张居正毁天下书院，"毋使诸生聚议"，大益书院也在被禁之列。禁后息讲，"诸儒木主尚存"，督学郭相奎叹："学以景行，祀以志思，大儒在蜀，可弗祀乎？"于是依据被毁弃的大益旧址，收拾诸儒木主，改建成"大儒祠"，以示"张江陵（居正）不能禁人之不崇儒"（耿定力《大儒祠记》）。

如果说书院讲学活动使其成为"知识殿堂"的话，那么书院祭祀就使其成为"精神家园"，书院储书则使其成为"经典盛宴"矣！只有三者齐备，才是真正意义上的淑世济人、移风易俗的，并与官学相偕而行的真正书院。

其四，兼容并包，以儒为主。

巴蜀学人一大特点是博学多能，气象开阔。有如司马相如之"包罗宇宙，总览人文"，并且明确提出"兼容并包"的主张，这几乎成了后人蜀学奉行的宗旨和座右铭。有如严君平之精通《易》《老》，博览无不通；扬雄之纵贯儒道，身通六略；李白之包罗万象，儒道兼宗；苏轼之四部兼涉，无所不精；魏了翁之汉宋兼治，蜀洛汇同；杨慎之记诵之博，著述之富；刘沅之横贯三教，遍注群经；廖平之学凡六变，著作等身；郭沫若之纵横百科，开拓新局；萧萐父之"漫汗通观儒释道、从容涵化印中西"等，无不呈现出立体发展、多维互动的治学模式。

但若究其总体精神和主体意识，又无不是以儒为主、诸学为辅。这与蜀中学校，特别是书院教育，不主一家，不拘一格，兼收并蓄，不故步自封，有很大关系。如向朗聚书校书，任学人观览；五代两宋，世家聚书，任人借阅；孟蜀刻石经，广泛拓印；了翁藏书十万，任学子博览；张之洞办尊经书院，不仅开列《书目答问》，而且采购和捐赠图书，任诸生研习；民国时期，国学学校，教育诸生，不仅人熟一经，而且兼通中医，娴熟岐黄。所有这些，都对形成巴蜀学人泛观博览、集杂成纯的治学风格，具有极大推动。

四、巴蜀书院事业前瞻

巴蜀自古物华天宝，人文蔚然。学校教育，起自西汉，书院格局，成于盛唐。巴蜀书院建设不仅在数量质量上，在全国书院中都占有重要地位，而且在书院制度形成、教育功能发挥等方面，也独步全国，神州领先。夷考中国书院教育史，其以地方之力开设学宫，教授儒家经典，盖始于西汉中期"文翁石室"；其绘制先儒先贤先圣画像以供祭祀，使学校成了兼具知识殿堂和精神家园双重功能，则始于东汉末年"周公礼殿"；其大量收藏经籍图书，进而刻书印书，亦始于五代孟蜀的《蜀刻石经》。于斯三者，宋人以为系蜀学"冠天下而垂无穷"的资本，亦是蜀学留给后世继承发挥的重要文化资源和教学经验。

后世蜀中书院和学校，亦多兼备诸体，共同实施其教育、教化和创新的功能，完成其与官办学校培养官吏相须而行的历史使命。吾意以为，今天兴办书院，应当借鉴历史经验，做好以下五点。

首先是"正位"。

将自己"院学相辅"（即传统书院与现代学校"相须而行""互为表里"）的关系摆正。既不要照搬或重复现代学校的教学模式和办学方法，陷入旧式科举考试的泥潭；也不要想用传统知识来取代现行教学内容，而搞所谓的传统复兴、旧学再现。学校重视现代科技知识传授和现实技术人才培养，这一功能既是现实社会各项建设的需要，也是与国际接轨、走向世界的必然，还是确保受教育者具有生计、服务社会所必须。传统书院重视经典传习、文化传承、信仰构建、人格养成和特有技能培养，可以对现代学校的工具理性实现纠偏和补敝，但是同时也要接受现代教育，打开国际视野，实现传统与现代兼修，中国与国际接轨，使现代学校与传统书院能够互补共赢。

在具体教学方法上，不妨学校走西式道路，书院承中式传统，但是不能只要其一而忽视其二。当年叶圣陶评价马一浮兴办"复性书院"的话，其实值得今天书院兴办者重温。

叶圣陶既肯定马一浮办学"重体验，崇践履，记诵知解虽非不重要，但视为手段而非目的"的观念，但同时又对马一浮"六艺统摄一切"之说，和不注重西学和现实需求之学的传授，表示"殊难令人置信"。对马一浮办学"意在养成'儒家'"表示怀疑，认为"今日之世是否需要'儒家'，大是疑问"。同时，前来协助马一浮办学的熊十力、贺昌群等先生，也与马一浮在办学理念上产生分歧。贺昌群"与马先生谈书院方针，意见颇不一致。马主学生应无所为，不求出路，贺主应令学生博习各种学术，而不忘致用"。在这个问题上，"熊（十力）来信亦与昌群意同"。办学理念的分歧，不仅最终导致马、熊、贺之间分道扬镳，实际也影响了书院后来的长足发展。

叶圣陶在致夏丏尊信中揭示："复性书院尚未筹备完毕，而贺昌群兄已有厌倦之意，原因是意识到底与马翁不一致。昌群兄赞同熊十力之意见，以为书院中不妨众说并存，由学者择善而从，多方吸收，并谓宜为学者谋出路，令习用世之术，而马翁不以为然，谓书院所修习为本体之学，体深则用自至，外此以求，皆小道也。"今天我们虽然距离马、熊、贺的时代已经很远，社会面貌也已经有很大改变，但是教育应对社会发展、学人生存仍然是第一要务。我们期待通过书院来维持传统、重兴学术，但是也必须考虑现实需要、学者出路。因此必须使传统与现代相须而行，书院与学校相辅相成，方能收到中西合璧、古今兼顾、惩时之敝、应世之急的双重效果。

其次要"正名"。

在书院的命名方面，可以适当恢复古制，缅怀先贤，提炼价值，高标理想。现代学校多以"地名+数字"方式来命名，如从前纪念文翁的"文翁石室"被改名"成都第四中学"，纪念扬雄的"墨池书院"被改名"成都第七中学"，"东川书院"被改名为"重庆中学"等，都了无典故、意味索然，不能激起师生的文化自豪感，更没有向上向善的劝勉力量。

今天或可以从传统书院的命名中，挖掘其当代的应用价值。如明代成都"大益书院"取名《易经》益卦；华阳"潜溪书院"为纪念明代名儒宋濂；"元音书院"沿袭原来"慈音禅林"；双流"景贤书院"、剑阁"亲民书院"，俱勉励师生"景贤""亲民"；重庆"凝道书院"、蓬州"振德书院"，俱劝勉师生"尊道遗德"；简阳"凤山书院"为纪念宋状元许奕；绵竹"南轩书院"为纪念理学名儒张栻；剑阁"文贞书院"为纪念魏征生于其地；涪州"钩深书院"为黄庭坚题额程颐注《易》处；剑州"兼山书院"、长宁"文明书院"俱用《周易》词语；大足"棠香书院"、永川"东皋书院"，俱用《诗经》典故；富顺"学易书院"、叙州"孝节书院"，俱经学意味浓厚；而巴州"云霞书院"、营山"近仙书院"，则令人超凡脱俗，等等。

即使是用地名命名，旧时书院也饶有韵味。诸如"锦江书院""岷阳书院""九峰书院""崇阳书院""甘泉书院""方亭书院""凤鸣书院""瀛山书院""秀山书院"等，都比现在仅仅用行政区划加数字命名要强得多。孔子曰："必也正命乎！名不正则言不顺，言不顺则事不成。"其是之谓乎！

其三要"正规"。

今天的书院建设，应当规范操作，特别是应当借鉴传统书院"讲学、藏书（甚至印书）和供祀"三大事业的先例，将讲习儒家经典、收藏儒家经籍、祭祀儒家先贤等传统，尽其可能地恢复起来。同时要慎择名师，或者聘请名儒来培训合格的师资，才能念好正经，传好正道，授好正业，解好众惑；从而弥补当代学校教育缺少信仰、价值混乱、数典忘祖、行为狂悖等弊端，真正起到"传道、授业、解惑"，"助人君顺阴阳、明教化"的作用。

其四要"正学"。

当代书院建设乱象丛生，有卖茶叶的，有卖书刊的，有搞餐饮的，甚至还有打印铺，林林总总，不一而足。即使是搞教学的，也讲得五花八门。在四川今天的书院中，固然不乏讲四书五经、传统蒙学和诗词歌赋的，但也有不少搞怪的讲法，比如讲《山海经》、讲《太平广记》、讲"女德"等。

本人觉得，现代书院必须紧密关注中华民族的传统信仰、基本理念、核心价值、道德伦理和礼乐文明。既要泛观博览，百家争鸣，更要以儒学为统领，以经典为根底。因为中华文化的根基在此，源头在此，信仰在此，价值在此，灵魂在此，规范亦在此。舍此而谈文化自觉、文化自信和文化自强，都是空谈，甚至可能还要走到歪路上去。只有儒学精到，经学精通，才能在构建中国特色的学术体系、学科体系和话语体系方面贡献力量，也才能真正找到根，寻到魂，溯到源，不至于在百家淆乱、西学弥漫中，迷失方向，忘却本来，失掉灵魂，甚至数典忘祖。

其五要"正气"。

文天祥《正气歌》有曰："天地有正气，杂然赋流形。下则为河岳，上则为日星。于人曰浩然，沛乎塞苍冥。"天地之间一气尔，万物所分在于所禀。禀得清轻者为天为星辰，禀得浊重者为地为万物。人则得天地之精气，故有浩然之志，能替天行道。又说："是气所磅礴，凛烈万古存。当其贯日月，生死安足论。"这种浩然之气，上可贯日月，下可安家国；但求英名流传，无问生死利害。又说："地维赖以立，天柱赖以尊。三纲实系命，道义为之根。"人生天地间，之所以能够成就永垂不朽功名，是因为他是天地道义的执行者。所以从事教育事业者，应当上体天地之心，下符生民之意，有担当，有正义。不要将书院办成利禄之场，声名之场，得失争夺之场，而要成为宣扬天道、宣传正义、学术创新、文化繁荣的高地。近年来，四川也恢复（或新建）了一批新型书院，如"明伦书院""复性书院""昌衡书院""本心书院""东坡书院""廖平经学堂""岷江书院""灵岩书院"等,力图在读经典、兴礼乐、讲道德、重孝悌、景先贤、起蜀学等方面,发挥正确导向。但是这在全省新建的 200 余家新型书院中,仍然是微乎其微,声音很小,影响也不大。如果比诸清代全省 550 余家书院,更是少得可怜!个别书院反其道而行之,存在谋利争名、做花架子等现象,都不是先贤立学办院的初衷,更不是孔夫子"有教无类""学以致其道"的本旨,令人担忧。《正气歌》又说:"悠悠我心悲,苍天曷有极。哲人日已远,典刑在夙昔。风檐展书读,古道照颜色。"虽然孔孟荀扬等哲人去我们已经很远,但是他们的典籍俱在,风范犹存。只要加强经典学习,道义理会,就一定能将先儒先贤们发明的而且行之有效的书院教育模式继承好、发挥好!

归纳起来,就是要实现"五正":"正位"以求得"院学相辅","正名"以实现"文化自信","正规"以发挥"书院三能","正学"以促成儒统百家,"正气"以行天地道义。只有这样,才能实现文化自觉而相得,文化自信而有定,文化建设而有方,文化自强而有望。"路漫漫其修远兮,吾将上下而求索"!

隔世知音：周必大与苏轼

——《周益国文忠公集》东坡题跋述要

王瑞来

摘　要：苏轼尽管在生前已经文名大盛，但对后世形成巨大影响的重要时期则在南宋。在宋元变革开启期的南宋，朝廷拨乱反正，弘扬正统，民间平民文化兴盛，印刷业繁荣，诸种合力形成持续不衰的"东坡热"。其中"蜀士尤盛"，让东坡成为南宋士人仰望的太阳。"苏文熟，吃羊肉"谣谚的产生，正是这一状况的折射。位极人臣且拥有文坛盛名的周必大，作为东坡崇拜者，对东坡诗文熟悉到脱口成诵的程度。承继北宋以来的文化传统，周必大对有关东坡手泽法帖等进行了不遗余力地搜集，包括对目睹过的在内，写下了大量的题跋。这些题跋对于研究苏轼的行历、作品以及南宋人对东坡文字的收藏、欣赏和考证等方面，都有着很高的文化史价值。然而迄今为止，在这一领域，学界尚无较为全面的研究。鉴此，本文试作发覆。

关键词：东坡　周必大　题跋　手迹　南宋

本文作者王瑞来，现为日本学习院大学东洋文化研究所研究员。

引言　东坡在南宋

横空出世，"东坡苏公崛起西蜀"①，厕身于唐宋八大家，成为中国文学史乃至文化史上最为耀眼的明星之一。苏东坡生前已负盛名，身后更为人仰望。在众多的仰望者中，就有南宋位极人臣的周必大。并非是时空错乱，"关公战秦琼"，异世而并论，是想通过周必大的文字，来略窥苏东坡在南宋的精神地位。

周必大最为服膺同为庐陵乡梓的欧阳修，晚年退休居家，主持编辑刊刻了欧阳修全集。其次崇拜的就是苏东坡了。就文章而论，周必大这样讲道："六一先生之后，文章莫如东坡。"②除了文章，周必大其实更看重东坡的精神人格，他以反问的口吻表达了这样肯定的意思："予谓近世迈往凌云，视官职如缰锁，谁如东坡？"③在东坡像赞中，周必大如是评价东坡："孟子之气，庄周之文。瞻之在前，尚有典型。"孟子之气乃浩然正气，庄周之文乃汪洋恣肆之文，东坡的人格与文风都成为周必大崇拜效法的典型。

周必大崇拜东坡，其中还有一种悲情意识在。他在一篇文章中写道欧阳修和东坡时说："其杰出如欧阳文忠公，又逢时得政，同心德于三朝，阅八年之久。相与化成天下，功不少矣，故其门人高第尤多。惟东坡苏公崛起西蜀，嘉祐收以异科，治平欲蹔置翰苑，熙宁首待以国士，及遇哲宗，遂光显于朝。中间小人敲撼挫搉，欲杀不果者，天意也，上赐也。"④在周必大看来，欧阳修基本上是在政治相对平静的时期度过了一生，而东坡的一生则充满了波澜和曲折。

循着历史脉络观察，南宋的东坡崇拜与苏学盛行，其实有源自北宋的因素。北宋英宗之时，"三苏名震京师"⑤的状况就已经出现。周必大在一篇文章讲到一个士人"词气亹亹乎东坡，字画骎骎乎山谷"。究其时，"盖崇宁癸未（1103年）岁也。"⑥苏学本身的巨大影响与遭受打击后反弹，让士人反而追风向往。

①　周必大：《周益国文忠公集》卷第五十三《平斋续稿》十三《初寮先生前后集序》，清道光咸丰间欧阳棨刊本。
②　周必大：《周益国文忠公集》卷第五十四《平斋续稿》卷十四《澉溪居士文集序》。
③　周必大：《周益国文忠公集》卷第一百七十八《杂著述》十六《二老堂诗话》下。
④　周必大：《周益国文忠公集》卷第五十三《平斋续稿》十三《初寮先生前后集序》。
⑤　周必大：《周益国文忠公集》卷第四十七《平园续稿》七《跋老泉所作杨少卿墓文》。
⑥　周必大：《周益国文忠公集》卷第十五《省斋文稿》十五《跋初寮王左丞赠曾祖诗及竹林泉赋》。

从时代背景观察，欧阳修无论在文坛还是政界评价已经稳定固化，没什么争议。一生虽有波澜，但起伏不大。反观东坡，则经历了乌台诗案，元祐党争，几度贬放，直至瘴海之滨。"当政、宣间，禁切苏学，一涉近似，旋坐废锢。"①北宋覆亡，南宋重生。人们痛定思痛，将北宋亡国归咎于王安石变法。因此形势逆转，在南宋王朝声张正统的背景下，北宋被打压的元祐党人获得很高的评价。东坡一脉，无论从文学还是书法，都受到前所未有的推崇。宋高宗在立国不久的绍兴三年（1133 年）就把黄庭坚书写的"尔俸尔禄，民膏民脂，下民易虐，上天难欺"（《戒石铭》）颁布于州县。受禅即位的宋孝宗更是极为推崇东坡，南宋的史学家李心传记载道："上雅敬苏文忠，居常止称子瞻，或称东坡。"②

由于这样的逆反因素，加之朝廷推崇，本来就有极高成就的东坡，其作品便成为经典一样的士人必读书。陆游就转述了当时这样一则谣谚："苏文熟，吃羊肉；苏文生，吃菜根。"③谣谚把熟悉东坡的文字与出仕做官联系在一起了。陆游在讲述这句谣谚之前，先是说明了背景："建炎以来，尚苏氏文章，学者翕然从之，而蜀士尤盛。"喜欢和利益的合力，让东坡成为南宋士人仰望的太阳。以周必大为例，他对东坡的作品几乎熟悉到信手拈来、脱口成诵的程度，在他的诗文中大量引用。由于周必大并非特例，所以通过周必大的文字可以管窥到苏东坡在南宋士人心目中的地位之一斑。

作为一种文化传承，周必大与南宋的许多文人一样，有着与欧阳修、赵明诚等北宋文人相同的雅好，即喜欢搜集名人手书真迹与金石题刻。对收集到的文物，周必大多数都记有题跋。在今天，尽管许多手书真迹与金石题刻已不传世，但从周必大的题跋中尚可略见仿佛。并且这些题跋作为一种社会文化史史料，拥有丰富的内容。周必大的搜集对象当中，除了欧阳修的真迹，东坡手泽也是其首选之一。

这其实也反映了一种文脉的继承。周必大的这种做法，其实也有学自东坡的成分。他的题跋《试笔》云："世传文忠公试笔，自说砚而下凡数十纸，有元祐四年九月东坡苏公跋。此最后数纸也。初藏刘氏，后归王晋卿，今复还欧阳氏，余不知何之矣。公薨于熙宁五年，距元丰属迩，其遗墨已为诸公珍爱如此，

---

① 周必大：《周益国文忠公集》卷第十七《省斋文稿》十七《跋初寮先生帖》。
② 李心传：《建炎以来朝野杂记》甲集卷一《孝宗恭俭》条，徐规点校，中华书局，2000。
③ 陆游：《老学庵笔记》卷八，李剑雄、刘德权点校本，中华书局，1979。

况百世之下乎?"①看着写有东坡题跋的欧阳修手迹,周必大感慨道,距离欧阳修去世的熙宁没过多久的元丰年间,欧阳修的手迹已经为人所宝重。这无疑在无形中激励着周必大效法,而具体做法的背后则是精神的一脉相承。

本文以周必大为例,来探讨东坡在南宋士人中的影响,文章开头便指出,周必大并非特例。对此,这里还可以举出周必大以外的例子。周必大在《邦衡侍郎用洪范五行推薄命而成杰句叹仰大手几至阁笔勉赓盛意兼叙天人之应庶知托契辱爱如此其厚决非偶然耳》一诗的最后注云:"胡诗用东坡韵,故押两申字。"②南宋前期的有名直臣胡铨也用东坡韵作诗,也表明他很熟悉东坡之诗。

此外,《权州杨倅子直方以诗惠鹄雏次韵为谢》一诗所附跋语云:"比承谕及东坡白袍立鹄之句,退阅篇韵,谓鹄似鹤,长啄,音胡笃切,疑是二物。至庄子鹄不日浴而白,陆德明音义直云鹄,又作鹤,并音胡洛切,则又以为一物矣。今类书数种,虽分两门,然其所引事却往往互见。汉纪注谓黄鹄大,白鹄小,而武昌又自有黄鹤楼,不知竟如何。岂所谓鹄、鹤各有五色耶?更赖垂教。"③周必大与杨方讨论东坡《催试官考较戏作》"门外白袍如立鹄"之句,也显示了对话双方都很熟悉东坡之诗,所以才能建立起共同的话题。

《跋东坡帖》还记载道:"淳熙戊戌十一月二十五日,东宫讲读,因与同僚共观坡仙笔妙,而戴子微太常亦出懒放一帖,大概绝相类,惟'拜'字异耳。真临虽难辨,要皆法书也。"④此则题跋展示了这样的画面:在东宫教授太子的士大夫们分别拿出自己收藏的东坡法帖,相互欣赏。由此可见,在东坡热的背景下,东坡法帖已经成为南宋文人雅好的一种文化交流媒介。

在周必大的文集中收录有大量有关苏东坡文字的题跋,这些题跋对于研究东坡本人的行历、作品以及南宋人对东坡文字的收藏、欣赏和考证都有着很高的文化史价值。以下即以周必大作品中的东坡题跋为主,展开考察。

一、东坡题跋对于东坡行历的记载与考证

《书东坡宜兴事》,首先破例抄录了东坡的诗词和跋语以及宜兴图经所载东坡四事,然后以跋语的形式,展开了对东坡往来宜兴的详细考证:

---

① 周必大:《周益国文忠公集》卷第十五《省斋文稿》十五。
② 周必大:《周益国文忠公集》卷第五《省斋文稿》五。
③ 周必大:《周益国文忠公集》卷第七《省斋文稿》七。
④ 周必大:《周益国文忠公集》卷第十七《省斋文稿》十七。

某自绍兴癸酉迄淳熙己酉，三十七年之间，凡六至宜兴。屡欲考东坡在此月日而未遑也。今者避暑杜门，因睹《楚颂帖》，略衰遗迹如后。七月二日，东里周某题。

苏文忠公以元丰七年量移汝海，四月离黄州，五月访文定公于筠，七八月之交留连金陵，遂来常州，度九月间抵宜兴。闻通真观侧郭知训提举宅即公所馆，不知凡留几日也。今观《楚颂帖》及公曾孙季真所藏渊明"丈夫志四海"诗，皆题十月二日，又云宜兴舟中写。计留宜兴不过旬余，复回郡城，自此遂趋汝州。过泗遇岁除，八年正月四日，乃行道中，上书乞归常。三月六日至南京，被旨从所请，回次维扬，有《归宜兴留题竹西》三绝，盖五月一日也。《同孟震游常州僧舍》诗云，"湛湛清池五月寒"，而谢表谓"今月二十二日到常州讫"，其为五月无疑。是月被命复朝奉郎，起守文登。次韵贾耘老云："东来六月井无水，仰看古堰横奔牛。"七月二十五日，与杜介遇于润之金山，赠以古诗。八月二十八日，复赠竹西无择长老绝句，则在道月日历历可考。其冬到郡五日而召，自此出入侍从，以及南迁。逮靖国辛巳北归，竟薨于常，不暇践种橘之约矣。其帖今藏寓客童伯揆家。童氏世为东秦名儒，曾祖暨人父在高皇时继掌外制，士林荣之。伯揆亦笃学嗜古，能济其美者也。

公熙宁中倅杭，沿檄常、润间，赋诗云："惠泉山下土如濡，阳羡溪头米胜珠。"又有"买牛欲老，地偏俗俭"之语，卜居盖权舆于此。

《满庭芳词》作于元丰八年初许自便之时。公虽以五月再到常州，寻赴登州守，未必再至阳羡也。军中谓壮士驰骏马下峻坂为注坡，其云"船头转长风，万里归马注平坡"，盖喻归兴之快如此。印本误以"注"为"驻"。今邑中大族邵氏园临水有天远堂，最为奇观，取名于此词云。

元祐八年五月十九日任礼部尚书，辨御史黄庆基论买田事云："谪黄州日，买得宜兴姓曹人一契田段，因其争讼无理，转运司已差官断遣，不欲与小人争利，许其将原价收赎。"今公之孙曾犹食此田，岂曹氏理屈不复赎耶？抑当时所置，不止此也？

三年前寓阳羡，尝考坡公到邑岁月，书于《楚颂帖》之后。兹来长沙，值二别乘皆贤而文。南厅张唐英毗陵人，北厅苏仲严，则文定公四世孙也。

*复书以遗之。绍熙壬子五月一日重题。*①

以抄录东坡文字与图经史料为主，参以东坡文集等文献记述的事实，周必大考证东坡往来宜兴的行历，详细到了月日。如此清晰翔实的考证，如果书写东坡事迹长编，往来宜兴的部分便不会产生大幅的空白。

通过寓目的各种东坡手泽，对于东坡行历与手泽相关的考证，周必大还有《跋东坡诗帖》：

> 浏阳丞新喻萧君一致五世从祖潜夫，元丰七年监盱眙仓，坡公岁除前过其东轩，留题二诗，盖量移汝州时也。按盱眙隶泗州，州在淮北，其县治即淮阴故都梁，号淮南第一山，景物清旷。公既乐之，而潜夫讳渊，盖慕陶靖节者，其人又可知矣。此公所为赋诗也。今庐陵阛阓中有楼甚伟，江山满眼，徐师川以"堆胜"名之，旧在官仓廨中。承平时监当颇为美仕，广州至号八仙。故仓庾氏所居，往往有登临燕息之地。名胜或迁谪而来，秩高或折资而授。今著令犹与本县令序官。近世劳苦卑猥，无复官况，抚卷为之三叹。绍熙四年正月二十一日。②

周必大的此则跋语，通过赠诗对象的任官年代，结合东坡的生平，从而考订了东坡写作这两首诗的时间与背景。这种考证对于东坡诗作的系年至为宝贵。而跋语对宋代监当官的议论，在研治制度史时，又可以成为解读宋人认识的史料。

《题东坡晚年手帖》也述及有东坡晚年的行历：

> 东坡以靖国辛巳北归，五月由金陵过仪真，二十九日手简别发运司属官，六月自润还常州，七月仙去。此乃数旬前帖，尤可贵也。赵仲肃以示周某，敬题其后，庆元庚申二月乙丑。③

这一跋语披露的事实无疑也是研究东坡生平的重要史料。

显示东坡行历的周必大题跋，还有《跋东坡秧马歌》：

---

① 周必大：《周益国文忠公集》卷第十九《省斋文稿》十九。
② 同上。
③ 周必大：《周益国文忠公集》卷第四十九《平园续稿》九。

东坡苏公年五十九，南迁过太和县，作《秧马歌》，遗曾移忠，心声心画，惟意所适。如王湛骑难乘马于羊肠蚁封之间，姿容既妙，回策如萦，无异乎康庄，是殆得意之作。既到岭南，往往录示邑宰。予家亦藏一本，然不若初本尤精。李璆道润之语，庶几得其仿佛。今传三家，乃至严临，犹幸不出一邑。所谓楚人亡弓楚人得之也。近岁移忠侄孙之谨已谱农器，成公素志。予尝为之序，其与《禾谱》并传无疑矣。璆字西美，宣和中书舍人，绍兴四年守庐陵，此必当时所题也。嘉泰壬戌正月戊午。①

在反映东坡行历的同时，这通题跋也揭示了东坡广泛的兴趣所在。

题跋还有反映东坡佚文散见各地以及周必大着力收集的内容。《题孙氏四皓图》云：

嘉泰癸亥，池州故人子叶之真既以米元章《参星赋》真迹为予寿，又寄四皓像。绢仅盈尺，前有印文云"孙汝节笔"，而之真以为孙显节，不知何时人，盖名画也。上有苏文忠赞，元祐三年二月杨次公书，东坡诸集皆无之。因记乾道庚寅二月过京口游金山妙高台，壁间有东坡族伯成都中和院僧表祥绘公像。公自赞云："目若新生之犊，心如不系之舟。要问平生功业，黄州、惠州、崖州。"其为暮年所作无疑，诸集亦不收。乃知平生游戏翰墨，散落何限？如去黄日戏赠李琪诗，偶见于何蓬《春渚纪闻》之类是也。八月壬戌，平园老叟周某书。②

东坡有名的"心如不系之舟"自赞，周必大所见的各种苏集版本都未收录，现存于《苏轼诗集》卷四八题为《自题金山画像》。这一自赞的苏集收录，即或源自周必大的发覆。

二、东坡题跋所反映的诗文写作

行历与诗文创作不可分割。周必大的跋语在讲到东坡行历的同时，也论及了其时的创作。《跋冯轸所藏五帖》之三《东坡颍州诗》云：

---

① 周必大：《周益国文忠公集》卷第五十《平园续稿》十。
② 周必大：《周益国文忠公集》卷第四十六《平园续稿》六。

东坡以元祐六年秋到颍州，明年春赴维扬，作此诗，题曰《西湖月夜泛舟》。今集序以《赵德麟饯饮湖上舟中对月》为题是也。按公在颍仅半年，集中自《放鱼》长韵而下凡六十余诗，历考坡所至岁月，惟颍为少，而留诗反多。盖陈传道履常、赵德麟、欧阳叔弼、季默适聚于颍。故临别诗云："五君从我游，倾泻出怪珍。"又中间刘景文特来，《送行》诗云："欧阳赵陈皆我友，岂谓夫子驾复迁。迩来又见三黜柳，共此暖热餐毡苏。"自注云："郡中日与叔弼、景贶、履常相从，而景文复至。不数日，柳成之亦见过。宾客之盛，顷所未有。"乃知撷发妙思，罗列于此，抑有由也。堂名聚星，古今相望。使有俗物败人意如坡所云，其能尔乎。冯吴江轸远示真迹，敬题其后。嘉泰癸亥孟夏九日。①

跋语不仅归纳了东坡在颍州时短诗多的创作现象，还通过记述东坡交游，借用东坡的话，揭示出俗物不能败人意的道理。从宏观意义上审视，这其实是在阐释，文化的不朽不是其他外物所能干预的。

从周必大的东坡题跋中，还可以概见东坡为文之际的隐秘，此亦有俾于东坡研究，更可以给予后人以启示。《跋汪季路所藏东坡作王中父哀词》云：

其后注云，谢鲲事更烦检《晋书》，恐误用。某幼于武臣张可久家见东坡序《六一居士集》起草，至"作于其心，害于其政，发于其政，害于其事"四句，每句上下两字用笔与全篇浓淡不同，似初阙而后填者。盖《孟子》又云"生于其心，害于其事，发于其事，害于其政"。一书而文意交错，疑混，故当审而用之耳。前辈言坡自帅杭后，为文用事，先令门人检阅。今观柬稿帖，则已加详矣。况暮年乎？况他人乎？②

看到汪季路所藏东坡作《王中父哀词》真迹，周必大想到幼时曾见过的东坡《六一居士集序》原稿，其中引用《孟子》的话，"每句上下两字用笔与全篇浓淡不同"，像是原空出而后来填上的。再看到这通真迹，特别是真迹"其后注云，谢鲲事更烦检《晋书》，恐误用"这句可能是讲给门人或书童的指示，更让人感受到，东坡看上去是文思泉涌，汪洋恣肆，行文略不加点，一气呵成，

---

① 周必大：《周益国文忠公集》卷第五十一《平园续稿》十一。
② 周必大：《周益国文忠公集》卷第十八《省斋文稿》十八。

其实在为文之际相当谨慎，有担心记忆错误先空后填者，有令门人查阅者。人非神仙，亦非机器，记忆并不可靠。周必大这则题跋将东坡为文之时的审慎态度毕现笔端。

《跋东坡桂酒颂》云：

> 东坡自海南归，文章翰墨，所谓"毫发无遗憾，波澜独老成"者，桂酒颂其一也。今闽、浙、川本皆以"心服"为"心腹"，"御瘴"为"禦瘴"，"辅安五藏"为"五神"，殆随手有所改定耶？绍熙五年四月五日，故人徐思叔赴曲江幕官，携以相示，敬题其后。他日或呈似韩使君，刻石置九成台铭之侧，亦奇事也。周某子充甫。①

南宋是出版业开始兴盛的时代，民间书坊蜂起，印刷书籍增多。于是便有了手稿真迹与印刷文本比较的机会。或出作者本人后来润色修改，或出刊刻者擅改误刊，其间的差异，也引起了周必大的注意。

《题汪逵季路所藏墨迹三轴》同样是从手稿与文本的差异比较入手写下的跋语：

> 右东坡祭范蜀公文薰，"所获皆贤"后作"所得"；"灿如长庚"后作"灿焉"；"谁复举之"后作"似之"。盖种自应获，既喻求贤，孰若得字之广大也。前已用"今如星辰"，不必又云"灿如长庚"，改用"灿焉"，则语健而意足。以"举"为"似"，大率类此。学者因前辈著述而观其所改定，思过半矣。淳熙戊申年三月壬寅，东里周某敬观于太庙之斋庐。②

详细比较异同，分析优劣，以此为范例，周必大强调，揣摩前贤著述的改定过程，可以获得事半功倍的启示。今天的学者同样也可以通过周必大的例举，思考前后改动的优劣，从中学习炼字炼句的推敲功夫。

周必大还有一通跋语，也是论及东坡手迹与集本差异。《跋汪逵所藏东坡字》云：

> 右苏文忠公手写诗词一卷、《梅花》二绝，元丰三年正月贬黄州道中所

---

① 周必大：《周益国文忠公集》卷第四十六《平园续稿》六。
② 周必大：《周益国文忠公集》卷第十八《省斋文稿》十八。

作。"昨夜东风吹石裂",集本改为"一夜"。二月至黄,明年定惠颙师为松竹下开啸轩,公诗云"喧喧更诋诮","更"字下注"平声",而集本改作"相诋诮"。"嘻笑"之下,自添一联云"嵇生既粗率,孙子亦未妙"。今集本改作"阮生已粗率,孙子亦未妙"。按《阮籍传》,籍遇孙登,与商略终古及栖神导气之术,登皆不应,籍长啸而退。至半岭,闻有声若鸾凤响岩谷,乃登长啸也。嵇康虽有"永啸长吟,颐神养寿"之句,特言志耳。其用阮对孙无疑。某每校前贤遗文,不敢专用手书及石刻,盖恐后来自改定也。《水调歌头》题元丰七年三月十八日黄州,已刻石于公法帖第一卷。远方无良工,失真远矣。《浴室院东堂》三绝句,元祐六年六月作,集本但添注遂良事岁月之序,如此既内殿印衔幅,不容辄易。至于李杜佳句,公常爱而录之,《行路难》八句,岂一时漏写与?老泉诗则家鸡也。嘉泰壬戌三月甲寅,东里周某书而归之汪氏。①

比较手迹与集本差异,并加以考证,周必大最后归纳出自己的经验与原则。这就是,在校勘前人文字时,"不敢专用手书及石刻",担心作为初稿,后来有所改定。周必大的原则,对今天研治历史,一味佞信碑帖真迹,也有警示。

除了诗文写作,周必大的跋语还折射出东坡对历代诗人的评价。《跋冯轸所藏五帖》之二《东坡书陶靖节诗》云:

东坡云,吾于诗人无所甚好,独渊明诗质而实绮,癯而实腴,自曹、刘、鲍、谢、李、杜诸人皆莫及。盖尝尽和其诗,尤喜此四篇,再三书之。嘉泰癸亥四月戊申,平园老叟周某题而归之冯氏。②

在东坡心目中,排在第一位的,居然不是李白、杜甫,甚至也不是他喜欢的白居易,而是陶渊明。周必大跋语披露的东坡对历代诗人的评价,为研究东坡的作家论、文学观提供依据,非常值得重视。"诗质而实绮,癯而实腴",尽管东坡似乎是就诗论诗,但我觉得东坡还是将诗与诗人熔铸为一炉。东坡所遭受的政治打击,让他向往"归去来",远离政治场。

从《跋冯轸所藏五帖》之一《东坡书富文忠公神道碑》,可知周必大还看

---

① 周必大:《周益国文忠公集》卷第五十《平园续稿》十。
② 周必大:《周益国文忠公集》卷第五十一《平园续稿》十一。

到过这件真迹。富弼是北宋的几朝重臣，也曾对王安石变法提出异议。东坡书碑既反映了他的敬重，也折射了他的政治立场。

周必大的题跋还涉及东坡书艺轶事。《跋东坡与张近帖》：

> 右坡公与张几仲帖，盖元丰间谪黄时也。所谓授德兴尉者，长子迈也。其将自黄移汝，尝赋长篇，以铜剑易几仲龙尾子石砚。几仲作诗，送砚反剑，公子属和，卒以剑归之。具载集中。几仲名近，仕至显谟阁直学士，国史有传。其从孙子俏家临江军，宝藏此帖。庆元己未十一月甲辰，周某子充敬观。①

双方都是雅士。贬谪期间的东坡肯以宝剑易石砚，而对方则赋诗送砚，退还宝剑。因二人如此之交谊，自然会有书信往来，而为几十年后的周必大所目睹。

并非东坡手迹，而内容则与东坡有关，这样的题跋在周必大的文集中也有不少。《跋秦少章诗卷》云：

> 右秦少章古律诗一卷，宗人愚卿兄弟求予永跋。昔东坡苏公送少章诗云，"秦郎忽过我，赋诗如卷阿"，"句法本黄子"，谓鲁直也；"二豪与揩磨"，谓其兄少游及张文潜也。又云，"瘦马识骏骈，枯桐得云和"。其见称许如此。今卷末有和钱蒙仲越州见寄一首，东坡盖尝次其韵云，"二子有如双白鹭，隔江相照雪衣明"。呜呼！少章诗名为不朽矣。嘉泰辛酉十月庚子。

周必大对东坡的诗文很熟悉，绝对达到了"苏文熟"的境地，在题跋中相关诗文也信手拈来。接着此则跋语，还有一则关于秦观的跋语《跋秦少章杂文》：

> 予少读苏文忠公帅杭时赠秦少章太息一首，谓少章从吾游不及期年，而议论日新，若将施于用者。今观其文三篇，岂溢美之言耶？嘉泰改年十月庚子，宗人愚卿及二弟携以相过，敬书其后。②

---

① 周必大：《周益国文忠公集》卷第四十八《平园续稿》八。
② 周必大：《周益国文忠公集》卷第五十《平园续稿》十。

此则跋语反映了东坡慧眼识才，对秦观的赞誉并非溢美。

三、东坡题跋所折射的政治风云

士大夫尽管以文见长，但置身仕途，毕竟还是政治人。因此，不仅限于文学，跋语还有反映东坡政治作为的内容。《题东坡上薛向枢密书》云：

> 薛恭敏公元丰元年九月自枢密直学士、工部侍郎、知定州召入西府。苏文忠公昔尝与之论天下事，今复贻书，深切著明如此，责善为有加矣。薛本以理财论兵进，及在政路首尾三年，同列质以西北事，则养威持重，未尝启其端。最后诏民蓄马，既奉行，复欲反汗，为舒亶论罢。闻义能徙，不善能改，未必因苏公之书。比夫患失遂非者有间矣。元祐间，特被褒表，岂无所自耶？公作此时年四十三，是日其生朝也。身为二千石，士民当盈庭为寿否？则与家人饮食燕乐，乃斋心呵冻，极陈国计，其贤于人远矣。官本不载此书于集，惟麻沙本及别集有之。故人刘铦寿使君之子宗奭兄弟家藏真迹，庆元戊午七月旦，以示前进士周某，敬题其后。①

薛向在元丰元年至三年之间先后担任同知枢密院事和枢密副使②，东坡在这一期间的上书，周必大推测对后来薛向的行动产生了一定的影响。东坡通过书信间接发挥的政治作用，在周必大的这通题跋中被揭示出来。由此，东坡的政治责任感与忧国忧民的意识，也得以显现。这通东坡在生日之际写下的书信，也让几十年后目睹手泽的周必大浮想联翩。此外，周必大说这通书信当时仅见于民间书坊刊本而不载于官刊苏集，显然这是他找来各种版本，加以比较后得出的结论。

从周必大所见东坡手迹中，还窥测到当年的政治风云，乃至当事人的内心隐秘，这也可以成为知人论世之重要的史料。《跋汪圣锡家藏东坡与林希论浙西赈济三帖》云：

> 林子中与坡公素厚善，后又为杭州交承，故书问惓惓如此。林虽寻为利诱，折资草制，诋公不遗余力，然犹爱此帖弗弃。至其子孙，始以遗玉

① 周必大：《周益国文忠公集》卷第四十八《平园续稿》八。
② 《宋史》卷二一一《宰辅表》。

山汪氏。乃知恶直丑正颠倒是非者，岂尽丧其良心哉？稂莠害之耳。淳熙五年十月十三日，东里周某观于搞文堂。①

通过周必大为汪圣锡家藏《东坡与林希论浙西赈济三帖》所写的题跋，我们可知在北宋哲宗朝位至同知枢密院事高位的林希，曾经跟东坡有前后同知杭州之缘，关系很好。后来在担任中书舍人期间，为利所诱，起草贬谪东坡制词，极尽诋毁。尽管如此，林希还珍视而保存了这几封东坡书信，没有丢弃或销毁。对于林希的这一行为，周必大慨叹："乃知恶直丑正颠倒是非者，岂尽丧其良心哉？稂莠害之耳。"就是说有些人看上去很坏，也还是良心未泯。其坏是环境使然。

周必大跋语通过林希虽诋毁东坡却还珍藏东坡书信，见机知微，揭示山林希内心隐秘的一面，适与《宋史·林希传》所记相合："时方推明绍述，尽黜元祐群臣，希皆密豫其议。自司马光、吕公着大防、刘挚、苏轼、辙等数十人之制，皆希为之，词极其丑诋，至以'老奸擅国'之语阴斥宣仁，读者无不愤叹。一日，希草制罢，掷笔于地曰：'坏了名节矣。'"②"坏了名节"一句，正是周必大所说没有丧尽良心的显现。周必大的这一则东坡手泽题跋，以感慨的方式道出了人性复杂的一面，对于治史者分析历史人物的内心世界，很有启示意义。

《跋东坡代张文定公上书》云：

> 东坡代张文定公上书，盖熙宁十年也。其后为公墓碑，明载"老臣死见先帝，有以借口"之语。然则书虽成于坡手，而意旨必出于公，不然何其危言至是耶？神庙时，可谓邦有道矣。此稿比集本减数句，改数字，当以集为正。真迹今藏会稽薛氏，而同郡石氏安摹刻之。淳熙十二年二月清明节。③

周必大所记跋语对象，是东坡为张方平代笔起草的上奏文书。因此，周必大就找来传世的张方平的文集，将二者进行比勘，发现了其中的差异，认为当以文集的最后定稿为准。此外从东坡代写的这篇上奏文中的"老臣死见先帝，有以借口"大胆表达看，周必大认为这是张方平的原意，从而慨叹当时的政治

---

① 周必大：《周益国文忠公集》卷第十七《省斋文稿》十七。
② 《宋史》卷三四三。
③ 周必大：《周益国文忠公集》卷第十七《省斋文稿》十七。

宽松，士大夫可以毫无顾忌地放言。周必大的感慨一定也是由东坡曾经遭受的文字狱而生发。

四、东坡题跋反映的"避谤不著书"

屡遭左迁贬谪的东坡，或许是为了避祸，或者也有范仲淹那样"不为良相，则为良医"之志，晚年对中药医方投入较大的关注。东坡存留到南宋的一些手泽就是这方面的内容，于是周必大经眼后也为我们留下了题跋。《跋东坡草乌头方帖》云：

> 仇仙慕葛稚川、陶隐居、孙思邈之为人，欲以救人得道，故常留意名方，此其一也。淳熙庚子正月十四日。①

周必大归纳东坡羡慕葛稚川、陶隐居、孙思邈之为人而形成的动机，就是"救人得道"。

周必大还有《跋山谷书东坡圣散子传》：

> 山谷作庞安常《伤寒论后序》云，前序海上道人诺为之，故虚右以待。道人指东坡也。今又书《圣散子传》，若安常所谓得二公而名彰者耶？淳熙庚子正月十四日。

东坡应诺为庞安常《伤寒论作前序》，又书《圣散子传》，跟他收集医方是同样的关注。据孔凡礼《苏轼年谱》②，是时东坡正被贬放于海南儋州。

《题苏季真家所藏东坡墨迹》是对同一内容分三次写下的跋语，与上述两通一样，都与东坡手书医方有关：

> 陆宣公为忠州别驾，避谤不著书。又以地多瘴疠，抄集验方五十卷，寓爱人利物之心。文忠苏公手书药法，亦在琼州别驾时。其用意一也。淳熙戊申三月十七日。
>
> 元祐六年夏，坡公既作《聪闻复字序》，后三年春，在武定复和其见，寄诗有"前生同社"之语。又后七年，当靖国辛巳，盖公梦奠岁也，犹赠

---

① 周必大：《周益国文忠公集》卷第十七《省斋文稿》十七。
② 孔凡礼：《苏轼年谱》，中华书局，1998 年。

诗僧道通诗云，"雄豪而妙苦而腴，只有琴聪与蜜殊"。其爱之重之如此。淳熙戊申三月，与洪景卢同以永思陵使事留泰宁寺获观。

> 文忠公在翰林时，两因答臣僚辞免有所论奏。其乞许安焘辞转官，见《内制集》。当时真迹未知存否，兹其一也。苏氏宜世宝之。淳熙戊申四月六日，东里周某书而归之公元孙朴。①

前面已经分析东坡收集书写医方的原因。在这一题跋中，周必大明确指出其中的主要原因，这就是跟唐代处于贬谪中的陆贽一样，"避谤不著书"，转向无关政治的实用方技。避谤的方式很多，正如周必大在前面的跋语所云，东坡还是志于"救人得道"，所以才没有沉溺于其他无聊的事情。

跟医方无涉，与避祸有关，周必大还有一则有意思的跋语。《跋东坡与赵梦得帖》云：

> 南海上有义士曰赵梦得，方苏文忠公谪居时，肯为致中州家问，其贤可知。公既大书姓字以为赠，又题澄迈所居二亭曰清斯、曰舞琴，特畏祸不欲赋诗，故录陶、杜篇什及旧作累数十纸以寓意。然《会茶帖》云：饮非其人茶有语，闭门独啜心有愧。诗在其中矣。仆生晚，不获从梦得，访公遗事而识其孙左奉议郎荆宽厚夷，雅力学，工词章，所至榜书室曰见坡，其慕向岂特翰墨而已。梦得真有后哉。乾道九年六月十九日。②

从此则跋语可知，周必大作为东坡的崇拜者，曾经不遗余力地探访东坡遗事。在这一过程中，结识了当年为贬谪海南的东坡传递家书的南海义士赵梦得的孙子。从那里看到了东坡誉录给赵梦得的几十份陶、杜篇什及自己的旧作，其中"饮非其人茶有语，闭门独啜心有愧"，本为其中《会茶帖》内的两句话，周必大认为东坡为了避祸，没有写给赵梦得新作，但这两句就相当是诗。经周必大披露，现在这两句作为东坡残句被补入集中，并作为饮茶诗而广泛流传。这两句若作为诗的话，从校勘学的角度看，我觉得前一句的"有"作"无"，无论形、意更工，即"饮非其人茶无语，闭门独啜心有愧"。不过版本无据，只能停留于理校。

---

① 周必大：《周益国文忠公集》卷第十八《省斋文稿》十八。
② 周必大：《周益国文忠公集》卷第十六《省斋文稿》十六，同样内容又见卷一百七十七《二老堂诗话》上《记赵梦得事》。

五、东坡题跋凸显的治学启示

《题东坡元祐手录》云：

> 前辈云，故事勿语子容，今事勿语君实。盖二公有所闻，必书之册也。然当时士大夫疑以传疑，未必皆信，后世以二公名德之重，率取法焉，记事所由异同也。今东坡书子容数说，往往与史不合。朝廷捕斩李壹，乃云为经略使所诛。杜祁公坐苏婿奏邸狱及与韩、范、富公厚善，为小人所挤，以庆历五年正月守兖，今乃谓留。蔡襄、孙甫、子容既有是说，君实亦笔之记闻。近岁李焘作《长编》，又杂取二说。不知去年十月，襄自缘亲老，得守福州，且是日既同首相章得象签书矣。祁公何惧于执中，遽焚圣语也？程琳以参贰被谴，后历外任，方除使相，未尝正拜，今谓之宰相，何耶？至如王巩作《甲申录》，十事九妄。吴春卿自汝州辞疾改留台，非因召还也。宴殿拆床，何至是哉。淳熙十五年四月一日，某题。①

这则跋语讲述了史实辨析的重要问题。周必大尽管没有像李焘那样编纂《续资治通鉴长编》，但同样关注北宋史，对一些重要的史实都有绵密的考证。在跋语中，周必大首先转述曾经流行的一种说法，即过去的事不要讲给苏颂，当今的事不要讲给司马光，因为这两个人只要听到就要记录下来。那么，记录下来有什么关系呢？周必大解释说，士大夫之间讲的不过是"疑以传疑"，未必都可信，但到了后世，因为这两个人都很有名望，大家就会相信他们所记录的东西。如此一来，历史事实的记载就会出现很多歧义。

的确如周必大所言，传世的司马光《涑水记闻》就是这样记录的产物，而今天的许多治宋史者往往不加辨析，当作信史来使用。不仅今人，与周必大同时的李焘作《续资治通鉴长编》，也是不加辨析地使用了这类记载。引发周必大在跋语中这番议论的是《东坡元祐手录》。周必大讲，据《东坡元祐手录》所记，苏颂记载的几个北宋史上的重要事件都与事实不符。在跋语最后，周必大还抨击王巩作《甲申录》，十事九妄。

一贯以实证的严厉目光审视史实的周必大，对笔记小说的记载往往不以为然。诚然，在当时，国史、家传多可传信，而作为士人雅好，记载异闻轶事的

---

① 周必大：《周益国文忠公集》卷第十五《省斋文稿》十五。

笔记小说虽或偶有隐秘事实披露，毕竟失实者多，故为周必大所轻。当然，今天治史，任何流传下来的史料都是宝贵的遗存。然而，面对各种史料，不可轻信，要再辨析。周必大的这则《题东坡元祐手录》以具体事例给人以良多的启示。

周必大的不少认识是接受东坡的启发，或者说是对东坡认识的发挥。《跋湖州沈寿冈之祖墓铭后》云：

> 志墓有美，而无箴久矣。然东坡谓钱翰林陈义峥嵘，不少自贬。则其所以称寺丞，其诸异乎人之称者与？①

沿着东坡讲钱藻"陈义峥嵘，不少自贬"，周必大讲到撰写墓志的一个重要问题，这个问题也是自墓志这种文体与生俱来的问题，即"谀墓"的问题。韩愈曾经对这一问题有过激烈的抨击。②自然，为墓主说好话，子孙后人皆大欢喜，这是私家撰写的这种墓志文体的性质使然，难以避免。不过，周必大从东坡的"陈义峥嵘"得到启发，有美无妨，但要有箴，方可教育后代，使墓志的品位得到升华。

六、东坡题跋反映的手迹流传与收集

周必大对东坡法帖情有独钟，倾力搜集，这在当时许多人都知道。一些拥有者会主动出示使其观赏，乃至赠予或售予。周必大的题跋中记载了不少自己观赏或获得东坡法帖的经过，如前述东坡在欧阳修手迹上的题跋。此外，我们再来看几则题跋。

《题东坡与佛印元师二帖》云：

> 圜极老僧彦岑年八十，坐亡于湖州道场山，留手书并以坡字寄予为诀，时淳熙乙巳腊月二十七日也。昔佛印元师两住金山，东坡往来数见之，尝以玉带衲裙相倡和，计平时书问甚多。此二帖殆元祐中所作耶。明年正月十五日某题。③

这是一个高僧赠给周必大的东坡帖。周必大不仅在跋语中讲述了获得的经

---

① 周必大：《周益国文忠公集》卷第十六《省斋文稿》十六。
② 参见王瑞来《碑志难以尽信——以宋人所撰碑志为例》，《江海学刊》2019 年第 3 期。
③ 周必大：《周益国文忠公集》卷第十五《省斋文稿》十五。

过，还对东坡的交往以及何时所作有所考述。以实证见长的周必大，其题跋大多带有这样的特征。

东坡生前与各地高僧多有交往，因此保存在寺院的东坡真迹法帖为数不少。同样，周必大也与东坡一样有着方外交游的兴趣。由于这个缘故，从寺院的僧人那里也得到了不少东坡真迹法帖。《题东坡远游庵铭》记载的获得经过很有意思：

> 右吴子野远游庵铭，庐陵僧智显顷在广东，得之富胥之家，自云传授皆有据，宝藏数十年。淳熙丙午，住通州琅山，大病垂死，嘱其徒从予易钱二十万为塔费。会病愈相访，首举是说。予笑曰，与其死后求售，孰若生前践言。既归，遂以为寄，且谓人多指为赝，公能识真，不暗投矣。然予亦未敢自信，以赣兄书鉴极精，走介求辨。得报云，初看亦甚疑，反复细观，乃大佳。虽老少不同，却笔意妍紧，非名手不能为。然后可信不疑。明年七月二日，某谨记。①

庐陵僧智显在广东的富户之家得到东坡的这一手迹。获得的经过，周必大在《又跋东坡远游铭》中提及："僧智显久在广东，喜作诗，善医术，因治病有功，宛转得之。"即这个和尚擅长医术，为人治好了病，作为酬谢而获得此帖。后来他自己病危，便让徒弟拿给周必大，希望换二十万钱（二百贯），用来为自己圆寂后修建墓塔。后来病愈，见到周必大的时候，首先就讲了这件事。周必大就趁机半开玩笑地说，与其死后再出售换钱，还不如生前就如约卖给我。这个和尚大概不好意思了，回去后就将这件手迹寄赠给了周必大。这则题跋不仅显示出东坡帖价钱昂贵，一件名帖的价值足以修建一座墓塔，还讲到一个现象值得注意。这就是，在东坡死后不过百年，南宋的东坡热，已经让东坡的真迹变得奇货可居，从而出现了赝品。比如周必大的《跋山谷题橘洲画卷》也讲到"近世伪传东坡录《橘传》"②。周必大对这件很多人认为是赝品的东坡帖，专门请行家鉴定，才最终"可信不疑"。

《题东坡子高无雪二帖》云：

① 周必大：《周益国文忠公集》卷第十五《省斋文稿》十五。
② 周必大：《周益国文忠公集》卷第四十九《平园续稿》九。

> 丙午秋，有衣冠子持坡帖两纸从小儿鬻钱，以七千官陌得之。朝士有秘书监沈虞卿、检正尤延之殚见洽闻，因请题其后。①

"衣冠子"者，官宦之家的子孙。他们祖辈中的一些人有机会与东坡接触，所以家中会有这类法帖手迹。后世子孙或许是家道中落，需钱而出售。卖给周必大的儿子，一定是闻知周必大喜欢坡帖而投其所好。官陌即官方规定的省陌钱，一贯一般为770钱。"以七千官陌得之"，"坡帖两纸"卖了近实足的5贯，可见价格也不菲。

周必大关于东坡的跋语，除了来自手书真迹或石刻法帖，有些则是他探访到的题名等遗迹。《跋净慧寺东坡题名》即是其中之一：

> 佛日净慧禅寺在桐扣黄鹤峰下，寺中有池，池有渥洼泉。东坡先生尝赋五绝句，所谓"细泉咽咽走金沙"者。堂上留题，今既百年，而诗僧慧举乃谋入石，可谓好事矣。桐扣以张华得名，俗云"同口"，非也。淳熙五年正月九日。②

东坡题名在净慧禅寺堂上，诗僧慧举曾有摹刻入石的打算。对这一题名，周必大考证，在当时东坡尚作五首绝句。检《东坡全集》卷五，这五首绝句题作《佛日山荣长老方丈五绝》，而周必大题跋所引用"细泉咽咽走金沙"，《佛日山荣长老方丈五绝》之三则作"细泉幽咽走金沙"，周必大当系凭记忆引述。

有些手迹并非真迹，而是出于与东坡有交往之人的子孙抄录，但由于与东坡有关，周必大观赏后也写下题跋。《跋邓埏所藏其祖温伯与东坡倡和武昌长篇》云：

> 苏、邓两公同直禁话旧赋诗，逮今逾八十载，东里周某始获敬观邓氏别本于行在所，因命院吏印其后印。盖景德二年旧物，两公尝佩之矣。升堂伏几而袭其裳，得毋象环之恧与？淳熙庚子正月二十八日。③

从唱和诗到抄件上的用印，想象当时的情景，令周必大神驰向往。这从跋

---

① 周必大：《周益国文忠公集》卷第十五《省斋文稿》十五。
② 周必大：《周益国文忠公集》卷第十七《省斋文稿》十七。
③ 同上。

语的字里行间可以感受得到。

周必大所见东坡手迹,对纸本以外石上摹刻的拓本文字也写有题跋。《题彭仲衡家东坡书黄庭内景经石刻》即属此类。跋云:

> 《集古录》有《黄庭经》二篇,不著书人姓名,其字亦止于不俗,一为六一先生所取。而殿中丞裴造好古君子之名,遂得附见。今武冈主簿彭铨仲衡收《黄庭内景》石刻,盖东坡书也。重以颍滨、山谷之诗、李龙眠之画,视集古所录,自当过之。所谓好古君子固应无歉于裴,独鄙言不足行远,为可愧耳。淳熙丙午四月二十日。①

在周必大看来,东坡所书《黄庭内景经》加上苏辙、黄庭坚的诗,李龙眠的画,比欧阳修《集古录》所收还要壮观。

在周必大的题跋中,还有东坡集的刊刻记录。《跋唐子西帖》中提及:

> 及守九江,适虏骑犯舒。立夫参用民兵备御,整暇方督匠刻东坡集,人赖以少安。②

这是讲北宋宰相张商英的儿子张立夫在南宋孝宗朝担任江州知州时,在抵御金兵入侵的倥偬之际,尚在刊刻东坡集。跋语固然是以此事例表现张立夫在强敌当前,犹如曹操横槊赋诗般地神闲气定,借以安定人心,但也透露出一个南宋刊刻东坡集的事实。

除了题跋,周必大在周游各地、徜徉山水之际,常常注意搜访东坡遗迹,除了题名、佚句的收获,还偶有获闻东坡的一些遗闻轶事。比如《闲居录》记载的这一则就很有意思:"(九月)丙申,监镇秉义郎陈士章殂。士章杂流出身,或云东坡遗腹子也。其状亦仿佛,而两子皆登科。"③陈士章相传为东坡遗腹子,盖亦出私生。在周必大看来,这个陈士章与东坡在相貌上也有几分肖似。这表明,周必大相信这一传闻。

---

① 周必大:《周益国文忠公集》卷第十七《省斋文稿》十八。
② 周必大:《周益国文忠公集》卷第四十八《平园续稿》八。
③ 周必大:《周益国文忠公集》卷第一百六十六《杂著述》四。

七、东坡题跋对"东坡"之号的发覆

《书曾无疑匹纸》云：

> 苏文忠公素慕白乐天之为人，盖二公文章皆以辞达为主。其忠厚乐施，刚直尽言，与人有情，与物无著，亦略相似。乐天为忠州刺史，作东坡种花二诗，又有步东坡诗云："朝上东坡步，夕上东坡步，东坡何所爱，爱此新成树。"文忠公中年谪黄州，偶因筑室，号东坡居士，尝赋八诗，其属意有自来矣。后为从官，美乐天口之不置，如云"定似香山老居士，世缘终浅道根深"，又云"我似乐天君记取"，又云"出处依稀似乐天"，其他形于诗者尚多。惜乎闲居二十年之志速莫能遂，黄门公不云乎，子瞻之仕，其出入进退，犹可考也。后之君子，其必有以处之矣。庆元己未二月三日，友人曾无疑出示匹纸，为书此说。

除了这则题跋，周必大后来又从东坡喜爱白居易的角度重申此说：

> 白乐天为忠州刺史，有东坡种花二诗，又有步东坡诗云："朝上东坡步，夕上东坡步。东坡何所爱，爱此新成树。"本朝苏文忠公不轻许可，独敬爱乐天，屡形诗篇。盖其文章皆主词达，而忠厚好施，刚直尽言，与人有情，于物无著，大略相似。谪居黄州，始号东坡。其原必起于乐天忠州之作也。①

观此，周必大对东坡之号的发覆推广之功诚不可没。

结语：周必大东坡崇拜与南宋"东坡热"

深入探究起来，周必大的东坡崇拜除了时代因素之外，其实还有他的个人因素。"生之辰月宿南斗"这一偶然与韩愈、苏轼的相同现象，让周必大的意识中宿命地产生了一种从这一文脉"为往圣继绝学"的使命感。尽管后来作为政治家的政名几乎遮蔽了文名，以 200 卷著作传世的周必大，还拥有值得重视的文学与学术成就。与周必大同时的朱熹就说："于当世之文独取周益公，于当世

---

① 周必大：《周益国文忠公集》卷第一百七十七《杂著述》十五《二老堂诗话》上。

之诗独取陆放翁。盖二公诗文气质浑厚故也。"①《四库提要》则综合归纳指出："必大以文章受知孝宗，其制命温雅，文体昌博，为南渡后台阁之冠。考据亦极精审，岿然负一代重名。著作之富，自杨万里、陆游以外，未有能及之者。"②"常恐斯文无砥柱，独推佳句有师承"。③东坡作品滋养了南宋的文坛，丰富了南宋士人的精神世界。

苏轼作品在后世的流传，南宋是传承过程中的重要一环。除了文章开头所探讨的南宋东坡崇拜的各种因素之外，其实不能忽视的还有社会因素。北宋覆亡，政治重心转移到了江南，与原本的经济重心合一。继唐宋变革之后，中国社会由此开启了新一轮宋元变革。地域社会的强势，商品经济的繁荣，入仕艰难导致的士人流向多元化，道学注重的移风易俗，印刷业的兴盛，文化的加速下移，这样的社会背景让东坡作品深入到民间。在这一过程中，作为政界领袖、文坛翘楚的周必大起到了重要的推动作用。

以上，将周必大文集中关于东坡的题跋大致分为对于东坡行历的记载与考证、反映的诗文写作与文坛轶事、折射的政治风云、"避谤不著书"、凸显的治学启示、手迹流传与收集以及对"东坡"之号的发覆这样几个类型，进行了简略的提示性发覆。周必大的东坡题跋，作为苏轼研究的一部分很值得继续深入开掘。东坡题跋除了对苏轼作品研究具有索隐探微的意义，其实从周必大的引述阐发，还可以深入展开东坡人物论，题跋中不乏对东坡人格的揭示。比如"问汝平生功业，黄州惠州儋州"的自赞，海南贬谪归来，高昂吟诵的"毫发无遗憾，波澜独老成"诗句，历经磨难，人生无悔，依然乐天知命、不减豪情的东坡精神本质颇可概见。

作为隔世呼应，我们品味东坡题跋，不仅可以从中看到题跋作者周必大作为东坡崇拜者的热情，还可以看到其作为学者，博学、严谨以及考证功力的一面。

一北一南，同谥文忠，东坡的隔世知音，周必大当之无愧。以周必大的东坡题跋切入，作为个案展开，尚可略窥东坡在南宋影响之一斑，此亦周必大东坡题跋的价值所在。

---

① 罗大经：《鹤林玉露》丙编卷五《周文陆诗》，王瑞来点校，中华书局，1983。
② 永瑢等：《四库全书总目》，中华书局，1965。
③ 周必大：《周益国文忠公集》卷第五《省斋文稿》五《同年杨谨仲示苓林诸帖皆以老杜相期惟童敏德谓不合学东坡殆非知诗者辄用此意成恶语一篇为诞辰寿祝颂之意见于末章》。

从苏轼做人看来自父母及家族的教育与影响

杨胜宽

摘　要：苏轼的最大成就在于其做人的成功，这不仅体现在其为千载所仰的伟大人格上，也体现在其为政、创作等"立功""立言"方面。做善人，行善政，为善事，是苏轼一生始终不变的理想追求。这种追求与成功，都与其早年受到的来自父母及家族重要成员的言传身教分不开。大体而言，母亲教会他做人，父亲教会他写作，伯父教会他为政。而其所受潜移默化影响，则更为广泛和多样。这些因素，塑造了苏轼在中华文明史上的全能型士大夫形象。

关键词：苏轼　做人　为政　创作　教育与影响

　　唐代益州长史苏味道后代留居眉州的苏份一支，历中唐至五代末的二百余年间，一直默默无闻。到苏轼祖父苏序，与史氏夫人共育三子，中子苏涣进士及第入仕，改写了五代以来眉山苏氏家族无人入仕为官的历史，也转变了当地士族避乱不愿做官的风俗。季子苏洵二十七岁始发愤读书，两次科考失败转而"自托于学术"，后来不仅成为宋代散文名家，而且与程氏夫人共同培养造就了苏轼、苏辙兄弟两位复合型人才，使他们联袂成为宋代一流的名臣和文学大家。按照苏洵作于真宗至和二年（1055 年）的《族谱后录·下篇》的说法，其父苏序"喜为善而不好读书。晚乃为诗，能自道，敏捷立成，凡数十年得数千篇。

　　本文作者杨胜宽，乐山师范学院教授、原党委书记。中国苏轼研究学会原副会长。主要从事三苏文化研究。

上自朝廷郡邑之事，下至乡间子孙畋渔治生之意，皆见于诗。观其诗虽不甚工，然有以知其表里洞达，豁然伟人也"。①从苏洵的这段重要叙述里，我们似乎看到了眉州苏氏迅速崛起的一些耐人寻味的经验启示："为善"是苏序立身处世的根本，"薄于为己而厚于为人"，是其与人为善的基本原则，从"得人欢心"之中获得自身的最大满足与快乐。"为诗"不必仅靠读书以获取知识技能，而是要表现时代社会主题和现实生活内容，且最重要的是要诗如其人，观其诗俨然能够见到一个"表里洞达，豁然伟人"的诗人形象。也就是说，写诗即书写人生。人生所见所闻所感所悟，如实道来，无须刻意追求所谓"工"的技巧，故写诗并非什么艰难之事。苏洵自谓作《族谱》"藏之于家，以示子孙"，其根本目的就在于教育子孙后代，让他们从先辈的人生经历中获得为人为学的有益启示及成功经验。如果从教育的角度去理解苏洵所讲的"为善"与"为诗"之道，这里实际上已经涉及了家庭教育的两大核心内容：为人与为学，以及为学的最终目的是什么的人生根本问题。

在苏轼兄弟的成长经历中，来自父母及家族的教育与影响极为重要，耳提面命的教诲与言传身教的影响缺一不可，甚至在某种意义上，后者的作用更为广泛而深远。因此，今天探讨苏轼的人生成功秘诀，可以将两个方面结合起来进行考察。

一、读书目的在于懂得做人的道理

从苏轼兄弟的相关资料记载看，苏轼开始读书时年八岁，入乡校读小学，老师是天庆观道士张易简。苏轼本人晚年在贬所儋州作于哲宗绍圣五年（1098年）的《众妙堂记》里有详细追忆："眉山道士张易简教小学常百人，予幼时亦与焉。居天庆观北极院，予盖从之者三年。"②在此读书期间，发生了一件对苏轼人生观影响甚大的事，即苏轼与张易简关于石介所作《庆历盛德诗》的一番对话。苏轼在元祐四年（1089年）所作的《范文正公文集叙》里说："庆历三年，轼始总角入乡校，士有自京师来者，以鲁人石守道所作《庆历盛德诗》示乡先生。轼从旁窃观，则能诵其词。"苏轼问老师，所诵十一人是什么样的人？老师回答：童子何必关心这些？苏轼并不满意老师嫌他年幼而不告知，故

---

① 苏洵：《嘉祐集笺注》卷十四，曾枣庄、金成礼笺注，上海古籍出版社，1993，第386页。
② 《苏轼文集》卷十一，孔凡礼点校，中华书局，1986，第361页。

有所谓是天人则不敢知，是常人则何尝不可知的惊人之语。张易简"奇其言，尽以告之"，并且趁机开导苏轼说，韩、范、富、欧四人是一代"人杰"。苏轼自言："时虽未尽了，则已私识之矣。"①年仅八岁的苏轼对所谓"人杰"的含义可能还不完全理解，对他们何以被老师赞扬为"人杰"的原因也未必很清楚，但在他幼小的心灵里，已经将韩、范、富、欧四人是当代"人杰"这一关键点记住。乡校老师对苏轼的启蒙教育，在苏轼天真无邪的心中，留下了"人杰"受到世人赞美的深刻印象，也播下做"人杰"的人生理想种子。特别是由老师亲口道出，令初入小学的孩童苏轼尤其信服，并且成为永久性记忆，终身未尝一刻有忘。后来他为范仲淹作《范文正公文集叙》，为富弼作《富郑公神道碑》，与韩琦保持亲密关系且受到对方"国士"的礼遇，而其受欧阳修的知遇之深与提携之人，则是众所周知的事。叮算其为儿时记忆中的"人杰"尽了一份心想而事成的责任。值得注意的是，苏轼评范仲淹，则对其以"德"取信天下，士人无不师尊之给予高度赞美。②评价欧阳修，谓其"以通经学古为高，以救时行道为贤，以犯颜纳谏为忠"③，则以气节引领士林风俗、培育成就一代英才称誉之。

苏轼十岁时，见母亲读《后汉书·范滂传》，母子之间又有一番关于如何做人的对话。苏辙在苏轼死后为其撰写的墓志铭里，对此事加以特别记载："公生十岁，而先君宦学四方，太夫人亲授以书。闻古今成败，辄能语其要。太夫人尝读《后汉书》至《范滂传》，慨然太息。公侍侧曰：'轼若为滂，夫人亦许之乎？'太夫人曰：'汝能为滂，吾顾不能为滂母耶！'公亦奋厉有当世志。太夫人喜曰：'吾有子矣！'"④程夫人之所以读《范滂传》而慨然太息，是因为范滂的为人与悲剧人生太令人感动了。

范滂的事迹，载于《党锢列传》中，与之同传者，有李膺、陈蕃、杜密等所谓"党锢"主要人物。范晔在记载这些人的事迹之前，有一长段议论性文字，叙述汉代政治清浊与士林风尚变化的关联性，谓"逮桓、灵之间，主荒政缪，国命委于阉寺，士子羞与为伍。故匹夫抗愤，处士横议，遂乃激扬名声，互相

---

① 《苏轼文集》卷十，第 311 页。
② 同上书，第 312 页。
③ 同上书，第 316 页。
④ 苏辙：《栾城集·栾城后集》卷二十二，曾枣庄、马德富点校，上海古籍出版社，1993，第 1411 页。

题拂，品覈公卿，裁量执政，婞直之风，于是行矣"①。显然，士林与执政官吏以清浊形成分野，最终招致掌权者以"党锢"的罪名搜捕二百余人，范滂即是其中之一。范滂自知必死，在与母亲诀别就狱之际，安慰道："惟大人割不可忍之恩，毋增悲戚。"母亲则对范滂说："汝今得与李、杜齐名，死亦何恨！既有令名，复求寿考，可兼得乎？"范滂跪而受教，再拜辞行。行前范母又对儿子说道："吾欲使汝为恶，则恶不可为；使汝为善，则我不为恶。"②令人唏嘘的是范母对儿子范滂所说的"令名"与"寿考"不可兼得，以及做人"为恶"与"为善"的是非抉择，道出了一个做人的道理：人的生命只有一次，最可宝贵，但面对生与死的考验，正确的选择应该是"为善"。虽然掌权者可以夺去生命，但"为善"之人将名垂青史，永远被后人所铭记和颂扬。

程夫人之感慨太息，表明她切身感受到了范母在亲情、善恶、生死之间作出的毅然选择。范滂虽然死了，但他的精神将要在苏轼的身上重放光彩。苏轼似乎已经明白了母亲为什么叹息，故主动向母亲说，愿意做范滂那样的履善嫉恶之人。程夫人听到儿子有此远大而崇高的做人志向，非常欣慰，故鼓励苏轼，自己愿做范母那样的人，需要在割舍亲情与让儿子从善嫉恶之间作出选择时，她会欣然与范母同风。程夫人发出"吾有子矣"的由衷感言，是对苏轼树立正确人生价值观的重要教导，让苏轼明白做好人、行善事可能将面临生死考验的深刻道理。观察苏轼一生为人处世，他没有辜负母亲的教诲与期望。尽管在仕宦道路上遭遇了许多坎坷，也曾面临或将付出生命的重大考验，但他不仅没有后悔过，反倒是越来越坚定了做人的根本信念。善待自己，善待他人，一直是苏轼平生行事的基本准则。朋友的喜爱，政敌的憎恨，均在于此。宋高文虎《蓼花洲野录》云："苏子瞻泛爱天下士，无贤不肖欢如也。尝言：'自上可以陪玉皇大帝，下可以陪卑田院乞儿。'子由晦默少许可，尝戒子瞻择交。子瞻曰：'吾眼前见天下无一个不好人。'"③只有心地无比纯洁善良的人，其视天下人才能皆见其善，甚至包括那些打击陷害过他的恶人。

二、入仕目的在于实现人生的理想

苏轼早年潜心科举，其为应试而写作的《策论》《进论》各二十五篇。虽

---

① 《后汉书·党锢列传》，中华书局，1982，第 2185 页。
② 《后汉书·党锢列传》，第 2207 页。
③ 颜中其编注《苏东坡轶事汇编》，岳麓书社，1984，第 91 页。

然首要目的不在于阐述其对天下治乱的观察与感悟，但事实上表现了其对当朝政治变革的基本主张。他在获得科举考试成功之后，这些政治主张大多在其为政履职过程中得以实践和完善。苏轼一生几起几落，宦迹四方，但他始终把以身许国、务实为民作为实现人生理想的根本目标，矢志不渝。这与其早年接受父母、伯父的谆谆教诲密切相关。

苏轼早年接受的母亲的启蒙教育中，就有很突出的引导其树立远大人生理想的用意。司马光在《程夫人墓志铭》中说："轼、辙之幼也，夫人亲教之，常戒之曰：'汝读书勿效曹耦止欲以书自名而已。'每称引古人名节以励之曰：'汝果能死直道，吾无戚焉。'"①这里所教的不仅是怎样读书，还告诫苏轼兄弟：读书只是实现人生价值和理想的过程与手段，绝不能把它作为最终目的。像范滂那样一开始就有澄清天下的高远志向的人，才能够在遭遇挫折乃至生命危险时坚守理想不动摇、不畏惧，以身殉道，即使付出生命代价也不退缩。母亲可以断然割舍儿女亲情，子辈才可以在面临考验时无所牵挂，义无反顾。

苏轼伯父苏涣是苏家第一个考取进士而步入仕途的人。后来苏轼进士及第，即将做官，对于为官之道并无经验，故专门向伯父请教。据《颍滨语录》载：颍滨尝语陈天倪云："亡兄子瞻及第调官，见先伯父，问所以为政之方。伯父曰：'如汝作《刑赏忠厚论》。'子瞻曰：'文章固某所能，然初未尝为政也，奈何？'伯父曰：'汝在场屋，得一论题时，即有处置，方敢下笔，此文遂佳。为政亦然。有事入来，见得未破，不要下手，俟了了而后行，无有错也。'至今以此言为家法。"②表明苏家后来入仕为官者，均遵循苏涣的"为政之方"。这种方法的根本，在于对任何一件事，必须要深入调查了解，弄清事情的真实情况及其来龙去脉，这是处理事情的前提和基础。但更加重要的是，要"见得破"，即必须考虑清楚解决此事的有效办法。其中包括广泛听取各种意见、建议及反对者的声音，对利害得失进行权衡比较，对可能遭遇风险障碍准备应对预案及破解方法等。一旦到了"了了而后行"的阶段，付诸行动就必须善始善终，善作善成，根据实际情况的变化不断完善工作步骤与方法，力争取得最好的结果。

苏轼在凤翔府签判任上，处理衙前役工伐木放漕之事，就很好使用了伯父

---

① 司马光：《传家集》卷七十八，吉林出版集团，2005，第755页。
② 颜中其编注《苏东坡轶事汇编》以为《颍滨语录》系陈天倪所撰，其说恐误。观"颍滨尝语陈天倪"，子瞻"见先伯父"及"至今以此言为家法"等语，似为苏辙孙辈所编纂，类似苏籀编纂之《栾城遗言》。颜说见该书第25页《凤翔签判》注(1)。

交给他的为政方法。苏轼在写给韩琦的书信中，陈述了凤翔之衙前役，非常繁重，已经到了民不堪命的程度。而自渭入黄的放筏任务，恰恰安排在两河汛期进行，令不少役工因此而丧生，导致人亡家破。苏轼对此事的处理，苏辙在《亡兄子瞻端明墓志铭》里有详细记录："除大理评事，签书凤翔府判官。长吏意公文人，不以吏事责之。公尽心其职，老吏畏服。关中自元昊叛命，人贫役重。岐下岁以南山木筏，自渭入河，经底柱之险，衙前以破产者相继也。公遍问老校，曰：'木筏之害，本不至此，若河、渭未涨，操筏者以时进止，可无重费也。患其乘河、渭之暴，多方害之耳。公即修衙规，使衙前得自择水工，筏行无虞。乃言于府，使得系籍，自是衙前之害减半。'"①以前的官员之所以没有及时发现问题并及时加以纠正，主要在于习惯了官僚主义作风，对实际情况缺乏了解，不知道问题症结在哪里。经过苏轼"遍问老校"进行调查研究，弄清了要解决放筏之害的关键，选择恰当的时机，给衙前役者自择水工的权限。不仅保证了任务的完成，而且避免了放筏者触险丧生的悲剧发生。苏轼从修订衙规着手，实践成功之后又上报知府，使之规范化、制度化、常态化。他能够把一件长期为患的事，处理得如此周全而完美，充分体现了"尽心其职"的务实为民作风。不仅让"老吏畏服"，更重要的是最大限度地保证了人民的生命财产安全。

苏轼后来对神宗与王安石所厉行的熙宁变法，其持反对态度的一个重要原因，也是质疑变法的调查研究不深入，心理准备不充分，谋划布局不周密，利弊研判不全面。担心其急功近利，急于求成，难以坚持到底，无果而终。他在上奏神宗皇帝的奏疏中说："但恐立志不坚，中道而废。孟子有言：'其进锐者其退速。'若有始有卒，自可徐徐，十年之后，何事不立。孔子曰：'欲速则不达，见小利则大事不成。'使孔子而非圣人，则此言亦不可用。《书》曰：'谋及卿士，至于庶人，翕然大同，乃底元吉。'若违多而从少，则静吉而作凶。"②熙宁变法追求富国强兵的目标，目的在于解决北宋立国以来日益凸显的财政危机和国防薄弱，本身并无可厚非，但问题在于求利太急，超过了老百姓所能承受的程度。重大变法措施出台没有广泛征求朝野上下的意见，下层民众对这些举措因不理解而难于接受。变法政策在实施过程中缺乏监管和追踪了解，使看起来较好的政策措施在执行之中变形走样，老百姓成为最终受害者。一次涉及

---

① 苏辙：《栾城集·栾城后集》卷二十二，第 1411 页。
② 《苏轼文集》卷二十五《上神宗皇帝书》，第 731–732 页。

内政外交的重大变法活动，就因为受到士大夫的激烈反对和民众的不支持，不得不因神宗去世而半途而废。一定程度上应验了苏轼最初的担心。

苏轼母亲支持父亲苏洵读书治学的例子对苏轼为政敢于担当的精神也颇有积极影响。据司马光《程夫人墓志铭》记载，"府君（苏洵）年二十七犹不学，一旦慨然谓夫人曰：'吾自视今犹可学，然家待我而生，学且废生，奈何？'夫人曰：'我欲言之久矣，恶使子为因我而学者。子苟有志，以生累我可也。'即罄出服玩鬻之以治生，不数年，遂为富家。"①苏洵二十七岁犹不务学，忽然之间专心学问，其一家生计之事全赖程夫人操持。况且这一年正好苏轼出生，这样的家庭负担，对于程夫人来讲是极为繁重的。但为了丈夫的事业，她毅然作出牺牲并且郑重承诺，把家里的所有事务都扛在肩上。为了生计，甚至将自己的衣服饰物等全盘卖掉。数年间，苏家的生活不仅有保障，而且成为眉山城里的富裕之家。虽然在此过程中，苏轼还在过着无忧无虑的童年生活，但这段特殊家庭发展变化史，他不可能没有耳濡目染，在其幼小的心灵中，会留下一些印象深刻的记忆。母亲重然诺、敢担当、有作为的性格与精神，在苏轼一生为官做事过程中，起着不可忽视的示范作用。

苏轼在后来的仕宦经历中，始终坚持务实的工作作风，把利民惠民作为施政的出发点与落脚点，也作为实现自己人生理想的重要途径。积极作为，勇于担当，善谋善成，即使是需要冒很大的政治风险也无所顾忌。这是他做官为政贯穿始终的人生理想追求，也是其从小所受父母亲即家族教育影响的必然选择。故其每到一处都能有所建树，留下很好的亲民、惠民的循吏与廉吏形象。比如密州抗旱捕蝗、徐州保城抗洪、杭州疏浚西湖，时至今日当地的人还在分享着苏轼当年的政绩成果。即使是在被贬谪的那些人生十分艰难的岁月，他依然心系百姓，力所能及地为民解忧纾困。像在黄州劝导、改变溺杀女婴的陋习；在惠州推广养马技术、捐助修桥、改善城市饮水；在儋州劝阻杀牛、传播中原文化、兴办偏远地区教育等，他每到一处留下的惠政惠声，让当地老百姓依恋不舍，永世难忘。林语堂曾评价苏轼说："在社会改革的余波中，他一个人热心赈灾，不顾官僚制度的巨大阻力，简直好像只有他关心广泛的饥荒和流浪的灾民。他始终替人民对抗政府，为穷人争取债务免还的德政，最后终于成功。他只想维护自己的本色。今天我们可以说他真是一个现代人。"②历代为苏轼遗迹所建

① 司马光：《传家集》卷七十八，第754-755页。
② 林语堂：《苏东坡传》，宋碧云译，海南出版社，1993，第12-13页。

的各种亭台祠馆，今天还在发挥着教育世人的广泛而积极的正面作用。后世爱戴、景仰于苏轼的，正是他始终不变地关注现实、不计荣辱的初心及重视民生、为民造福的德政。

三、创作目的在于直面现实的需求

文学艺术创作是苏轼人生的重要内容，是其将生活艺术化的主要途径。无论在其身处顺境时，还是跌落逆境中，创作都是其生活乃至生命的有机组成部分。尤其是当遭遇人生苦难时，更能让他回归内心世界，冷静地思考生活的方式、人生的价值、未来的去路。苏轼在灿若繁星的历史发展长河中留下其靓丽的身影，某种程度上讲，主要不是以其在政治上取得的成功，而是其在文学艺术上所留下的众多杰作，以及为中华文明所做的突出贡献。

在苏轼的创作发展道路上，其父苏洵无疑发挥了教育的主导作用，并对其产生了深刻影响。苏轼的文学写作，与很多宋代读书人一样，都是从练习科举应制作文开始的。苏洵因为自身两次应考失败，使得他无法像一般士子那样打通科举入仕的门径，直接影响到其一生的仕途发展。这跟其兄苏涣相比，无疑对苏洵的自信与自尊，都造成了比较大的伤害。从其父苏序得知苏涣高中进士，远道去剑门关迎接之举看，苏洵知道父亲嘴上虽没说什么，但其心中未尝没有对自己"终日嬉游"①贪玩误学的某种失望。笔者在二十多年前所著的《苏轼人格研究》一书中曾对此有过探讨，此不再赘言。②苏洵把自己科举考试失败的耻辱与教训，转化为对两个儿子精心准备进士考试训练的动力，希望以此弥补自己的遗憾，开创苏轼兄弟的光明仕途前程。苏辙《颍滨遗老传上》说："先生（苏洵）既不用于世，有子轼、辙，以所学授之，曰：'是庶几能明吾学者。'"③而其《坟院记》也说："先公既壮而力学……有二子，长曰轼，季则辙也。方其少时，先公先夫人皆曰：'吾尝有志兹世，今老矣，二子其尚成吾志乎！'"④苏洵以所学教授二子，当然不仅仅是应付科举，但在他们准备科考的过程中，父亲作为过来人，悉心教之，希望他们一举成功，也是极为自然的。

但是，苏洵打心底里是极为反感科举考试的程式刻板模式和淫辞丽藻文风

---

① 苏洵：《嘉祐集笺注》卷十五，第401页。
② 杨胜宽：《苏轼人格研究》，四川大学出版社，1994，第261-262页。
③ 苏辙：《栾城集·栾城后集》卷十二，第1280页。
④ 同上书，第1568页。

的。他让儿子们练习"时文",只不过是把它当"敲门砖"使用,而文学写作的根本目的并不在此,这方面的道理苏洵也为苏轼兄弟讲得不少。苏轼后来在所作《凫绎先生诗集叙》里依然记得父亲当年的教诲:"昔吾先君适京师,与卿士大夫游,归以语轼曰:'自今已往,文章其日工,而道将散矣。士慕远而忽近,贵华而贱实,吾已见其兆矣。以鲁人凫绎先生之诗文十余篇示轼曰:小子识之,后数十年,天下无复为斯文者也。'"虽然苏洵没有对颜太初的诗文作直接评价,但苏轼已经深会其意,故其发挥父亲语焉未详之意曰:"先生(颜太初)之诗文,皆有为而作,精悍确苦,言必中当世之过,凿凿乎如五谷必可以疗饥,断断乎如药石必可以伐病。其游谈以为高,枝词以为观美者,先生无一言焉。"①苏洵把为文之"道"与文章之"工"相对立,意在批评仁宗庆历时期的文学风气,重在追求形式之工巧,而对于文章反映社会现实的内容却鲜少重视,故苏洵对当时文学发展的前景表示悲观。苏轼认为,父亲之所以称扬颜太初的诗文,就在于这些作品对现实有用,可以如五谷之疗饥,如药石之伐病;而其诗文风格,则很好地避免了游谈为高、枝词为美的形式主义偏向。苏轼领悟父亲关于为文的此番道理,努力将其落实到自己的文学艺术创作实践中,始终牢牢把握住创作服务现实的方向与需要。苏轼为父子三人南行入京沿途所作诗文唱和集作序,也特别申言此旨:"自少闻家君之论文,以为(文章)古之圣人有所不能自已而作者。故轼与弟辙为文虽多,而未尝敢有作文之意。"②强调不能为文而文,不要把工巧作为创作的首要追求,而应该有感而发,有为而作。只要内容充实,感受真实,自然会成为好作品。事实上,苏洵针对现实所作《几策》《权书》《衡论》等,自言是"不得已而言之书"③,"其用可以至于无穷"④,这种创作实践,给了苏轼很好的启示和示范。

纵观苏轼一生的文学艺术创作理论与实践,有为而作,讲求实用,特别注重揭露现实矛盾,针砭时弊,以求匡补之效,是其始终不变的创作原则追求。在熙宁变法期间,新政不断出台,但实施效果如何,农民是否真正从改革中受益,朝廷并不太关心。苏轼作为地方基层官员,他针对新法实施中所见所闻的弊端与问题,以诗歌的艺术形式加以反映,期望执政者能够体察民情,注意纠

---

① 《苏轼文集》卷十,第313页。
② 同上。
③ 苏洵:《嘉祐集笺注》卷二,第26页。
④ 同上书,第79页。

正政策失误。但这种创作动机和表现方法，却被新法推动者视为别有用心、大逆不道之举，采用断章取义、任意曲解等手段，罗织成为"乌台诗案"，把苏轼送尽了御史台监狱。苏辙在苏轼死后追记其事说："初，公既补外，见事有不便于民者，不敢言，亦不敢默视也。缘诗人之义，托事以讽，庶几有补于国。……言者从而媒蘖之……必欲置之死。"①变法政策不便于民，苏轼作为地方官员和一个诗人，他不敢上书直言，转而采取托事以讽的艺术手法来为民代言，这无论从哪个方面看都是正当的。因为从父亲那里接受的教育，就是要求诗文要如药石一般发挥救治社会弊病的疗效。这是其服务现实需要的充足理由和基本权力，却不料遭遇诗祸，差点送命。

尽管如此，苏轼并未因遭遇文字狱而搁笔退缩。他那颗忧国之心，依旧怦然跳动，不以一己祸福而改易素操。在其第二次遭遇岭海之贬时，在惠州作《荔枝叹》，愤然喊出"我愿天公怜赤子，莫生尤物为疮痏。雨顺风调百谷登，民不饥寒为上瑞。君不见武夷溪边粟粒芽，前丁后蔡相笼加。争新买宠各出意，今年斗品充官茶。吾君所乏岂此物，致养口体何陋耶"的强烈讽喻呼声。其锋芒直指皇帝，言辞尖锐程度丝毫不减于当年揭露新法弊端。南宋人黄彻对此评价说："坡作《荔枝叹》云（略），补世之语，不能易也。"②清人汪师韩则云："'君不见'一段，百端交集，一篇之奇横在此。诗本为荔枝发叹，忽说到茶，又说道牡丹，其胸中郁勃有不可以已者。惟不可以已而言，斯至言至文也。"③只有把民生疾苦永远装在胸中的诗人，才能触事辄发，敢于大胆表露真心真情。如此立意深刻、感情丰富的批判现实作品，即使没有刻意讲究写作技巧，也是可以流芳百世的"至言至文"。苏轼一生文学艺术创作的高峰期及佳作盛产期，往往出现在其身处逆境之时，这是特别引人注目的。爱国诗人陆游在跋苏轼《与吕陶帖》时指出："公不以一身祸福，易其忧国之心，千载之下，生气凛然。忠臣烈士，所当取法也。"④陆游以书观人，极为赞赏苏轼书如其人，文如其人。希望后世士人学习苏轼，不仅在于学习其创作典范，还要学习其忧国忧民情怀和敢于面对灾祸的凛然气节，这是很有见地的。

---

① 苏辙：《栾城集·栾城后集》卷二十二，第1414页。
② 黄彻：《碧溪诗话》卷五，汤新祥校注，人民文学出版社，1998，第72页。
③ 张志烈、马德富、周裕锴主编《苏轼全集校注》（诗集）卷三十九，河北人民出版社，2010，第4592页。
④ 陆游：《陆放翁全集·渭南文集》卷二十九，上海书店，1992，第177页。

　　苏轼一生的成就和影响，超过父亲与弟弟，这在某种程度上可能也超越了父母亲早年的预期。苏洵早年作《名二子说》，对苏轼唯以"不外饰"告诫之。①作为父亲，苏洵从小就看准了苏轼的个性，提醒其要注意"外饰"，不然人生道路恐怕免不了坎坷崎岖。然而，苏轼的个性发展，似乎一直触犯着父亲的忌讳，以及弟弟的多次好心劝告。无论是为官、为文、为人，他都尽量消除一切掩饰、遮蔽其本性的东西。苏轼在遭遇诗祸前的元丰元年（1078 年）为友人章楶作《思堂记》，论及思与行的关系，结合自身入仕以来进退得失的反思，说过这样一段话："言发于心而冲于口，吐之则逆人，茹之则逆余。以为宁逆人也，故卒吐之。君子之于善也，如好好色，其于不善也，如恶恶臭。岂复临事而后思，计议其美恶而避就之哉！……若夫穷达得丧，死生祸福，则吾有命矣。"②苏轼一生灾祸，可以说都跟其口无遮拦有关。他自己也非常清楚这一性格特点。但他反省的结果，仍然决定保留本色，坚持向善嫉恶，不假辞色，心之所欲言，即使招惹祸端，也绝不违心地吞回肚子里。他把穷达得丧，都交给命运安排，不刻意去做选择和避就。看来，母亲早年读《后汉书》，鼓励他做范滂那样的人，这一儿时记忆影响了他一生，也塑造了成功而伟大的苏轼。

---

① 苏洵：《嘉祐集笺注》卷十五，第 415 页。
② 《苏轼文集》卷十，第 363 页。

北宋兴学运动中的苏轼与"内圣外王"的教化之道

杨吉华

摘　要：北宋范仲淹的庆历兴学，对苏轼科举应试的教育准备具有一定的价值引导作用，也为苏轼形成德才兼备的"内圣外王"型人才理念主张，准备了实践经验。在王安石的熙丰新政中，苏轼直接参与了与教育和科举取士改革相关的理论争锋。苏轼主张，以科举取士为手段，敦促文人士大夫"学以成圣"。通过文教事业，传承"斯文"之道，是文人士大夫对自我文化主体身份应有的自觉责任担当。在宋代"与士大夫共治天下"的理想追求中，苏轼将"文"的理想与"官"的实践相结合，以自己的实际文教行动学以践道，较好地诠释了在唐宋转型背景下，"内圣外王"的教化之道所具有的重要意义。

关键词：科举取士　内圣　外王　苏轼

在唐宋转型的时代背景下，一方面，赵宋王朝"与士大夫共治天下"政治理念的提出与"重文轻武"政策的执行，极大地激发了宋代文人士大夫以天下为己任的外向型淑世情怀；另一方面，伴随着极具内敛成熟型"宋型文化"的逐步发展形成，宋代文人士大夫的心态也经历了一个由外在进取逐渐转向内在精神关怀的过程。自《庄子》以来的"内圣外王"思想，经过历代儒家创造性的诠释，在宋代儒释道三家合流的文化背景下，也成了"宋学"的一个重要精

本文作者杨吉华，现为云南师范大学文学院副教授。

神要义所在。通过内在心性修养之径成为道德高尚的圣贤之人，是"内圣"的本质性规定；对于王而言，以道治世，实现天下太平盛世，是"外王"的必然要求；而对于文人士大夫而言，则将"王"的"以道治世"替换为"以道事君"，并在修己成人的过程中，辅佐君主实现王道理想，是为"外王"。科举取士制度的完善，为宋代文人士大夫在真正意义上落实"内圣外王"之道，并最终实现与君主"共治天下"的理想局面提供了可行性路径。但是，由此而来的冗官问题、科场文风问题、君子小人之争，以及政治场域中师生裙带关系而来的朋党之争等负面影响，也成为赵宋王朝急需解决的内部问题。加之与周边少数民族政权民族矛盾的外患忧虑对人才的渴求，使得北宋时代范仲淹的"庆历新政"和王安石的"熙丰新政"中，都共同涉及了与教育和科举改革相关的诸多问题，形成了北宋两次著名的兴学运动：庆历兴学和熙宁兴学。亲身经历了这两次兴学运动的苏轼，也就宋代"以道事君"的理想人才、学校教育和科举取士等问题，发表了一系列自己的看法，并在自己的政治生涯和文教事业的一定范围内付诸实践。这对于我们深度理解唐宋转型背景下，新型文人士大夫对圣贤理想人格的追求、斯文传承的文道责任担当意识，以及明体达用的"内圣外王"为学之道等问题，都具有积极意义。

一、苏轼的政教理想：学以成圣

针对北宋初期的浮华学风、日益明显的"三冗"（冗兵、冗官、冗费）现象以及对外军事战争的人才需求等，既能够深悟圣贤之道，又能够真正安邦治国、道技两进的经世致用型人才，成为赵宋王朝的迫切需求。从真宗朝开始，科举考试以诗赋取士为主的方式，在事实上选拔了一批重声律而轻实用的官员，这一弊端，也使得"先策论后诗赋"的呼声日益高涨。时任参知政事的范仲淹，有感于"当太平之朝，不能教育，俟何时而教育哉？乃于选用之际，患才之难，亦由不务耕而求获矣"①，于是，庆历四年（1044年），范仲淹兴起了宋代第一次大规模的兴学运动："庆历四年，范仲淹参知政事，意欲复古劝学，数言兴学校，本行实。诏近臣议。于是宋祁等奏：'教不本于学校士不察于乡里，则不能核名实。有司束以声病，学者专于记诵，则不足尽人才。参考众说，择其便于今者，莫若使士皆土著而教之于学校。然后州县察其履行，则学者修饬矣。'仍

———————————

① 《范仲淹全集》，李勇先、王蓉贵点校，四川大学出版社，2007，第210页。

诏州县立学。士须在学三百日，乃听预秋试。由是州郡奉诏立学，而士有所劝矣。"①同时，范仲淹启用欧阳修，主持新的科举考试改革制度，改原来进士科考试先诗赋、次策、后论的三场顺序为：先策、次论、后诗赋，这就改变了进士科以诗赋定去留的淘汰机制。应该说，这对于国家选拔具有较强政务能力的经世致用型人才，是具有一定积极引导作用的。此时，七岁的苏轼，正在家乡眉山，在家庭教育中蒙以养正，复又进入乡校，学习经史，为日后的"举子事业"做着准备。但遗憾的是，庆历五年，范仲淹便下台了，欧阳修也被迫离开了中央政府，"先策论后诗赋"的改革方案，形同虚设。

直到嘉祐二年，已经成为古文运动领军人物的欧阳修，在主持礼部贡举时，决心以科举考试扭转"太学体"之风，为国家选拔德才兼备的治国之才。"先策论后诗赋"的科举考试改革方案才真正得以实行，也成就了"十年科举第一榜"的"嘉祐二年龙虎榜"之美誉。22 岁的苏轼，受益于此，一举成名天下知。其平易朴实的文风，也为以文求仕进的文人士大夫所争相效仿学习，对改变以"太学体"晦涩奇怪为主的北宋科场文风起到了良好的引导作用。

到了王安石变法时，围绕富国强兵而颁布实施的一系列改革措施中，涉及国家教育与科举考试人才选拔制度的改革。虽然并不是熙丰变法的核心内容，但以"三舍法"为基础改革入学、恢复发展地方学校并整顿教学课程、编撰《三经新义》（《诗经》《尚书》与《周礼》）以统一教材和培养专门人才等相关措施，对宋代人才选拔与教育改革等，却产生了较为深远的影响。在这场兴学运动中，特别是针对科举制度的改革，由神宗皇帝于熙宁二年（1069 年）发起了一场大讨论。无论是从参与人员的广度上说，还是从讨论争锋问题的内容深度而言，对宋代政治领域和文教领域，都产生了重要影响。"神宗笃意经学，深悯贡举之弊，且以西北人材多不在选，遂议更法。王安石谓：'古之取士俱本于学，请兴建学校以复古。其明经、诸科欲行废罢，取明经人数增进士额。'乃诏曰：'化民成俗，必自庠序；进贤兴能，抑由贡举。而四方执经艺者专于诵数，趋乡举者狃于文辞，与古所谓三物宾兴、九年大成，亦已戾矣。今下郡国招徕隽贤，其教育之方，课试之格，令两制、两省、待制以上、御史、三司、三馆杂议以闻。'"②由此可以看出，这场讨论，实际上主要是围绕文学取士与经术取士两种不同的科举取士方法展开，其核心在于宋代人才标准的确定及其

① 《宋史》卷一百五十五，中华书局，1977，第 3613 页。
② 同上书，第 3616 页。

选拔。

苏轼力主以德为主，不改变原有科举取士方法的态度，较为坚决。"游庠校者忘朝廷，读法律者捐诗赋。场屋后进，挟声技以相苦夸"①，"今之读书取官者，皆屈折拳曲，以合规绳，曾不得自伸其喙"②，对于现行科举取士不可避免存在一定程度的弊端这一点，成名于科举、受益于科举的苏轼，并未文过饰非，而是有着较为清醒的认识。在苏轼看来，以文官政治为主的赵宋王朝，需要的是德才兼备型的安邦治国之才。对于为官者处理行政事务的学识与能力，可以依靠科举考试内容进行检测，但为官者的德行修养，则难以通过科举考试得到较为公允的评判。然而，若以德行设科名取士，则在现实利益的驱动下，也很可能会选拔出一批矫饰言行、弄虚作假的沽名钓誉之徒，甚至会导致文官政治场域内结党营私并"教天下相率而为伪"的恶劣局面。而实践证明，已经实行的科举考试制度，以诗赋出身而为国家栋梁的忠清鲠亮之士，也为数不少。因此，苏轼认为，能否选任德才兼备之人为官，关键在于君臣是否有知人之明和任用后朝廷是否有责实之政，而不在于诗赋取士还是经术取士。他奏上《议学校贡举状》，对此问题进行了较为翔实的分析：

> 得人之道，在于知人，知人之法，在于责实。使君相有知人之明，朝廷有责实之政，则胥吏、皂隶，未尝无人，虽用今之法，臣以为有余；使无知人之明，无责实之政，则公卿、侍从，常患无人□□今陛下必欲求德行道艺之士，责九年大成之业，则将变今之礼，易今之俗□□至于贡举，或曰乡举德行而略文章；或曰专取策论而罢诗赋；或欲举唐故事，采誉望而罢封弥；或欲变经生帖、墨而考大义，此数者皆非也。夫欲兴德行，在于君人者修身以格物，审好恶以表俗，若欲设科立名以取之，则是教天下相率而为伪也。上以孝取人，则勇者割股，怯者庐墓。上以廉取人，则弊车、羸马、恶衣、菲食，凡可以中上意者无所不至。自文章言之，则策论为有用，诗赋为无益；自政事言之，则诗赋、论策均为无用。然自祖宗以来莫之废者，以为设法取士，不过如此也。近世文章华丽，无如杨亿。使亿尚在，则忠清鲠亮之士也。通经学古，无如孙复、石介。使复、介尚在，则迂阔诞谩之士也。矧自唐至今，以诗赋为名臣者，不可胜数，何负于天

---

① 《苏轼全集》，傅成、穆俦标点，上海古籍出版社，2000，第 1594 页。
② 同上书，第 860 页。

下，而必欲废之？①

神宗皇帝在看了《议学校贡举状》后，赞曰："吾固疑此，得轼议，释然矣。"②最后，在与王安石等力主改革的当权派理论交锋之后，宋神宗对科举制度进行了部分改革。在考试科目及内容上，采纳了王安石的建议而罢诗赋及贴经、墨义。直到宋哲宗时期，旧党当政，在苏轼、司马光等人的坚持下，科举进士科考试中，才再次恢复诗赋取士，并同时设立诗赋进士与经义进士两科。诗赋进士以诗赋定去留，经义进士以经义定去留。同时，两科均考策论，且参照策论定名次高下。

应该说，在神宗皇帝兴起的这次科举取士改革大讨论中，无论是力主变革的王安石，还是力主沿袭不变的苏轼，他们针锋相对的改革主张，都不同程度地切中了当时科举制度的时弊，目标直指对德才兼备型的圣贤理想文士的选拔培养。王安石的教育改革主张，对于重德轻才的人才观流弊，具有一定的纠正作用；苏轼的主张，虽然具有一定的保守性，但其以圣贤人格为指向的理想道德君子人才观，则较好地体现了"夫学，王者事也"③的政教理想。在《策别》中，苏轼就教育对于国家的重要性，给予了高度的肯定："安万民者，其别有六。一曰敦教化。"④因此，作为安万民之首的大事，教育要继承三代之风，以达到化民成俗的目的："世之儒者常有言曰：三代之时，其所以教民之具，甚详且密也。学校之制，射飨之节，冠婚丧祭之礼，粲然莫不有法。"⑤"昔武王既克商，散财发粟，使天下知其不贪；礼下贤俊，使天下知其不骄；封先圣之后，使天下知其仁；诛飞廉、恶来，使天下知其义。"⑥只有这种指向儒家仁义礼智信的教育，于国家而言，方可"天下耸然皆有忠信廉耻心，然后文之以礼乐，教之以学校，观之以射飨，而谨之以冠婚丧祭"⑦；于人民而言，方可"是以目击而心谕，安行而知得也"⑧。对于赵宋王朝而言，从庆历兴学到熙宁兴学的改革调整中，可以清楚地看出，其目的也就在于希望通过帝王科举取士方法与内

---

① 《苏轼文集》，孔凡礼点校，中华书局，1986，第 723-725 页。
② 《宋史》卷一百五十五，第 3617 页。
③ 《苏轼文集》，第 780 页。
④ 同上书，第 253 页。
⑤ 同上书，第 254 页。
⑥ 同上。
⑦ 同上书，第 255 页。
⑧ 同上。

容取向的变化，来较好地引导天下士子"学以成圣"，道技两进，以便具备治国安邦的实际能力，并最终实现"共治天下"的理想局面。苏轼在这场兴学运动中的态度立场和主张，可谓敏锐地指出了教育手段与教育目标之间的辩证关系，直指"学"与"道"的深层次问题。

在《策问》中，苏轼指出："国家承平百年，文武并用，所以辅成人才者，可谓至矣。而五路学者，尚未逮古。岂山海气俗有今昔之殊？将教养课试之法未得其要。"①因此，科举取士作为赵宋王朝遴选德才兼备型圣贤理想人才的重要手段，其终极目的，始终在于为国家求得符合太祖所谓的"得贤以共治天下"②、太宗所谓的"为致治之具"③以及仁宗所谓的"愿得忠孝状元"④的理想圣贤之士。也就是符合儒家仁义礼乐素养要求的、能够真正担当与皇帝共治天下之时代使命的新型文人士大夫。而"三代之学"的精髓，也正在于以人伦道德教化之道塑造理想的道德人格主体。因此，科举取士制度改革所要解决的核心问题，就不是手段方法问题，而是目的问题。"昔者以声律取士，士杂学而不志于道。今者以经术取士，士求道而不务学"⑤，由此，针对王安石"经义取士"与"德行取士"的争论，苏轼才在《议学校贡举状》中辩证地指出，以德行取士未必都好，以文章取士也未必都坏，以策论定贤愚未必完全可靠，以辞赋决高下也未必全部准确。也正是因为"学"关乎"王"道理想的实现，关乎"敦万民之教化"的重任，在《谢制科启》中，苏轼才感叹"取人之难"。进而又在对考试和察举存在的弊端分别进行分析后提出，"兼用考试察举之法"："以始由察举，而无请谒公行之私；终用考试，而无仓卒不审之患。"⑥

虽然，苏轼通过科举考试塑造并选拔圣贤理想人才的美好愿景，在现实中也并不可能完全得以实现。但是，在"以道事君"逐步成为宋代文人理想追求的政治文化中，作为政治主体与文化主体的文人士大夫，无论科举取士采取何种具体方式，从庆历兴学到熙宁兴学的激烈理论争锋中，"学以成圣"的理想追求已经成为共识。这既是宋代文人士大夫在与君主共治天下中推进"道治合一"政治理想的时代需求，也是文人士大夫将自己"文"的理想带入"官"的实践

① 《苏轼文集》，第 210 页。
② 《陈亮集》，邓广铭点校，中华书局，1987，第 586 页。
③ 《宋史》卷一百五十五，第 3607 页。
④ （宋）王得臣：《麈史》，上海书店出版社，1990，第 89 页。
⑤ 《苏轼文集》，第 1981 页。
⑥ 《苏轼全集》，第 1323 页。

中以实现自我人生价值的内在需要。不仅关系到有宋一代文人士大夫的学识涵养与精神塑造，还关系到这群新型文人士大夫对"道"的理解阐发与责任担当。在关乎政教理想的"学以成圣"追求中，苏轼也以自己特殊的文化身份，在"文"与"官"的实践中，实际上承担了唐宋转型期"斯文"传承的伟大历史责任，表明了宋代新型文士对文与道的责任担当。

二、苏轼的文道责任："斯文"传承

虽然，在北宋兴学运动的实际展开中，苏轼对于科举制度改革的意见，绝大多数都没有被采纳，也没有真正意义上得以实施。但是，在宋代文官政治背景下，苏轼主动站在与君主共治天下的立场上，以实现"内圣外王"的美好期许为目标，以历史发展的眼光看待教育之于王道理想的重要性。同时也以自己的亲身经历为基础，辩证地思考了德行教化与科举取士的关系，积极参与了科举取士制度改革调整的争论，希望借此为国选拔真正意义上德才兼备的新型理想圣贤人才。

"自科举取士以来，如唐韩氏、柳氏，吾宋欧氏、王氏、苏氏，以文章擅天下者，莫非科举之士也。此无他徒，以在场屋苦心耗力。"①在文官政治背景及"与士大夫共治天下"的理想格局追求中，科举取士对于宋代文人士大夫读书求学、入仕为官、自我心性修养，乃至有宋一代文教事业的发展，无疑具有方向性的引导作用。苏轼对此亦有清醒的认识："夫科场之文，风俗所系，所收者天下莫不以为法，所弃者天下莫不以为戒。"② 他也说过，自己"少年时读书作文，专为应举而已"（《答李端叔书》）。苏轼的科考之路，主要是在父亲苏洵的引导下完成的。在"熙宁以前，以诗赋取士，学者无不先遍读《五经》"③的科考背景下，苏洵反感于当时文坛上好奇而虚浮不实的文风。在对苏轼苏辙的教育中，格外注意引导他们关注符合儒家《五经》精神要旨的历史政治文化知识，并以孟子、韩愈的文章为学习典范："始学声律。既成，以为不足尽力于其间。读孟、韩文，一见以为可作。"④ 这与当时欧阳修正在酝酿的诗文革新运动精神不谋而合，为后来苏轼一举成名天下知的科举之路奠定了良好基础。

---

① 《陆游集》，中华书局，1976，第 2089 页。
② 《苏轼文集》，第 301 页。
③ （宋）叶梦得：《石林燕语》卷八，宇文绍奕考异，中华书局，1984，第 115 页。
④ 苏洵：《嘉祐集笺注》卷十二，曾枣庄、金成礼笺注，上海古籍出版社，1993，第 346 页。

在苏轼参加科举考试的时候，进士科依然是最重要的，且其考试内容基本上也还是以诗赋为主："凡进士，试诗、赋、论各一首，策五道，帖《论语》十帖，对《春秋》或《礼记》墨义十条。"①这种科举取士对于士风、学风的负面影响，成为范仲淹庆历兴学的直接原因。欧阳修对此也深表不满："今贡举之失者，患在有司取人先诗赋而后策论，使学者不根经术，不本道理，但能诵诗赋，节抄《六帖》《初学记》之类者，便可剽盗偶俪，以应试格。"②苏轼后来也曾对自己年轻时，在科举取士价值导向下的文风进行检讨："轼少时好议论古人，既老，涉世更变，往往悔其言之过，故乐以此告君也。儒者之病，多空文而少实用。贾谊、陆贽之学，殆不传于世。……今程试文字，千人一律，考官亦厌之，未必得也。如君自信不回，必不为时所弃也。又况得失有命，决不可移乎？勉守所学，以卒远业。"③但是，在王安石变法中，苏轼却旗帜鲜明地反对王安石废诗赋的做法，并指出"文字之衰，未有如今日者也"④。在这看似矛盾的态度里，实际上隐含着苏轼对其师欧阳修"付子斯文"责任的努力担当。他在《再祭欧阳文忠公、夫人文》中说："呜呼！轼自龆龀，以学为嬉。童子何知，谓公我师。尽诵其文，夜梦见之。十有五年，乃克见公。公为拊掌，欢笑改容：'此我辈人，余子莫群，我老将休，付子斯文。'……公曰：'子来，实获我心。我所谓文，必与道俱。见利而迁，则非我徒。'又拜稽首，有死无易。公虽云亡，言如皎日。"⑤

欧阳修之所以要对苏轼"付子斯文"，主要原因也就在于北宋"斯文"凋敝的现状："宋兴七十余年，民不知兵，富而教之，至天圣、景祐极矣，而斯文终有愧于古。士亦因陋守旧，论卑而气弱。"⑥对于文坛而言，则"复自翰林杨公唱淫词哇声，变天下正音四十年，眩迷盲惑，天下聩聩晦晦，不闻有雅声。常谓流俗益弊，斯文遂丧"⑦。这也是欧阳修发动诗文革新运动的重要原因之一，他希望通过诗文变革来拯救北宋摇摇欲坠的"斯文"现状，有着强烈的经世致用性。他将传承"斯文"的重任委托于苏轼，并强调"我所谓文，必与道俱"。

---

① 《宋史》卷一百五十五，第3604页。
② 《欧阳修全集》卷一〇四，李逸安点校，中华书局，2001，第1590页、第663页。
③ 《苏轼全集》，第1655页。
④ 同上书，第1658页。
⑤ 《苏轼文集》，第1956页。
⑥ 同上书，第315页。
⑦ （宋）石介：《徂徕石先生文集》，陈植锷校，中华书局，1984，第178页。

可以看出，在欧阳修这里，所谓的"斯文"，与孔子的"斯文"，乃一脉相承之义。"子畏于匡，曰：'文王既没，文不在兹乎。天之将丧斯文也，后死者不得与于斯文也；天之未丧斯文也，匡人其如予何！'"（《论语·子罕》）孔子的"斯文"，主要是指源自上古而来的礼乐制度与思想文化。这样，在传统礼乐社会文化背景中，特别是在儒家文化思想成为主流之后的漫长封建社会里，"斯文"便逐渐扩大为一种维系国家长久稳定的传统思想文化资源了。历史上圣贤先哲的社会实践彰显出的是"道"，道的显现便是"文"。那么，"文"也就扩大为一切包含文学、经术、历史、思想等在内的文化体系了。它也就自然而然地与"道"发生了天然的直接联系。欧阳修在诗文革新运动中对文道关系的思考、宋代文人士大夫热衷于探讨的"道统说"，以及面对"咸通以来，斯文不竞"①的现状，苏轼前后文人士大夫们反复提及的"振斯文于将坠"②、"庸讵非天之将兴斯文也，而以余赞其始"③、"吁嗟斯文敝已久，天生吾辈同扶持。……当以斯文施天下，岂徒玩书心神疲"④、"谓孟子没而圣学不传，以兴起斯文为己任"⑤、"圣学不传久矣。吾生百世之后，志将明斯道，兴斯文于既绝"⑥等的感叹，都表现出了宋代文人士大夫们强烈的济世情怀与责任担当之勇气。因此，欧阳修将苏轼作为自己的衣钵传承人，并将"斯文"大道交付于他，那就不仅仅是学术之道，更是指向"内圣外王"的经世理想。

既然"斯文"是自历史而来的"道"之可见者，那么，凡是符合儒家正统王道政教理想的礼乐制度、声名典章、文物典籍等，都内在地归属于"斯文"体系。对于身负"斯文"大道的文士而言，传承"斯文"，就不仅意味着要继承上古三代以来所形成的文化传统并推行于政治实践，而且还意味着，在"斯文"将坠时，文人士大夫需要以守道、存道、修道、行道、明道的方式义不容辞地承担起挽救"斯文"的重任。而"斯文"之道，不仅见诸儒家经典，而且还散殊于百家思想中。在具体知识形态上，既有经术之学，也有诗赋之文。只有会之合之，不抛弃任何一端，方可以在真正意义上实现"斯文"传承的历史重任。

---

① （宋）王禹偁：《小畜集》卷十九，商务印书馆，1937，第266页。
② 《曾巩集》，陈杏珍、晁继周点校，中华书局，1984，第196页。
③ （宋）王安石：《王文公文集》，唐武标点校，上海人民出版社，1974，第428页。
④ 石介：《徂徕石先生文集》，第19页。
⑤ （宋）程颢、程颐：《二程集》，王孝鱼点校，中华书局，1981，第638页。
⑥ 同上书，第643页。

　　王安石以经术取士，并以《三经新义》统一科考的主张，在实践中并没有产生预期的理想效果："科举自罢诗赋以后，士趋时好，专以三经义为捷径，非徒不观史，而于所习经外他经及诸子，无复有读之者。故于出今人物及时世治乱兴衰之迹，亦漫不省。"①连王安石自己也曾说，"本欲变学究为秀才，不谓变秀才为学究也"②，自然也遭到了后世的诸多非议。但是，平心而论，王安石对科考变革的主观目的依然在于为国家选拔德才兼备的经世致用型理想人才。他认为，诗赋取士的方式，难以选拔出济世堪用之才。在《上仁宗皇帝言事书》中，王安石说道："方今取士，强记博诵而略通于文辞，谓之茂才异等、贤良方正。茂才异等、贤良方正者，公卿之选也。记不必强，诵不必博，略通于文辞，而又尝学诗赋，则谓之进士。进士之高者，亦公卿之选也。夫此二科所得之技能，不足以为公卿，不待论而后可知。而世之议者，乃以为吾常以此取天下之士……然而不肖者，苟能雕虫篆刻之学，以此进至乎公卿。才之可以为公卿者，困于无补之学，而以此绌死于岩野，盖十八九矣。"③ 特别是在面对当时宋夏战争中，北宋政府内部人才匮乏的现实窘境，"进士所试诗赋，不近治道，诸科对义，但以念诵为工，罔究大义"④，诗赋取士客观上存在的弊端，也成了许多人的共识，急需进行调整改变。变"诗赋取士"为"经术取士"的负面影响，是王安石始料不及的。叶梦得就对此批评道："熙宁以前，以诗赋取士，学者无不先遍读五经。余见前辈，虽无科名人，亦多能杂举五经。盖自幼学时习之尔，故终老不忘。自改经术，人之教子者，往往便以一经授之，他经纵读，亦不能精。"⑤也就是说，需要辩证地看到，"诗赋取士"对于应举者综合学识与能力的要求，包括历史知识、儒家经典思想理解感悟的要求也是非常高的。如果一味夸大经术取士的积极作用，且以《三经新义》作为科举考试的唯一标准，由此引发的应举者不读"斯文"谱系中的其他丰富历史文化典籍，包括政教文化背景中孕育出的诗赋文学作品，必然带来文人士大夫知识面狭窄、国家整体文化水平下降的后果，这同样是不容忽视的。因为，"由于经义取士规定专治一经，也改变了诗赋取士时士人阶层博观泛览的风气，结果造成士人知识面的狭窄，

① （宋）朱弁：《曲洧旧闻》卷三，孔凡礼点校，中华书局，2002，第116页。
② 王安石：《王文公文集》，第236页。
③ 同上书，第2页。
④ 同上书，第2082页。
⑤ 叶梦得《石林燕语》卷八，第115页。

导致了文章写作的浅陋空疏"①，这对于北宋本就存在的"斯文将坠"现实，无疑是雪上加霜的事情。

在此意义上说，苏轼极力反对王安石经术取士、统一科举用书的做法。这对于保存维系"斯文"丰富而完整的文脉体系及其思想传统，具有一定程度的积极意义。对王安石科举变革带来的新流弊，苏轼也进行了不遗余力地反驳："近史学凋废，去岁作试官，问史传中事，无一两人详者。"②"唐至今，以诗赋为名臣者不可胜数，何负于天下而必欲废之。……近世士人纂类经史，……临时剽窃，窜易首尾，……且其为文也，无规矩准绳，故学之易成；无声病对偶，故考之难精。……其弊有甚于诗赋者矣。"③"臣恐自今以往，相师成风，虽直言之科，亦无敢以直言进者。"④可见，长于策论，并因之而科场得意的苏轼，对于诗赋取士和经术取士各自存在的利弊，始终保持了相对客观的认识。他在《谢梅龙图书》中说："诗赋将以观其志，而非以穷其所不能；策论将以观其才，而非以掩其所不知。使士大夫皆得宽然以尽其心，而无有一日之间仓皇扰乱、偶得偶失之叹。"⑤因此，他主张先试策论而后诗赋。从"斯文"传承角度上说，苏轼的这种主张，不但较好地保存了"斯文"内部文脉体系的相对完整性，而且较好地保障了"斯文"传统文化资源对于宋代圣贤理想文人士大夫的精神塑造作用。

"夫学者未始不为道，而至者鲜焉。非道之于人远也，学者有所溺焉尔。盖文之为言，难工而可喜，易悦而自足。世之学者往往溺之，一有工焉，则曰：'吾学足矣。'甚者至弃百事不关于心。曰：'吾文士也，职于文而已。'此其所以至之鲜也。"⑥从欧阳修手中接过"斯文"大任的苏轼，谨遵师教，在其亦官亦文的人生中，还以自己的实际文化行动学以践道，典型地体现了苏轼对"内圣外王"为学之道的体悟及其明体达用的文教实践精神。

三、苏轼的文教实践：明体达用

纵观北宋兴学运动中的苏轼，可以说，其对"学以成圣"政教理想目标追

---

① 林岩：《北宋科举考试与文学》，上海古籍出版社，2006，第141页。
② 《苏轼文集》，第1840页。
③ 《苏轼全集》，第1129页。
④ 同上书，第843页。
⑤ 同上书，第1656页。
⑥ 《欧阳修全集》卷一〇四，第663页。

求的真正落实，以及对"斯文"之道的真正传承完成，主要是通过他一举成名天下知的进士及第经历对北宋科场文风的改变引导、从文坛盟主欧阳修那里接过来的诗文革新运动大旗对"斯文"之道的极力拯救，以及对苏门文人及后进士子的教育指导等实现的。

自先秦儒家以来，"古之学者为己，今之学者为人"（荀子《劝学》）的为学要旨，就是引导文人士大夫不断反省自我为学目标追求的重要指导思想。到了北宋时代，一方面，一大批通过科举之途登上历史舞台的庶族知识分子获得了极高的政治地位，但是，他们的整体道德素质、人格精神及文化主体意识等，都还有待进一步提高；另一方面，在科举取士的指挥棒作用下，难免使功利之学成为一部分文人士大夫汲汲以求的唯一目标，而忽视了文化经典对于个体修身养性、自我精神境界提升的重要作用。例如，王应麟就曾指出道："自汉儒至于庆历间，谈经者守训诂而不凿。"①清代的皮锡瑞也说："经学自唐以至宋初，已陵夷衰微矣，然笃守古义，无取新奇；各承师傅，不凭胸臆；犹汉唐注疏之遗也。"②因此，在唐宋转型的宏大历史背景下，受到不断内省化的"宋学"文化精神影响，通过学习不断提升自我道德境界修养，以实现"内圣外王"理想人格来完成自我超越的"为己之学"，也就成了宋代文人士大夫为学之旨的必然精神追求，表现出一种典型的"明体达用"精神。

"明体"，就是要在儒家经典上做足通经明道的功夫，并在为学修德中不断增益德行，成圣成贤，实现经世致用，此即为"达用"。早在庆历年间，胡瑗就针对宋初的浮华文风，提出了"明体达用"之学："国家累朝取士，不以体用为本，而尚声律浮华之词，是以风俗偷薄。"③胡瑗认为，学校教育不应该只是满足于让学生获得词章训诂之学，而是要培养明体达用之材。由他首倡的"苏湖教法"，即以"经义""治事"分斋教学。经义斋重明体，治事斋重达用，也就是一种"明体达用"之学，逐渐为宋代教育领域所普遍接受。这种思路延续到科举取士的改革理念及文人士大夫的"斯文"传承中，便自然地呈现为偏于内圣之学的"明体"与偏于外王之学的"达用"两种路径相结合的主张。

庆历兴学的时候，范仲淹就提出教育的目的，是要让人在熟读圣人经典中通达圣人之意，如此才能明"内圣外王"之道："通《易》之神明，得《诗》

---

① （宋）王应麟：《困学纪闻》，翁元圻等注，上海古籍出版社，2008，第1094页。
② （清）皮锡瑞：《经学历史》，周予同注释，中华书局，1959，第220页。
③ 《黄宗羲全集》第三册，全祖望补修，浙江古籍出版社，1985，第57页。

之风化，洞《春秋》褒贬之法，达《礼》《乐》制作之情，善言二帝三王之书，博涉九流百家之说者，盖互有人焉。若夫廊庙其器，有忧天下之心，进可为御大夫者，天人其学，能乐古人之道，退可以为乡先生者。"①因此，教育劝学就应该宗经："善国者莫先育才，育才之方，莫先劝学，劝学之要，莫尚宗经。"②因为，"宗经则道大，道大则才大，才大则功大"，这样，方可培养出修齐治平的理想圣贤人才。那时，还在眉山为"举子事业"而准备的苏轼，正在父亲苏洵的指导下，做着"通经致用"的理论学习准备。当然，苏轼所通晓的"经"，不但包括以"六经"为代表的能够经世干政的儒家经典，还包括能够较好修心养性以提升个体精神境界的佛道经典。据苏辙《藏书记》中回忆："先君平居不治产业，有田一廛，无衣食之忧。有书数千卷，手缉而校之，以遗子孙。曰：'读是，内以治身，外以治人，足矣。此孔氏之遗法也。'先君之遗言，今犹在耳。"③又说："士生于世，治气养心，无恶于身。推是以施之人，不为苟生；不幸不用，犹当以其所知，著之翰墨，使人有闻焉。"④可见，在苏洵的教育下，苏轼兄弟"内以治身，外以治人"的为学目标追求，也具有"进能立功、退能立言"的双重性，依然是沿着"内圣"与"外王"两个方向相结合的道路发展的。这应是苏轼后来在王安石熙宁兴学运动中主张"学以成圣"以实现王道理想的重要实践经验来源之一。

在关于科举取士的理论交锋中，无论是苏轼的"诗赋取士"，还是王安石的"经术取士"，都传递出一个信息，即科举考试不是一种脱离现实的纯粹知识性考试，而在于实现修齐治平的经世之功。科举取士的标准也并非单纯看中士子对文化经典中文字章句的训释，而是要探寻其中所蕴含的能够实现"内圣外王"文化功能的"义理"所在，这亦是"明体达用"之学。因此，当兼通经史、诗文皆擅、横跨政治、思想、文学、绘画等各个艺术领域的苏轼横空出世后，"修喜得轼，并以培植其成长为己任。士闻者始哗不厌，久乃信服，文风为变"⑤。苏轼以自己出色的文学才华和成就，直接影响了北宋科场文风的改变。在王安石熙宁兴学运动中，他又先后写了《议学校贡举状》《上神宗皇帝书》《再上神

---

① 《范仲淹全集》，第192页。
② 同上书，第237页。
③ 《苏辙集》，陈宏天、高秀芳点校，中华书局，2004，第1238页。
④ 苏辙：《栾城集》，曾枣庄、马德富点校，上海古籍出版社，1987，第137页。
⑤ 孔凡礼：《苏轼年谱》，中华书局，1998，第55页。

宗皇帝书》《拟进士对御试策》等陈述自己对教育的看法和对科举改革的主张。直至最后在变法中遭受牢狱之灾，依然不改初衷："臣愚蠢无状，常不自揆，窃怀忧国爱民之意，自为小官，即好僭议朝政，屡以此获罪。然受性于天，不能尽改。"①这也正是苏轼践行明体达用、"以道事君"的立身行事之大节所在，是宋代文人士大夫自觉承担"内圣外王"主体精神的一种表现。如此，不单纯做一个有学识才华的文人，而是做一个胸怀苍生、勇担道义、热爱生活、潇洒出入儒释道三家的新型"内圣外王"型文人士大夫，也就成为一代文人学子的榜样力量，对北宋理想圣贤型文人士大夫的培养，也具有积极的引导作用。

　　特别是苏轼秉承师尊赋予他传承"斯文"之道的重任，在自己亦文亦官的人生经历中，培养奖励了一大批如"苏门四学士""苏门六君子""苏门后四学士"这样的优秀文人学子，较好地将自欧阳修以来的诗文革新运动精神进一步发扬光大。他力图通过诗文革新运动，重新阐释儒家经典，复兴理想王政，以此解决个体人生价值意义的追寻和重建人间理想秩序的问题。因此，在对苏门学子的教育中，他格外注意对"文字华实相副"的文风、"期于适用乃佳"的务实求学之风的培养。在《与侄孙元老四首》其二中，苏轼说："然亦须多读史，务令文字华实相副，期于适用乃佳，勿令得一第后，所学便为弃物也。……宜熟看前、后汉史及韩、柳文。"②这种教育主张，较好地契合了"宋学"精神的内在要求。钱穆先生曾经说道："宋学精神，厥有两端：一曰革新政令，二曰创通经义。"③作为"宋学"精神创造的主体，宋代文人士大夫经历了从民间士人到庙堂士大夫的上升过程。从民间书院讲学到官方办学的教育及科举取士，是推动"宋学"精神发展的重要动力之一。无论是五经、诗赋还是经术，其思想主旨都是从国家政治与个体道德中提升出来的。与王道政教理想相关的思想体系，在关怀天下经世大业的同时，也始终关注文人士大夫的"内圣"精神追求，较好地将经邦济世与身心性命相结合起来。宋代学者自称"宋学"为"明体达用之学""内圣外王之学""义理之学"，就在于强调自己所追求的为学目标在于通过求学问道之途，完成修己治人，并最终实现经世治国的宏伟目标。

　　在"斯文将坠"的严峻现实面前，苏轼说道："文章之任，亦在名世之士相

---

① 《苏轼全集》，第935页。
② 同上书，第1842页。
③ 钱穆：《中国近代三百年学术史》，商务印书馆，1997，第7页。

与主盟，则其道不坠。方今太平之盛，文士辈出，要使一时之文有所宗主。昔欧阳文忠常以是任付与某，故不敢不勉；异时文章盟主，责在诸君，亦如文忠之付授也。"①因此，在与苏门学子及其他文人士大夫交游唱和的翰墨活动中，苏轼秉承欧风，以其出类拔萃的学识才情、崇高的道德力量、亦师亦友的文宗师范，直接影响了北宋文学的发展。在对苏门弟子的培养过程中，与他对"道技两进"型内圣外王理想人才的目标追求相一致，苏轼特别注意对年轻学子"丰于才而廉于德"②的教导。如，他就曾经批评李廌说："足下但信道自守，当不求自至。若不深自重，恐丧失所有。言切而尽，临纸悚息"③，以此警示苏门弟子重视对道德品质的内圣追求。包括在他充满坎坷的仕宦生涯中，苏轼也始终特别注意对后学之士的奖掖栽培。在被贬儋州时，他不但身体力行传播中原传统文化，还开办了儋州学府，以诗书礼乐之教传授生徒，为海南培养了第一位进士符确，使得儋州文风大振。正如包弼德说的那样："对苏轼来讲，文化事业代表了他实践自己道德之学的一条可能的道路。它不是唯一的道路，而且由此产生的诗文书画，对人类的福利和个人最重要的品质并没有至关重要的意义。但它们的确提供了一个地盘，在这里一个学生可学以践道，而任何能在文这个领域里学以践道的人，也能够在其他领域里做到这一点。"④

从范仲淹的庆历兴学，到王安石的熙宁兴学，可以看出，无论他们的政治思想主张和教育改革主张有着怎样的差异，但在最终实现"外王"事功的目的上，他们的追求始终是一致的。庆历兴学改变当时"学者忽其本，仕者浮于职，节义为空言，功名思苟得"⑤的不良士风与官风，培养"内圣外王"之士以救民之弊。王安石颁行《三经新义》，希望天下士子能够深挖其中所蕴含的治国大道并按之行事，以实现"其人足以任官，任官足以行法"⑥的主观美好理想预设，都在于以圣贤之道培养经世致用之才。苏轼在北宋两次兴学运动中的经历与理论主张及其文化实践，则从求学之道与政教事业两方面，整体上体现出了一种明体达用的精神。求学是为"明体"，事业是为"达用"。苏轼通过文化经典学习古代圣贤修己治人之道，又以强烈的文道责任担当"斯文"传承重任，并致

① （宋）李廌：《师友谈记》，孔凡礼点校，中华书局，2002，第44页。
② 《苏轼全集》，第1420页。
③ 同上。
④ 包弼德：《斯文：唐宋思想的转型》，刘宁译，江苏人民出版社，2000，第310页。
⑤ 《范仲淹全集》，第23页。
⑥ （宋）王安石：《王荆公文集笺注》卷四十七，李之亮注，巴蜀书社，2005，第1610页。

力于师道推崇、重振士风的道义关怀及经世事功。在"与士大夫共治天下"政治理念的提出和"重文轻武"政策执行的背景下，表明宋代文人士大夫"学而优则仕"的终极追求，还是在于通过内修其身的"内圣"追求，最终实现治国平天下的"外王"文化使命。在这种明体达用精神的引导下，以苏轼为代表的文人士大夫，当他们通过科举之路成为赵宋王朝真正意义上的政治主体与文化主体的时候，他们的人格理想、学术视野和政治情怀，必将推动宋代士人群体的思想整合与共识；从而在权力、思想与教化的互动中，塑造出唐宋转型背景下的新型文人士大夫，并推动唐宋学术的重大转型，使宋代学术、政治、文化、教育等，获得新的生命力。

论苏轼"和而不同"教育思想的价值
——以苏轼门人"同"与"不同"为视角

喻世华

摘　要：苏轼门人的"同"表现在文艺上有共同的爱好，生活上有多种联系，政治上同升并黜；其"不同"表现在年龄不同、交往的时间长短不同、经历不同、取得的成就不同这些显性差异，以及文风不同、政见不同等隐性差异上。苏门"和而不同"是师生双向互动的产物。苏轼主观上自觉的传承意识与客观上不容置疑的权威性为群体的"和睦"提供了保障。宽容平等的胸襟气度与尊重个性、因材施教的方式方法为个体独立成长"不苟同"创造了条件。而为生者对于苏轼的尊崇始终如一，共同铸就了这一教育史上的历史佳话。"同"与"不同"问题牵涉到个体与群体、自由与统一、个性发展与制度约束等一系列矛盾。其核心在于"不同"（或者"存异"）与"求同"的矛盾。只有将其放在历史时空中，从时间的纵向勾勒和空间的横向比较中才能对其价值作出准确定位：从纵向角度看，教育家孔子不能使人"同"；从横向比较看，王安石在教育、文化、思想领域追求的"同一"造成的文化荒漠，更加彰显了苏轼"和而不同"教育思想的价值。因此，苏轼"和而不同"教育实践与思想能给今天的教育工作者带来深刻启示。

关键词：苏轼　苏轼门人　"和而不同"　教育思想

本文作者喻世华，现为《江苏科技大学学报》编审，中国苏轼研究学会理事。主要从事苏轼研究及编辑业务研究。

学界对于苏轼的教育思想已经有不少研究成果，如张帆的《苏轼教育思想研究》从其家族渊源、教化理想与革新主张、身体力行三个方面展开论述。①论文方面，仅"中国知网"标题涉及"苏轼教育"的文章就有30篇，内容涉及多个层面，大致可以划分为泛论、专论、启示、比较四个类别。特别值得一提的是，有多篇硕士论文涉及苏轼的教育思想，如江晓梅《苏轼的妇女观与女子教育思想》（暨南大学2006年），曹红波《苏轼的人生境界与中学生的人生观教育》（华中师范大学2008年），韩鸿伟《苏轼教育思想研究》（河南大学2011年），陈琼瑛《苏轼文学教育研究》（石河子大学2017年）。

纵观已有研究成果，从苏门②"同"与"不同"角度探讨苏轼"和而不同"教育思想者还没有。笔者曾从苏轼与秦观、苏轼与李廌的交谊角度探讨苏轼与弟子的"师生情"，但不够全面和深入。③现拟从苏门"同"与"不同"教育现象入手，进而探讨其成因，挖掘其价值。这对于苏轼教育思想研究的拓展是有一定价值和意义的。

一、现象：苏轼门人的"同"与"不同"

苏轼门人，一般有"苏门四学士"（黄庭坚、秦观、晁补之、张耒）或者"苏门六君子"（黄、秦、晁、张外，另加陈师道、李廌）之说，甚至还有"苏门后四学士"（廖正一、李禧、董荣、李格非）之说。本文的苏轼门人以"苏门六君子"为研究对象。苏轼门人的个人经历、特长、爱好并不相同，苏轼都大力推荐、多方揄扬，不将自己的个人偏好强加给学生，尊重其个性发展，因此出现了苏门"和而不同"的现象。这种现象大致可以从"同"与"不同"两个层面展开分析。

（一）"同"：同升共黜的命运共同体

苏轼与弟子的关系，当然不是严格意义上的师生关系。除李廌外，苏轼与其他弟子的关系甚至连苏轼与欧阳修那样的考生和座主的关系都不能算。但苏轼与弟子的关系超越了一般的师生关系。这主要表现在以下多个层面上。

首先，在文艺上有共同爱好。《宋史》是一个最好的参照指标，"苏门六君

---

① 张帆：《苏轼教育思想研究》，四川大学出版社，2015年。
② 为了概念明确，在本文中，笔者将"苏门"定义为"以苏轼这个老师为中心的苏轼弟子群"，将"苏轼门人"限定为"苏门六君子"，以避免概念混淆。
③ 喻世华：《苏轼的人间情怀》，江苏大学出版社，2019，第79-104页。

子"（黄、秦、晁、张、陈、李）均列于"文苑六"前六位，其在文艺上的成就与苏轼的提携不无关系，见表1。

表1 苏轼与"苏门六君子"文艺上的关系

姓名	苏轼的提携	取得的成就
黄庭坚	苏轼尝见其诗文，以为超轶绝尘，独立万物之表，世久无此作，由是声名始震……轼为侍从时，举以自代，其词有"瑰伟之文，妙绝当世，孝友之行，追配古人"之语，其重之也如此。	善行、草书，楷法亦自成一家……庭坚于文章尤长于诗，蜀、江西君子以庭坚配轼，故称"苏、黄"。
晁补之	十七岁从父官杭州，辟钱塘山川风物之丽，著《七述》以谒州通判苏轼。轼先欲有所赋，读之叹曰："吾可以阁笔矣！"又称其文博辩隽伟，绝人远甚，必显于世。由是知名。	补之才气飘逸，嗜学不知倦，文章温润典缛，其凌丽奇卓出于天成。尤精《楚词》，论集屈、宋以来赋咏为《变离骚》等三书。
秦观	见苏轼于徐，为赋黄楼，轼以为有屈、宋才。又介其诗于王安石，安石亦谓清新似鲍、谢。轼勉以应举为亲养，始登第，调定海主簿、蔡州教授。元祐初，轼以贤良方正荐于朝，除太学博士，校正秘书省书籍。	观长于议论，文丽而思深。及死，轼闻之叹曰："少游不幸死道路，哀哉！世岂复有斯人乎！"
张耒	游学于陈，学官苏辙爱之，因得从轼游，轼亦深知之，称其文汪洋冲澹，有一倡三叹之声。	耒仪观甚伟，有雄才，笔力绝健，于骚词尤长……作诗晚岁益务平淡，效白居易体，而乐府效张籍。
陈师道	元祐初，苏轼、傅尧俞、孙觉荐其文行，起为徐州教授，又用梁焘荐，为太学博士。言者谓在官尝越境出南京见轼，改教授颍州。	于诸经尤邃《诗》《礼》，为文精深雅奥。喜作诗，自云学黄庭坚，至其高处，或谓过之，然小不中意，辄焚去，今存者才十一。
李廌	苏轼于黄州，贽文求知。轼谓其笔墨澜翻，有飞沙走石之势，拊其背曰："子之才，万人敌也，抗之以高节，莫之能御矣。"……轼解衣为助，又作诗以劝风义者……益闭门读书，又数年，再见轼，轼阅其所著，叹曰："张耒、秦观之流也。"	廌喜论古今治乱，条畅曲折，辩而中理。当喧溷仓卒间如不经意，睥睨而起，落笔如飞驰。元祐求言，上《忠谏书》《忠厚论》并献《兵鉴》二万言论西事。

资料来源：《宋史》卷四百四十四，列传第二百〇三，文苑六。

从表1可以看出，苏轼在文艺上对于"苏门六君子"的提携以及对于"苏门六君子"成长的重要影响。

其次，在生活上有多种联系。黄庭坚舅父李常为苏轼密友，黄元祐时期一直在朝为官，与苏轼过从甚密。晁补之因其父与苏轼的同年、同僚关系，与苏轼结识最早，元祐初年，又与苏轼同朝为官。元祐三年（1088年），苏轼知贡举，黄庭坚、晁补之为"点检试卷"官员。元祐七年（1092年），苏轼出知扬州，晁补之"通判扬州"。至于秦观，有"苏子瞻于四学士中最善少游"之说，关系更是非同一般。秦观是"苏门六君子"中唯一在苏轼之前去世的弟子，苏轼的悲痛溢于言表。笔者曾对苏轼与秦观交往有过仔细梳理，不赘言。①李廌是苏门最为特殊和另类的弟子，也是"事师之道，于门人为最勤"的弟子，著有以苏轼言行为主的《师友谈记》。关于李廌与苏轼的交往，可参见笔者的相关论述。②比较特殊的是张耒和陈师道。张耒是因苏辙关系列于苏门弟子。陈师道原为曾巩弟子，元丰元年（1078年）苏轼知徐时与其结识。元祐四年（1089年）苏轼出知杭州路过南京应天府（今河南商丘），陈师道到南京送行，以擅离职守被劾去职。

第三，在政治上同升并黜。苏轼一生在政治圈浮沉，苏门弟子与其不但是一个文学共同体，而且是一个政治命运共同体。元祐时期，苏轼与苏门弟子同聚京师谈诗论文，相交甚欢。这方面有不少逸闻趣事记载，如"西园雅集"之类。绍圣、元符时期，同样是因为苏轼的关系，苏门弟子纷纷遭受贬谪，特别是在仕宦中的"苏门四学士"的遭遇最为典型。黄庭坚"绍圣初，出知宣州，改鄂州……贬涪州别驾、黔州安置，言者犹以处善地为法。以亲嫌，遂移戎州"；晁补之"章惇当国，出知齐州……坐修《神宗实录》失实，降通判应天府、亳州，又贬监处、信二州酒税"；张耒"绍圣初，请郡，以直龙图阁知润州。坐党籍，徙宣州，谪监黄州酒税，徙复州"；秦观"绍圣初，坐党籍，出通判杭州……以谒告写佛书为罪，削秩徙郴州，继编管横州，又徙雷州"③。秦观是绍圣、元符时期受处分最重的苏门弟子，这与秦观在苏门弟子中"所扮演的政治舆论代言人的地位"④有关。

---

① 喻世华：《君子之交，和而不同——论苏轼与秦观的交谊》，载《南京邮电大学学报》（社会科学版）2012年第3期，第83-89页。
② 喻世华：《论苏轼的为师之道——以李廌为例》，载《河南科技大学学报》（社会科学版）2012年第2期，第59-64页。
③ 《宋史》卷四百四十四，列传第二百〇三，文苑六。
④ 王水照：《论洛蜀党争的性质和意义》，载《河北师院学报》1995年第1期，第13-18页。

从文艺、生活、政治三个维度看，苏门休戚相关，命运与共。

（二）"不同"：各具鲜明特色的个体

苏轼与苏门弟子虽然在文艺、生活、政治上有诸多共同点，但苏门弟子存在明显的不同。这既表现在年龄、经历、成就不同这些显性因素上，也表现在文风、政治见解歧异这些隐性因素上。

1. 显性差异

首先，年龄不同，与苏轼交往的时间长短不同。黄庭坚（1045—1105 年）是苏门弟子中最年长者，与苏轼的年龄差距只有 9 岁，元丰元年（1078 年）以通信的方式与苏轼结识。晁补之（1053—1110 年）是苏门弟子中与苏轼结识最早的，于熙宁四年（1071 年）在杭州以《七述》见知于苏轼。秦观（1049—1100 年）于熙宁十年（1077 年）在徐州与苏轼定交。李廌（1059—1109 年）是苏门弟子中年龄最小的，与苏轼的年龄差距达 23 岁，也是与苏轼相识最晚的，是在苏轼最为困顿的黄州时期拜访苏轼的唯一弟子［元丰三年（1080 年）］。

其次，经历不同。在科举考试中，黄庭坚、晁补之、张耒基本上是一帆风顺，仕途也相对顺利。秦观科场屡遭挫折，李廌则是在苏轼知贡举时名落孙山。元丰七年（1084 年），当时仍在贬谪中的苏轼向政见不合的王安石推荐秦观。[1]李廌落第后苏轼也曾有举荐的念头，显见其爱才之心。

第三，取得的成就不同。在中国文学史上，黄庭坚、秦观是与苏轼齐名的大家。黄庭坚作为"江西诗派"的领军人物，在某种程度上对宋诗的影响甚至超越苏轼；书法方面，则有"苏、黄、米、蔡"之说。在宋词中，秦观受到历代文人墨客的高度评价，被称为"婉约正宗"。孙兢《竹坡老人词序》称赞："苏东坡辞胜乎辞，柳耆卿情胜乎情，辞情兼胜者，唯秦少游而已。"孙兢对于秦观词的评价甚至高于苏轼、柳永。张耒称赞："世之文章，多出于穷人，故后之为文者，喜为穷人之辞。秦子无忧而为忧者之辞，殆出此耶！"

2. 隐性差异

首先，文风不同。作为文人集团，苏轼与苏门弟子的共同点和最大公约数是对于诗文书画的共同爱好。但无论是诗、词，还是书法、书画，苏轼与其名声显赫的弟子黄庭坚、秦观并不相同。在诗歌方面，虽然"苏黄"并称，但黄

---

① 《苏轼文集》，孔凡礼点校，中华书局，1986，第 1444 页。

庭坚及其"江西诗派"点铁成金、夺胎换骨之说，其重视文字的推敲技巧，把宋诗带入了形式主义泥淖，与苏轼以意为主、辞达而已的主张有着明显的不同。在词方面，苏轼对于秦观词风是有所批评的："山抹微云秦学士，露花倒影柳屯田。"含蓄表达了对秦观词风的不满。在书法方面，有"苏黄"并称，但其分歧也是明显的，《独醒杂志》曾有记载：

> 东坡尝与山谷论书，东坡曰："鲁直近字虽清劲，而笔势有时太瘦，几如树梢挂蛇。"山谷曰："公之字固不敢轻议，然间觉褊浅，亦如甚似石压虾蟆。"二公大笑，以为深中其病。①

关于苏门弟子文风的不同，古人早有体认。吴曾《能改斋漫录》"四客各有所长"条对于苏门四学士的不同有过如是记载：

> 鲁直长于诗辞，秦、晁长于议论。鲁直与秦少章书曰："庭坚心醉于《诗》与《楚辞》，似若有得。至于议论文字，今日乃当付之少游及晁、张、无己，足下可从此四君子一一问之。"其后张文潜《赠李德载》诗亦云："长公波涛万顷海，少公峭拔千寻麓。黄郎萧萧日下鹤，陈子峭峭霜中竹；秦文倩丽若桃李，晁论峥嵘走珠玉。"乃知人才各有所长，虽苏门不能兼全也。②

其次，政见不同。文人集团对于文风差异的宽容实属难得，对于政治上同升并黜共同体内部差异的容忍更是罕见。就以苏轼最为钟爱的弟子秦观而论，双方在政治见解方面的差异也是明显的。杨胜宽先生曾对苏轼与秦观在哲学思想、治国宽严分寸把握以及财政、军事、教育、法治等问题上的差异进行过比较。③苏轼对秦观政见上"不同"的包容，在政治命运共同体中是非常罕见的。

二、原因：师生双向互动的产物

"苏门"的"同"与"不同"是很明显的，但苏门既能和睦相处又不随便

---

① 颜中其：《苏东坡轶事汇编》，岳麓书社，1984，第 124 页。
② 同上书，第 121-122 页。
③ 杨胜宽：《试论秦观的政治思想和哲学思想———苏秦异同论之一》，载《绵阳师范高等专科学校学报》1999 年第 3 期，第 3-5 页。

附和，真正做到了"和而不同"①。这可从为师者、为生者两个维度来探讨。

（一）为师者的风范

在教师与学生的互动中，教师是主导，学生是主体。作为主导者的苏轼，对于苏门共同体"和而不同"负有特殊的责任。苏轼为苏门弟子群体的"和睦"提供了保障，也为苏门弟子个体的"不苟同"创造了条件。

1. 为群体的"和睦"提供了保障

作为为师者，苏轼主观上自觉的传承意识以及客观上良好而巨大的声望为苏门群体的"和"提供了保障。

首先，主观上自觉的传承意识。欧阳修对后进之士的赏识、提携，《宋史·欧阳修传》有明确记载："奖引后进，如恐不及，赏识之下，率为闻人。曾巩、王安石、苏洵、洵子轼、辙，布衣屏处，未为人知，修即游其声誉，谓必显于世。"苏轼是受惠者，将继承并发扬光大欧阳修爱惜、保护、奖掖、提携、扶持人才的传统视为己任。这在《太息一章送秦少章秀才》中有过说明：

> 昔吾举进士，试于礼部，欧阳文忠公见吾文，曰："此我辈人也，吾当避之。"方是时，士以剽裂为文，聚而见讪，且讪公者所在成市。曾未数年，忽然若潦水之归壑，无复见一人者，此岂复待后世哉。今吾衰老废学，自视缺然，而天下士不吾弃，以为可以与于斯文者，犹以文忠公之故也。②

李廌《师友谈记》有过更明确的说明：

> 东坡尝言："文章之任，亦在名世之士，相与主盟，则其道不坠。方今太平之盛，文士辈出，要使一时之文，有所宗主。昔欧阳文忠常以是任付与某，故不敢不勉。异时文章盟主，责在诸君，亦如文忠之付授某也。"③

---

① "和而不同"语出《论语·子路》："子曰：'君子和而不同，小人同而不和。'""和而不同"概念有着特殊含义，其中"和"即和睦，与现在通用含义没有差异；"同"即苟同，"不同"即不苟同、不随便附和。这与现在"同"即"相同"的通用含义是有差异的。笔者在使用"同"的概念时，除"和而不同"的"同"为"苟同"外，其他都使用"同"即"相同"这一现代汉语词典确认的通用含义。

② 《苏轼文集》，第 1979 页。

③ 颜中其：《苏东坡轶事汇编》，第 122 页。

因此，苏轼在与弟子的多篇私人通信中，如《太息一章送秦少章秀才》①《答张文潜县丞书》②中表达了对苏门弟子的推崇与肯定，在另外的书信中同样表达了这种观点：

> 独于文人胜士，多获所欲，如黄庭坚鲁直、晁补之无咎、秦观太虚、张耒文潜之流，皆世未之知，而轼独先知之。（《答李昭玘书》）③
>
> 文章如金玉，各有定价，先后进相汲引，因其言以信于世，则有之矣。至其品目高下，盖付之众口，决非一夫所能抑扬。轼于黄鲁直、张文潜辈数子，特先识之耳。始诵其文，盖疑信者相半，久乃自定，翕然称之，轼岂能为之轻重哉！非独轼如此，虽向之前辈，亦不过如此也，而况外物之进退。（《答毛泽民七首》之一）④

朱弁《曲洧旧闻》也有类似记载，可以作为旁证材料：

> 东坡尝语子过曰："秦少游、张文潜才识学问为当世第一，无能优劣二人者。少游下笔精悍，心所默识而口不能传者，能以笔传之。然而气韵雄拔、疏通秀朗，当推文潜。二人皆辱与予游，同升而并黜，有自雷州来者，递至少游所惠书诗累幅。近居蛮夷，得此如在齐闻韶也，汝可记之，勿忘吾言。"⑤

提拔人才是欧苏一以贯之的传统，这是苏轼与苏门弟子"和"的基础。

其次，客观上不容置疑的权威性。苏轼为人宽厚，为政干练，诗文书画堪称一流，具有巨大的人格魅力和感召力，其本身的言行为苏门弟子树立了为人、为政、为文的标杆。苏轼以近乎完美的人格和多才多艺的天赋确立了不容置疑的权威性，这为苏门的"和"提供了保证。

2. 为个体的"不苟同"创造了条件

在威权社会的古代中国，群体的"和睦"或者"相同"，可以通过不同方式建立。而为群体中个体的"不苟同"（独立）留有空间和余地，是需要胸襟、

---

① 《苏轼文集》，第 1979 页。
② 同上书，第 1427 页。
③ 同上书，第 1939 页。
④ 同上书，第 1971 页。
⑤ 颜中其：《苏东坡轶事汇编》，第 223-224 页。

气度、方式方法的。苏轼宽容平等的胸襟气度以及因材施教的方式方法，为苏门弟子个体的"不苟同"创造了条件。

首先是宽容平等的胸襟气度。在师生的互动中，不强求一致、一律，容忍不同于自己的见解和观点，甚至容忍弟子对自己的批评，这是保证群体中个体"不苟同"的先决条件。在"师道尊严"的古代中国不容易，即使在当代中国也是需要胸襟气度的。宋人笔记小说中留下了苏轼与弟子的诸多逸闻轶事，如：

> 东坡尝以所作小词示无咎、文潜曰："何如少游？"二人皆对云："少游诗似小词，先生小词似诗。"（《王直方诗话》）①
>
> 苏长公有诗云："身行万里半天下，僧卧一庵初白头。"黄九云："初日头。"问其义，但云若此僧负暄于初日耳。余不然，黄甚不平，曰："岂有用白对天乎？"余异日问苏公，公曰："若是黄九要改作'日头'，也不奈他何！"（《明道杂志》）②
>
> 苏黄二公，当时互相讥诮。东坡尝云：黄鲁直诗文如蟭蛑江瑶柱，格韵高绝，盘飧尽废。然不可多食，多食则发风动气。山谷亦云：盖有文章妙一世，而诗句不逮古人者。盖指东坡而言也。（《苕溪渔隐丛话》）③

宋人笔记小说留下的逸闻轶事不能完全当信史看，但从中还是可以看出苏轼对于弟子的不同意见和批评的宽容胸襟，以及对话的平等态度，为我们留下了众多可资借鉴的范例。

其次是尊重个性，因材施教。苏门弟子经历不同，秉性各异，有的甚至在为人、修养方面存在严重缺陷和弱点。比如李廌经济上很困难，品行上也存在诸多问题（如声誉不佳、好名急进、见誉过当等）。苏轼对李廌则是"处之以情"，经济上给以资助；"导之以理"，对于存在的缺点进行指正；"守之以法"，在考试中秉公办事。苏轼与李廌的交往，特别彰显了苏轼因材施教的教育理念，这是保证个体独立、不苟同的重要因素。

综上，苏轼为师者的风范是"和而不同"教育理念得到实施的坚强保障。

（二）为生者的本分

师生关系是一种互动关系。虽然苏门弟子年龄悬殊，秉性各异，经历不同，

---

① 颜中其：《苏东坡轶事汇编》，第122页。
② 同上书，第123页。
③ 同上书，第125页。

与苏轼结交时间早晚不同，成就有差异，文风、政治见解也与苏轼有歧异，但对于苏轼的尊崇始终如一。这是苏轼与苏门弟子虽然有诸多不同，但却和谐相处传为历史佳话的重要原因。也是我们解析苏轼与苏门弟子"和而不同"这一现象必须关注的另一因素。

人们常说，危难见真情，事久见人心。苏轼遭受贬谪和去世后，苏门弟子的表现特别彰显了这一点。

一是苏轼困厄时的真情救助。苏轼在黄州时期的处境是相当孤寂的，这在他后来的文章中多有追忆，如"亲友几于绝交"（《祭徐君猷文》），"只影自怜，命寄江湖之上；惊魂未定，梦游缧绁之中。憔悴非人，章狂失志。妻孥之所窃笑，亲友至于绝交"（《谢量移汝州表》）。被黄庭坚称为"词意高妙，非吃烟火食人语"（《燕石斋补》）的《卜算子·黄州定慧院寓居作》，真实反映了苏轼在黄州的这种孤寂心境。李廌在苏轼最为困顿的黄州时期拜访苏轼，无疑是雪中送炭。

在贬谪岭南时，苏轼路过润州（今镇江）。其门人张耒当时为润州（今镇江）太守，冒着政治风险遣兵护送，同样显示了危难时的不离不弃。《三苏年谱》绍圣元年（1094年）五月条有"知润州张耒（文潜）遣兵王告及顾成奉事轼路途"①。《苏轼文集》卷五十二答张耒第四简有记载："某流离道路时，告奉事无少懈，又不惮万里再来。"②

二是苏轼去世后的真情追悼。闻知苏轼去世的消息，苏门弟子纷纷以实际行动表达了对于恩师去世的痛切之情，这在后来的《宋史》以及当时的笔记小说中有诸多记载。李廌"即走许、汝间，相地卜兆授其子，作文祭之曰：'皇天后土，鉴一生忠义之心；名山大川，还万古英灵之气。'词语奇壮，读者为悚"③。

> 东坡讣至京师……张耒时知颍州，闻坡卒，为举哀行服，出俸钱于荐福禅寺修供，以致师尊之哀。乃遭论列，谪房州别驾。（《宋稗类钞》）④
> 黄鲁直在荆州，闻东坡下世，士人往吊之，鲁直两手抱一膝起行独步。（《挪掌录》）⑤

---

① 孔凡礼：《三苏年谱》，北京古籍出版社，2004，第2583页。
② 《苏轼文集》，第1539页。
③ 《宋史》卷四百四十四，列传第二百〇三，文苑六。
④ 颜中其：《苏东坡轶事汇编》，第245页。
⑤ 同上。

赵肯堂亲见鲁直晚年悬东坡像于室，每早衣冠荐香肃把甚敬。或以同时声名相上下为问，则离席惊避曰："庭坚望东坡门弟子耳，安敢失其序哉！"今江西君子曰"苏黄"者，非鲁直本意。(《河南邵氏闻见后录》)①

苏轼与苏门弟子良好融洽的关系，是苏轼与苏门弟子"和而不同"教育思想能够实现的重要因素。

三、价值：历史时空中的纵横比较

"和而不同"教育思想，牵涉到个体与群体、自由与统一、个性发展与制度约束等一系列矛盾，其核心在于"不苟同"(或者"存异")与"求同"的矛盾，大致可以从三个层面划分：一是在个人发展路径上，个体自由发展("不苟同")与制度的刚性约束("求同")存在内在的矛盾和张力；二是在文化层面上，艺术风格的百花齐放("不苟同")与必要的规范约束("求同")存在内在的矛盾和张力；三是在政治思想层面，个人的独立思考("不苟同")与群体的集中统一("求同")存在内在的矛盾和张力。

苏轼与苏门弟子"和而不同"现象，在个人发展路径、文化层面、政治思想层面的处理上都有其独特的价值。要对其准确定位需要将其放在历史时空中，从时间的纵向勾勒和空间的横向比较中，才能评估其价值。

(一)时间上的纵向勾勒

在个体与群体关系上，个体"不苟同"与群体"求同"的矛盾始终存在，从古代到现代概莫能外。

1. 古代："孔子不能使人同"

"和而不同"是孔子教育思想和教育理念的重要组成部分。翻开《论语》可以看到，孔子对于出身、爱好、禀赋各异的弟子也很难彻底践行自己的教育思想和教育理念。

首先，在"求同"方面并不完全成功。孔子思想的核心是"仁""礼"，力图用来规范自己及弟子的行为，但可以看出成效并不显著。

用"仁"的标准衡量弟子，孔子的评价均不高：

---

① 颜中其：《苏东坡轶事汇编》，第245页。

孟武伯问："子路仁乎？"子曰："不知也。"又问。子曰："由也，千乘之国，可使治其赋也，不知其仁也。""求也何如？"子曰："求也，千室之邑，百乘之家，可使为之宰也，不知其仁也。""赤也何如？"子曰："赤也，束带立于朝，可使与宾客言也，不知其仁也。"（《论语·公冶长》）①

对于自己与礼不合的行为，孔子则只有强行辩解：

子见南子，子路不说。夫子矢之曰："予所否者，天厌之，天厌之。"（《论语·雍也》）②

其次，在"存异"方面同样存在一些问题。这可以从孔子对与己"不同"的弟子的指责、戏评中找到佐证。比如对于"宰予昼寝"，孔子近乎谩骂：

宰予昼寝，子曰："朽木不可雕也，粪土之墙不可圬也！于予与何诛？"
子曰："始吾于人也，听其言而信其行；今吾于人也，听其言而观其行。于予与改是。"（《论语·公冶长》）③

对于子路"好勇过我"，孔子也带有戏评味道：

子曰："道不行，乘桴浮于海，从我者，其由与！"子路闻之喜。子曰："由也，好勇过我，无所取材。"（《论语·公冶长》）④

对于孔子教育思想中"求同"存在的问题，苏轼在《答张文潜县丞书》中曾有精到论述："自孔子不能使人同，颜渊之仁，子路之勇，不能以相移。"⑤苏轼清醒认识到，在个人发展路径及在文化层面、政治思想层面，完全求同是不可能的，即使是孔子也无法办到。应该容许并包容个体自由发展、艺术风格的百花齐放以及独立思考空间。苏轼身体力行了自己对个性、自由发展的尊重。

2. 当代："求同"与"存异"的教育困境

在今天的教育环境中，实际上面临个人发展路径选择的矛盾和困境，即个

---

① 沈知方主稿、蒋伯潜注释《四书读本》，浙江人民出版社，1986，第45页。
② 同上书，第65页。
③ 同上书，第46-47页。
④ 同上书，第44页。
⑤ 《苏轼文集》，第1427页。

体自由发展（"不同"）与制度刚性约束（"求同"）之间的矛盾。制度刚性约束的求同趋势，比如统一考试、标准答案等，压抑并压倒了个体的自由发展。虽然提倡素质教育多年，但成效并不显著，其症结就在于此。因此，在制度刚性约束的求同趋势面前，无论是在家庭教育中还是在学校教育中，家长或者教育工作者对于"不同"的孩子或者学生，真正能够做到容忍、尊重孩子或者学生有别于自己的选择、追求、爱好（"不同"），并不是一件容易的事情。

　　当代教育面临的困境，其实在苏轼生活的北宋早已出现。苏门弟子秦观屡试不中，李廌在苏轼任主考时落榜，苏轼的处理方式可以为我们提供一些借鉴。比如，对于秦观，尽力指导其应举、著书：

> 　　太虚未免求禄仕，方应举求之，应举不可必。窃为君谋，宜多著书，如所示论兵及盗贼等数篇，但似此得数十首，当卓然有可用之实者，不须及时事也。但旋作此书，亦不可废应举，此书若成，聊复相示，当有知君者，想喻此意也。（《答秦太虚七首》）①

　　尊重制度的刚性约束，同时竭尽全力引荐。元丰七年（1084 年），苏轼向政见不合的王安石推荐秦观。元祐二年（1087 年），苏轼、鲜于侁联名以贤良方正能直言极谏科推荐秦观。

　　对于李廌的落榜，苏轼虽有《余与李廌方叔相知久矣，领贡举事，而李不得第，愧甚，作诗送之》表达愧疚之情，但守住了为人、为师的道德底线。

（二）空间上的横向比较

　　将苏轼与苏门弟子"和而不同"的交往与相同时空背景下王安石的作为展开对比，其价值更为明显。

　　苏轼与王安石的分歧，研究者往往关注其政治层面，其实是全面而深刻的。在个人性格、处理人际关系方面存在巨大差异，在教育、文化、思想层面同样存在巨大分歧。在"求同"与"存异"方面迥然不同。

　　首先，在个人性格、处理人际关系方面，苏轼的宽容、包容弟子的"不苟同"与王安石以自我为中心、"求同"心切有云泥之别。《续资治通鉴》卷六十六载：

> 　　安石虽有时名，然好执偏见，不通物情，轻信奸回，喜人佞己，听其

---

　　① 《苏轼文集》，第 1536 页。

言则美，施于用则疏。①

王安石最终走向众叛亲离，其实与缺乏宽容、包容的"好执偏见，不通物情，轻信奸回，喜人佞己"的性格特点和处理人际关系方面的缺陷有关。苏轼与苏门弟子"和而不同"的交往则彰显了宽容、包容弟子"不苟同"的成效。

其次，在教育、文化、思想层面，王安石的"求同"政策造成的恶果更是触目惊心。王安石改变贡举法，行三舍法于天下，学舍将其《三经新义》《字说》作为教材与科举考试的依据，以达到"一道德"的目的，苏轼对其有过鞭辟入里的评价：

> 文字之衰，未有如今日者也。其源实出于王氏。王氏之文，未必不善也，而患在于好使人同己……而王氏欲以其学同天下！地之美者，同于生物，不同于所生。惟荒瘠斥卤之地，弥望皆黄茅白苇，此则王氏之同也。（《答张文潜县丞书》）②

> 士之不能自成，其患在于俗学。俗学之患，枉人之材，窒人之耳目，诵其师传造字之语，从俗之文，才数万言，其为士之业尽此矣。夫学以明礼，文以述志，思以通其学，气以达其文。古之人道其聪明，广其闻见，所以学也，正志完气，所以言也。王氏之学，正如脱辙，案其形模而出之，不待修饰而成器耳，求为桓璧彝器，其可乎？（《送人叙》）③

王安石在教育、文化、思想领域采取的统一措施，窒息了个体发展的生机。苏轼与苏门弟子"和而不同"取得的成效与王安石"求同"造成的恶果形成鲜明的对照。

综上所述，苏轼"和而不同"的教育实践与思想，较好地诠释了为人、为师之道，在中国教育发展史上有着特殊的价值，对于今天的教育工作者同样具有深刻的启示意义。

---

① 李焘：《续资治通鉴长编》卷六十六，中华书局，1995。
② 《苏轼文集》，第1427页。
③ 同上书，第325页。

敦教化，厚风俗：苏轼的忠厚社会教育

余红艳

摘　要：作为士大夫官员，苏轼持儒家三代治世理想，注重行仁政、敦教化、厚风俗。其以忠厚为社会教育基本道德，勉励监督皇帝百官、士子臣民以忠厚修身，以忠厚为学，以忠厚治国行政。其忠厚教育理念与儒家仁政思想既相合，也有不同。其提倡为人忠恕善良质朴，为文明理有用，为学勤奋专一深厚；为君仁厚守成，惠民宽刑，求忠实之士；为臣敬君利民，知人举善。其忠厚社会教育理念于今仍然需用。

关键词：忠厚　教化　厚风俗　现实意义

宋朝重文抑武，皇帝"与士大夫治天下"，儒学大兴，儒家文人士大夫治国平天下热情得以爆发。苏轼当此时，自幼"奋厉有当世志"，又"幼承父兄之余训，教以修己而治人"①。他以进士身份进入朝廷并举直言极谏制科三等后，便以儒家士大夫自居②，以儒家治世理想与法则对当朝制度、社会文化进行全方位的批评、建设。苏轼一生任过朝廷谏官③、礼部尚书、翰林学士、皇帝侍

本文作者余红艳，现为四川省社科院眉山分院副研究员。四川大学文学人类学博士。

①　张志烈、马德富、周裕锴主编《苏轼全集校注》（文集），河北人民出版社，2010，第4957页。

②　熙宁八年（1075年）苏轼作《减字木兰花·送东武令赵昶失官归海州》："贤哉令尹，三仕已之无喜愠。我独何人，犹把虚名玷搢绅。"搢绅，是士大夫官员。

③　治平二年（1065年）苏轼入朝判登闻鼓院。登闻鼓院为谏院内机构，则苏轼为谏官。

读①、科举考官，对当朝制度、风俗礼仪、君主道德、士人文风以及科举考试等都有深入涉及。苏轼又历任地方长官，为文坛领袖，门下除有著名的苏门四学士、六君子外，还有许多慕名求教者。他到海南儋州后还设帐教学，开启海南科举及第先河。②总的说来，自科举入仕以来，苏轼便行使着广泛的社会监督与教育责任。

苏轼自言七八岁读书以来，便喜好观风俗之变，以议古论今，并对夏商周三代以来的王朝风俗有长久研究。③与当时的儒者一样，他认为三代社会最为理想，王朝存世最久，社会状态最为良好。④认为"禹、汤、文、武之威德亦儒者之极功"，"修其政，明其教，因其民不易其俗。以是得之，以是守之，传数十世，而民不叛"⑤。因此他抱持"致君尧舜上，再使风俗淳"的理想⑥，以士大夫身份辅佐朝纲，修理朝政，以敦教化，厚风俗，使社会太平，国家长存。其教育目的既是促国家长治久安，其重要方法便是辅佐君王移风易俗，其教育内容便包括个人家庭教育、学校科举教育、社会风俗与朝廷体制批评教育，教育（批评）对象上至君王下至百姓。

在其一鸣惊人的省试策论《刑赏忠厚之至论》中，苏轼提出了忠厚教化论：王者重赏轻刑是仁，是忠厚待人；而以忠厚之仁教化天下人归仁，则是忠厚之

---

① 刘清泉《苏轼的家庭教育思想》中说：有资料说苏轼任凤翔签判时，凤翔太守陈希亮曾命苏轼任府学教授，但此说法还有待证实。元祐朝时苏轼兼侍读，以教师的身份为哲宗皇帝讲学。《宋史·苏轼传》云："（元祐）二年（1087年），兼侍读。每进读至治乱兴衰、邪正得失之际，未尝不反覆开导，觊有所启悟。哲宗虽恭默不语，辄首肯之。"

② 苏轼晚年贬谪海南儋州，在居所桄榔庵设帐兴学授徒，传扬中原文化，所教学生姜唐佐在苏轼离开海南三年后进士及第，开创海南科举及第先河。参见刘清泉《苏轼的家庭教育思想》。

③ 苏轼《上韩太尉书》："自七八岁知读书，及壮大，不能晓习时事，独好观前世盛衰之迹，与其一时风俗之变。自三代以来，颇能论著。"张志烈、马德富、周裕锴主编《苏轼全集校注》（文集），第5205页。

④ 苏轼《策别·安万民》中说："昔者三代之民，见危而授命，见利而不忘义，此非必有爵赏劝乎其前，而刑罚驱乎其后也。其心安于为善，而怵惕于不义，是故有所不为。夫民知有所不为，则天下不可以敌，甲兵不可以威，利禄不可以诱，可杀可辱、可饥可寒而不可与叛，此三代之所以享国长久而不拔也。"苏轼《上韩太尉书》中说："古之君子，刚毅正直，而守之以宽，忠恕仁厚，而发之以义。故其在朝廷，则士大夫皆自洗濯磨淬，戮力于王事，而不敢为非常可怪之行，此三代王政之所由兴也。"苏轼在《眉州远景楼记》中对故乡眉州的近古遗风有良好描述，说："吾州之俗，有近古者三。其士大夫贵经术而重氏族，其民尊吏而畏法，其农夫合耦以相助。盖有三代、汉、唐之遗风"。

⑤ 张志烈、马德富、周裕锴主编《苏轼全集校注》（文集），第176-177页。

⑥ 熙宁七年（1074年）苏轼作《沁园春》："有笔头千字，胸中万卷；致君尧舜，此事何难。用舍有时，行藏在我，袖手何妨闲处看。身长健，但优游卒岁，且斗尊前。"参见张志烈、马德富、周裕锴主编《苏轼全集校注》（文集），第125页。

至。忠厚，是苏轼用以修身立人、教化育人的重要道德标准。

一、忠厚道德内涵

在众多文章中，苏轼都表明了他对忠厚道德的认同与看重。他所认同的忠厚之德，具有多层意义。

作为一种道德范畴，忠厚本身含多重内涵。先秦时，忠、厚很少连用。忠为一种人格观念、道德标准，既是君王、臣子道德，也是普通人（君子）道德。厚为一种状态或程度形容词。忠厚在君王慎终追远、祭礼不欺这个意义上连用。至汉，忠、厚连用普及起来。汉初思想家贾谊将忠德视为厚德，忠厚之德是为大德，为不离不弃、生养万物、厚待万物的圣人之德、君主之德。东汉思想家王允把"忠厚"与"仁"相连，认为忠者，厚也，仁也。忠厚与仁逐渐关联起来，并逐渐平民化，成为普通人的道德之一。先秦两汉以来，忠厚不仅包含君王利民惠民、重情宽刑、祭祀不欺、孝上慈下、公正等品格，也包含臣子敬君爱国、事主不犯、君有过则谏、大公无私、知人举善、去小忠取大忠等品格，也包含一般人之为善、为信、为恕、对人对事尽心尽力等君子品德。①

忠厚者，必为善；忠厚者，必仁。苏轼的忠厚教育观既涵盖上述内涵，也针对士子。提出士子要忠厚为学，为有益于世之学，为实用明道之学，为勤奋朴拙之学。

二、以忠厚立身传家

苏轼自幼有良善家教，其母程夫人不许家人惊扰鸟雀，家中庭院异鸟飞翔，鸟雀筑巢也低，乡人以此为奇。苏轼作《记先夫人不残鸟雀》一文记母亲的至诚仁心。杂文《记钱塘杀鹅》《记徐州杀狗》也表明苏轼对母亲仁德的继承。苏轼并常以忠厚之德劝勉家人朋友，以忠厚修身养性、善待他人，以忠厚立身传家，福泽后世，孚化万物。其忠厚之德在这里有质朴之意，忠恕之意，仁厚之意，善待万物至诚至善之意。

（一）以忠厚立身

经历乌台诗案后的苏轼于元丰六年（1083年）喜得一子，作《洗儿戏作》。

---

① 参见余红艳《苏轼〈刑赏忠厚之至论〉之"忠厚"释疑》，《文存阅刊》2020年第34期。

诗中说："人皆养子望聪明，我被聪明误一生。惟愿孩儿愚且鲁，无灾无难到公卿。"又望子愚鲁，又望子官至公卿，有人以为这是苏轼在讽刺当时的公卿愚且鲁，有人以为苏轼希望儿子大智若愚。但笔者以为可联系到忠厚道德来讲。孔子说："不知命，亡以为君子。"《礼记·表记》里记载，夏道遵命尚忠，近人而忠，"其民之敝：蠢而愚，乔（骄）而野，朴而不文"。则夏道之人遵命尚忠，虽蠢而野，质朴无文，但不失为君子。因此笔者看来，与其说苏轼在反讽，不如说苏轼真的对儿子寄予厚望，希望他回复忠道，回复质朴，知命贵人，善待他人，成为一个君子，有益邦国。

（二）以忠厚待人

在作年不详的《张厚之忠甫字说》里①，苏轼记载了这么一件事：张方平为儿子取名为"恕"，苏轼为其取字"厚之"，又字"忠甫"。苏轼为其讲解了取字理由：

> 一言而可以终身行之者，恕也。仁者得之而后仁，智者得之而后智。施于君臣、父子、夫妇、朋友之间，无所适而不可，是饥渴饮食之道也。故曾子曰："夫子之道，忠恕而已矣。"
>
> 然而曾子谓之忠恕，诗人谓之忠厚。以吾观之，忠与恕与厚，是三言者，圣人之所谓一道也。……故吾愿子贯三言而并佩之。将有为也，将有言也，必反而求之曰："吾未恕乎？未厚乎？未忠乎？"

苏轼视忠、厚、恕为同一道德，认为忠、厚、恕乃普通人生活于世、处理人际关系的必须之德。恕者，厚也，忠也；恕者，推己及人，己所不欲勿施于人，为同情之理解，为原谅宽容。忠厚者，必忠恕。苏轼为人取这样的字，既迎合人名"恕"意，也结合了儒家圣人和经典之意，表明了他的主张："吾愿子贯三言而并佩之。"

（三）以忠厚传家

《张厚之忠甫字说》里，苏轼由"恕"联想到忠恕、忠厚，提到"诗人谓之忠厚"。《诗经·大雅·行苇序》里确实提到忠厚："《行苇》，忠厚也。周家

---

① 张志烈、马德富、周裕锴主编《苏轼全集校注》（文集），第 1049 页。

忠厚，仁及草木。故能内睦九族，外尊事黄耇，养老乞言，以成其福禄焉。"①
这里暗含了苏轼对张恕厚之的美好祝愿：忠厚者必有福禄。

在《三槐堂铭》中，苏轼也阐释了他的忠厚者将福及子孙的论点。文中说
王氏家族先祖王祐文武兼备、忠孝两全，因性格正直不被朝廷所容。其子王旦
官拜魏国公，享福禄十八年。其孙王素忠恕仁厚，以直谏事皇帝，然官职并不够
高，于是苏轼感叹："由此观之，王氏之福盖未艾也。"②《易》说："积善之家必
有余庆，积不善之家必有余殃。"后世由苏轼此文衍发出"忠厚传家久，诗书继
世长"的警世格言。

三、以忠厚为学为文

嘉祐二年（1057 年），欧阳修主持礼部科考，欲变当时磔裂诡异、浮艳艰
涩文风，倡导明道平实朴素的文风学风。对凡不符合标准的人一律黜之，引起
骚动，但科考文风为此一变。在这次科举考试中，苏轼脱颖而出，成为新一代
文坛盟主③。

在为欧阳修写的《六一居士集叙》中，苏轼肯定了孔、孟、墨、韩非、韩
愈等先哲的思想学说对当时的教化、治国理政方面的影响，对欧阳修为天下师
从而改变天下学风、文人士大夫风气的功绩予以高度评价："其学推韩愈、孟子
而上达于孔氏，著礼乐仁义之实，以合于大道。其言简而明，信而通，引物连
类，折之于至理，以服人心，故天下翕然师尊之。"认为欧阳修死后仍在世上发
挥着作用："欧阳子没十有余年，士始为之新学，以佛老之似，乱周孔之真，识
者忧之。赖天子圣明，诏修取士法，风厉学者专治孔氏，黜异端，然后风俗一
变。考论师友渊源所自，复知诵习欧阳子之书。"④

苏轼继承欧阳修传统，以忠实为学为文劝勉天下学子：为学应为经世致用、
求实明道之学，为文应简明通达，以求"风俗稍厚，学术近正，庶几得忠实之

---

① 周振甫：《诗经译注》，中华书局，2010，第 400 页。
② 张志烈、马德富、周裕锴主编《苏轼全集校注》（文集），第 2068 页。
③ 李廌《师友谈记》其五记载："东坡尝言：文章之任，亦在名世之士，相与主盟，则其道不
坠。方今太平之盛，文士辈出，要使一时之文有所宗主。昔欧阳文忠常以是付与某，故不敢不勉。异
时文章盟主，责在诸君，亦如文忠之付授也。"当年欧阳修以文章盟主的重任付授门生苏轼，苏轼又
以同样的重任来激励门生李廌。
④ 张志烈、马德富、周裕锴主编《苏轼全集校注》（文集），第978–979 页。

士，不至蹈衰季之风"①。其忠厚为学为文的理念可概括为：忠实、深厚。忠实，为实用、有益；深厚，厚积薄发，勿好名太高，勿焦躁冒进。

（一）忠实

苏轼主张为文要实，有益于世，勿为浮华无用之文，勿为虚妄浮诞之文。提倡读史以明理，以充实文本。

1. 为文当明道有为，勿浮华无用

嘉祐五年（1060年）苏轼应"贤良方正能直言极谏"制科考试时上奏二十五策，《策总叙》写道："自汉以来，世之儒者，忘己以循人，务为射策决科之学。其言虽不叛于圣人，而皆泛滥于辞章，不适于用。"②因此他上策二十五篇，希望有益于当世。

熙宁七年（1074年）苏轼作《凫绎先生文集叙》。先讲孔子有为于世，记录君子言行以德泽后世，再说今日文风之弊："文章其日工，而道将散矣。士慕远而忽近，贵华而贱实。"③再对颜太初承继怨刺传统、以文明道、书写切中时弊的行为予以赞扬。苏轼认为，正面记录君子长者之德是有为于世，是忠厚；指出时弊，对有损于世之现象予以记录、论难更是忠厚。对门生李廌写作浮华的弊病，苏轼也予以指出。在《答李方叔十七首》中他批评李廌："前日所贶高文极为奇丽。但过相粉饰，深非所望，殆是益其病尔。"④

2. 批评崇尚佛老、虚妄浮诞之文

在反对王安石科举改革的《议学校贡举状》一文中，苏轼批评崇尚佛老为文浮诞之人，认为此类人难以为用，或欺世盗名，影响很坏："今士大夫至以佛老为圣人，粥书于市者，非庄老之书不售也。读其文，浩然无当而不可穷；观其貌，超然无著而不可捉，岂此真能然哉？盖中人之性，安于放而乐于诞耳。"⑤倡导以实学取士，"博通经术者，虽朴不废；稍涉浮诞者，虽工必黜"。

3. 提倡读史，充实文本

苏轼非常重视读史，认为读史可明理，有用于世。《与千之侄二首》（其

---

① 张志烈、马德富、周裕锴主编《苏轼全集校注》（文集），第2848-2849页。
② 同上书，第771-772页。
③ 同上书，第968页。
④ 同上书，第5921页。
⑤ 同上书，第2846页。

二）云："可读史书，为益不少也。"《与侄孙元老四首》（其二）云："然亦须多读史，务令文字华实相副，期于适用乃佳……侄孙宜熟看前、后汉史及韩、柳文。"

（二）深厚

苏轼认为为学当厚积薄发，刻苦勤奋，日积月累；不可不专一，好名太高，也不可焦躁冒进。

1. 博观而约取，厚积而薄发

嘉祐八年（1063 年）送张琥《稼说》中，苏轼勉励与自己同年及第的张琥与弟苏辙说：

> 古之人，其才非有以大过今之人也，其平居所以自养而不敢轻用以待其成者，闵闵焉如婴儿之望长也。弱者养之以至于刚，虚者养之以至于充。三十而后仕，五十而后爵，信于久屈之中，而用于至足之后；流于既溢之余，而发于持满之末，此古之人所以大过人，而今之君子所以不及也。吾少也有志于学，不幸而早得与吾子同年，吾子之得亦不可谓不早也。吾今虽欲自以为不足，而众且妄推之矣。呜呼！吾子其去此而务学也哉。博观而约取，厚积而薄发，吾告子止于此矣。①

2. 坚定信念，勤苦从事

熙宁五年（1072 年）苏轼通判杭州作《送水丘秀才叙》，劝慰落第学子，不应为了得官而拳曲自身，使自身猥琐；又要坚定信念，致力于经世致用，不要受一点挫折就放逐山林，独善其身。十月，苏轼作《送杭州进士诗叙》，希望参加科举考试士子不要为了仕进而改变自己的操守，要坚定信念，坚守道义，不能随时而变。同月，苏轼又作《盐官大悲阁记》，对为学者"废学而徒思"的风气和佛教界"饱食而嬉"的僧徒进行了批评。通过居则三十余年缩衣节食，终于建造千手千眼观世音佛像的事迹，劝告为学者，应像居则一样，坚定信念，勤奋学习，循序渐进，铢积寸累，力争有所成就："余尝以斯言告东南之士矣，盖仅有从者。独喜则之勤苦从事于有为，笃志守节，老而不衰，异夫为大以欺

---

① 张志烈、马德富、周裕锴主编《苏轼全集校注》（文集），第 1061 页。

佛者，故为记之，且以风吾党之士云。"①

3. 勤读勤练：手抄书

在《记欧阳公论文》中苏轼记录了欧阳修为学为文的方法："无它术，惟勤读书而多为之，自工。世人患作文字少，又懒读书，每一篇出，即求过人。如此，少有至者。疵病不必待人指摘，多作自能见之。"指出勤奋读写，见识自高，好文自出。

熙宁九年（1076年）苏轼作《李氏山房藏书记》，记录当年那些老儒刻苦自学情状："欲求《史记》《汉书》而不可得，幸而得之，皆手自书，日夜诵读，惟恐不及。"批评近岁科举之士"束书不观，游谈无根"②。苏轼自己也保持着手抄书的读书法，尤其是抄写史书，认为手抄书有利于熟读精思。据称他曾抄《汉书》三遍，小时候抄两遍，贬谪黄州时又抄一遍。③何薳《春渚纪闻》云："晁无咎言：苏公少时，手抄经史，皆一通。每一书成，辄变一体，卒之学成而已。"④到黄州后，抄书成为其"日课"。苏轼《觅俞俊笔》云："虽是玉堂挥翰手，自怜白首尚抄书。"⑤《耆旧续闻》记述朱载上拜谒苏轼，苏轼正抄《汉书》而没有马上与之相见。朱载上遂验证苏轼抄书法所获成果：提一字即可背诵几百字，毫厘不差。后朱载上用此法教育儿子，儿子又用此法教育孙子。⑥苏轼并将抄书法传授亲朋。《与程秀才三首》（其三）说："儿子到此，抄得《唐书》一部，又借得《前汉》欲抄。若了此二书，便是穷儿暴富也。"⑦《与王定国四十一首》（其十一）中说："多读书史，仍手自抄为妙。"⑧

4. 专一，勿好名太高，务焦躁冒进

嘉祐六年（1061年）苏轼应制科考试，向朝廷内外大臣上公开信《应制举上两制书》。指出宋朝法治方面和任人方面存在的问题，对当时士人"好名太高而不适实"的社会风气进行了批评。指出"天下之士，皆有侈心，耻以一艺自

---

① 张志烈、马德富、周裕锴主编《苏轼全集校注》（文集），第1220页。
② 同上书，第1131页。
③ 参见刘清泉《苏轼家庭教育思想研究》。
④ 何薳撰：《春渚纪闻》，孔凡礼点校，中华书局，2002。
⑤ 张志烈、马德富、周裕锴主编《苏轼全集校注》（诗集），河北人民出版社，2010，第5534页。
⑥ 参见胡先酉《苏轼学校教育思想》。
⑦ 张志烈、马德富、周裕锴主编《苏轼全集校注》（文集），第6068页。
⑧ 同上书，第5673页。

名，而欲尽天下之能事。是故丧其所长，而至于无用。今之士大夫，其实病此也"。批评士人"自许太高，而措意太广"，以至于"贤人君子布于天下而事不立"①。

苏轼门生李廌也曾谈及苏轼对他的教育。李廌《师友谈记》（二）说他"少时有好名急进之弊"，为入仕为官，先是上书朝廷，后又去王公大臣门下走动。苏轼教育李廌要自信，"如子之才，自当不没"，告诫他"要当循分，不可躁求，王公之门何必时曳裾"。李廌"常以为戒"，不仅再不去王公门下走动，就是有王公来"谕殷勤"，他也谨遵老师教诲，自"守匹夫之志，亦未敢自变也"。

四、以忠厚治国

嘉祐二年（1057年）苏轼作《省试刑赏忠厚之至论》，提出君王行仁政、行仁教是忠厚之至的观点："是故疑则举而归之于仁，以君子长者之道待天下，使天下相率而归于君子长者之道。故曰忠厚之至也。"②

苏轼肯定君王在社会教育中的地位。熙宁二年（1069年）《议学校贡举状》指出："夫欲兴德行，在于君人者修身以格物，审好恶以表俗。孟子所谓'君仁莫不仁，君义莫不义'。君之所向，天下趋焉。"③苏轼始终以以德治国、以仁行政劝勉君王，要求君王崇忠厚道德，守旧制，厚风俗，利民惠民，重情宽刑。

（一）劝勉皇帝守旧制，崇忠厚道德

熙宁二年（1069年）王安石变法，苏轼《上神宗皇帝书》将王者忠厚与"厚风俗"相连，提出，王者行忠厚仁政，可以厚风俗，厚民德，使国家长存，王朝长治久安。书中说："臣之所欲言者，三言而已。愿陛下结人心，厚风俗，存纪纲。"④结人心，是希望朝廷为民谋福利而不是与民争利；存纪纲，是希望不废台谏制度。至于厚风俗，苏轼认为："国家之所以存亡者，在道德之浅深，不在乎强与弱；历数之所以长短者，在风俗之薄厚，不在乎富与贵。人主知此，

① 张志烈、马德富、周裕锴主编《苏轼全集校注》（文集），第5227页。
② 同上书，第156页。
③ 同上书，第2846页。
④ 同上书，第2871页。

则知所轻重矣。故臣愿陛下务崇道德而厚风俗，不愿陛下急于有功而贪富强。爱惜风俗，如护元气。"

如何才能厚风俗？首要是崇道德，崇尚忠厚老成之道德："圣人非不知深刻之法可以齐众，勇悍之夫可以集事，忠厚近于迂阔，老成初若迟钝。然终不肯以彼易此者，之其所得小，而所丧大也。"历数宋仁宗的忠厚老成执政法："持法至宽，用人有叙，专务掩覆过失，未尝轻改旧章。"虽然看起来没有大事功，对外用兵不成功，国家财政也没多少结余，但"德泽在人，风俗知义；故升遐之日，天下归仁焉"。文中苏轼还对当时变法带来的浇薄风气与人品败坏现象予以揭露："矫之以苛察，齐之以智能，招来新进勇锐之人，以图一切速成之效。未享其利，浇风已成。多开骤进之门，使有意外之得，公卿侍从跬步可图，俾常调之人举生非望，欲望风俗之厚，岂可得哉？近岁朴拙之人愈少，巧进之士益多。"因此希望皇帝"厚风俗"，"以简易为法，以清净为心，而民德归厚"①。

书里，苏轼将忠厚道德与老成（守成）相连，与苛察、智能、新进勇锐、速成相对。认同忠厚君主的宽于法度、善于用人、不改旧制。认为王者行忠厚老成简易法，守清净心，民德便能归厚，风俗便能归厚，朴拙之人会增多，巧进之士会减少，国家和王朝便能长存了。

（二）要求朝廷取忠实之士，以正学术，厚风俗

熙宁年间王安石变法，主张变更科举取士制度，以"经义取士"，废"诗赋取士"，以学校代科举。②苏轼因此写下《议学校贡举状》，认为，只要自上而下以"责实之政"来选人，则不拘何种方式都能选到人才，何必变制？

认为择人在于人的本质、实质，不在于其细枝末节。王安石变科举法不过是"区区之法"，"或曰乡举德行而略文词，或曰专取策论而罢诗赋，或欲兼采誉望而罢封弥，或欲经生不帖墨而考大义，此皆知其一，不知其二者也"③。这些变革中蕴含机心机巧，将带来虚伪浮浅，带来取巧走捷径，带来"不实""不

---

① 《宋史》（影印版），中华书局，1997，第 10806-10807 页。
② 王安石科举改革为，进士科"罢诗赋、帖经、墨义，士各占治《易》《诗》《书》《周礼》《礼记》一经，兼《论语》《孟子》。每试四场，初大经，次兼经，大义凡十道，后改《论语》《孟子》义各三道，论一首，次策三道。"参见《宋史》（影印版），第 3618 页。
③ 《宋史》（影印版），第 10803 页。

忠厚"。①所以苏轼主张颁布律令，取博通经术朴实之士："明敕有司，试之以法言，取之以实学。博通经术者，虽朴不废；稍涉浮诞者，虽工必黜。"如此方能"风俗稍厚，学术近正，庶几得忠实之士，不至蹈衰季之风，则天下幸甚"②。

（三）劝诫君王行仁政，惠民宽刑

元丰八年（1085 年）苏轼代吕申公作《上初即位论治道二首·道德篇》："人君以至诚为道，以至仁为德。守此二言，终身不易，尧舜之主也。……何谓至仁？视臣如手足，视民如赤子，戢兵，省刑，时使，薄敛，行此六事而已矣。祸莫逆于好用兵，怨莫大于好起狱，灾莫深于兴土功，毒莫深于夺民利。"对当时论者持有的"人君当使威刑胜于惠爱"说持否定态度，认为："如是则予不如夺，生不如杀，尧不如桀，而幽、厉、桓、灵之君长有天下。此不可以不辨也。"③

他对损害民利的行为予以斥责，促其纠正；对有益于民的行为予以推广，不惜得罪旧好。

熙宁二年（1069 年）苏轼《谏买浙灯状》斥责皇上买灯，称其为无用之费："内帑所储，孰非民力？"建议皇帝储留内藏库④的钱财，"以待乏绝之供"，并将今后放灯游苑赏赐活动，"皆饬有司，务从俭约"⑤。元丰八年《论给田募役状》建议皇帝善用内藏库钱，他说：宽剩钱⑥"本出民力，理当还为民用"⑦。建议皇帝把常年积蓄起来的宽剩钱用来买田，招募租客，从而解决农民生存问题。元祐初年（1086 年），苏轼为中书舍人时反对司马光尽废王安石免役法重启差役法，认为二法皆有利弊，"法相因则事易成，事有渐则民不惊"⑧，请求司马光不骤变役法。

五、以忠厚为官行政

作为朝廷官员，苏轼对上持有忠厚臣德，敬君爱国，君有过则谏；对民待

---

① 参见余红艳《苏轼的忠厚科举观》，《苏轼研究》2019 年 12 月。
② 张志烈、马德富、周裕锴主编《苏轼全集校注》（文集），第 2848–2849 页。
③ 同上书，第 436–438 页。
④ 内藏库，宋初所建，为皇帝专管。其来源最初为吞并其他国所掠财物，后为赋税上供。
⑤ 张志烈、马德富、周裕锴主编《苏轼全集校注》（文集），第 2862 页。
⑥ 内藏库钱的别种称法，地方上供中央后划归皇帝内藏库管理的那一部分。最初只是上供赋税的十分之一二，后增至一半至大半。
⑦ 张志烈、马德富、周裕锴主编《苏轼全集校注》（文集），第 3012 页。
⑧ 《宋史》（影印版），第 10811 页。

以君子长者之道，忠于职守，善待百姓。对同僚，他知人举善，心怀坦荡。对有仁德教化的官员他予以盛赞，对行为不端的官吏他予以斥责、罢黜。

（一）忠于职守，惠民利民

苏轼始终秉持忠厚为人、为政原则，直言进谏，得罪朝廷并屡次请求外放（被外放）。

到地方政府后，他以民为本，处处为民着想，为民轻赋减税。任密州知州时，他申请免去河北京东两地的小盐贩商品税。任扬州知州时，针对官府对商贾的刻剥情形，他提出罢免商业杂税，并奏请取消地方税年终增额奖惯例，使税吏欲得赏钱而在收税时"刻虐"百姓的行为得以减少。他为民谋福利，变官榷为民营，任登州知州时罢免了登州莱州的榷盐。元祐四年到六年为杭州知州时，苏轼赈灾救民，建医院抗疫，疏浚西湖，杭州百姓感念他，为他建了生祠。

（二）知人举善，心怀坦荡

熙宁年间苏轼曾反对王安石变法。从黄州贬谪归来时，过金陵，拜见已罢相的王安石，与之握手言和："大兵大狱，汉唐灭亡之兆。祖宗以仁厚治天下，正欲革此。今西方用兵，连年不解，南方数起大狱，公独无一言以救之乎？"劝勉王安石继续"以言救国"①。入职宫中后，他劝章惇善待司马光。迁起居舍人时他又向宰相蔡确推荐同馆长者林希。

（三）赞忠厚教化，斥不端官吏

有感于漳州循吏柯侯至仁至诚淳朴无华，救饥民得民心，诚心感化万物，连鸟雀都被感动，苏轼作《异鹊（并叙）》诗赞美："仁心格异族，两鹊栖其衙。"反过来看那些恶吏，所至之处鬼哭狼嚎："君看彼酷吏，所至号鬼车。"

元祐朝，苏轼为科考官时厚待考生。②天降大雪，他上《大雪乞省试展限兼乞御试不分初覆考札子》，请求朝廷延期考试。考试过程中，他下令放宽考场禁约，允许考生活动手脚。③对巡考官员滥用职权无理生事、侮辱举子的行为，苏

---

① 《宋史》（影印版），第 10809 页。

② 王启鹏：《论苏轼的民本思想》，《惠州学院学报》（社会科学版）2008 年第 4 期，第 20-24 页。

③ 《宋史·苏轼传》载："三年，轼权知贡举。会大雪苦寒，士坐庭中，噤不能言。轼宽其噤约，使得尽技。"参见《宋史》（影印版），第 10812 页。

轼连上奏折，罢黜巡铺官，免除职务，逐出考场。①

在地方任职时，苏轼上书批评："自入淮南界，二三年来，诸郡税务刻急日甚，行路咨怨，商贾几于不行。……（郡吏）但多喝税钱，商旅不肯认纳，则苟留十日半月。"②对官吏征税使百姓流离失所的现象予以痛斥："'苛政猛于虎，'昔常不信其言，以今观之、殆有胜者。水旱杀人、百倍于虎。而人畏催欠、乃甚于水旱。"③对一些百姓得不到赦免积欠④的原因予以披露："无钱以与三司之曹吏。"

六、结语

苏轼以忠厚行事，也以忠厚行教。自嘉祐二年（1057 年）作省试策论《刑赏忠厚之至论》名扬天下以来，忠厚便成了苏轼秉性的映照和一生实践的标杆。"纵观苏轼一生，参政为人都秉持忠厚。……其忠厚不仅体现在文字中，也一贯体现在他的为政实践中，甚至成为他的一种文风标格。"⑤清代刘熙载《艺概》卷四说苏轼："苏辛皆至情至性人，故其词潇洒卓荦，悉出于温柔敦厚。"⑥陈廷焯《白雨斋词话》说苏轼："东坡词寓意深远，运笔空灵，措语忠厚"，"感激豪宕，苏、辛峙立千古。然忠爱恻怛，苏胜于辛"⑦。说其"愈悲郁，愈豪放，愈忠厚"⑧。

苏轼秉忠厚以教亲朋士子，敦促君主官吏。其认同的忠厚品德为：为人质朴（天真朴实）、宽容（恕道）、善良（善待万物）；为文明理有用，为学勤奋专一深厚；为君仁厚守成，惠民宽刑，求忠实之士；为臣敬君利民，知人举善。其为人、为政以仁善、为学以厚的忠厚教育理念对当下都有积极意义。今天虽无君主制，但代表民意的执政者也当以忠厚来教育社会，使人人忠厚，人人为善，敬德修业，则国家富强与社会和谐可皆得。

---

① 参见张志烈、马德富、周裕锴主编《苏轼全集校注》（文集），第3163-3167页。《宋史·苏轼传》记载："巡铺内侍每摧辱举子，且持暧昧单词，诬以为罪，轼尽奏逐之。"参见《宋史》（影印版），第10812页。

② 张志烈、马德富、周裕锴主编《苏轼全集校注》（文集），第5258页。

③ 同上书，第3466页。

④ 见《应诏论四事状》以及《乞检会应诏所论四事行下状》。

⑤ 参见余红艳《苏轼〈刑赏忠厚之至论〉之"忠厚"释疑》。

⑥ 徐汉明：《辛弃疾全集》，四川文艺出版社，1994，第454页。

⑦ （清）陈廷焯：《白雨斋词话足本校注》（上），屈兴国校注，齐鲁书社，1983，第50、51页。

⑧ 陈廷焯：《白雨斋词话》，上海古籍出版社，2009，第183页。

需要说明的是：忠厚是苏轼的性格之一，不是全部。自小父亲苏洵就担心苏轼："轼乎，吾惧汝之不外饰也。"蔡絛《铁围山丛谈》中说苏轼："元祐时既登禁林，以高才狎侮诸公卿"，连他的好友吕大防也恨他行为太过。①又有网友整理林语堂和其他学者有关苏轼的性格描述：狂放不羁，百无禁忌；喜怒震荡，激情慷慨；较真好辩，性情急躁；不附朋党，刚硬倔强；好戏谑，好絮叨等。②但这些性格都不掩苏轼性格中的忠厚。正如况周颐《蕙风词话》言苏轼词："东坡、稼轩，其秀在骨，其厚在神。"③本文论其忠厚，也并不掩其余性格。

另外，将忠厚道德用于社会教育时，需要注意：

第一，提倡忠厚道德是儒家以德治国、以仁行治国方略的具体体现，但也并非治国的全部。儒家讲礼主法辅④。忠厚治国行道德教化还要与礼法、刑法结合，才可能实现太平治世。德为本，礼法为外，内外兼修，文质彬彬，方能实现儒家的君子社会。所以苏轼有《策别·课百官》六篇，有《三法求民情赋》《御试重巽以申命论》等论文，但"仁可过，义不可过"，苏轼更强调仁治。

同理，为人处世不仅要讲仁，还当讲"义"。对人要忠厚，对事要坚持法度与正义。仁义配合，可谓得为人行事大道（德）矣。

第二，教人行忠厚只是社会道德教育的一部分。社会交往中还有其他道德，也要坚持。另，人还有与自身相处的道德。苏轼主体性格里便有骄傲狂放的一面，但有忠厚作底色，则不至于伤害人、薄待人。可见，忠厚宜作底色，为基本准则。

第三，讲忠厚还要讲创新。如果人们只讲忠厚、守成，那就难免落于迂阔鲁钝，于社会生活也不利。

---

① 见搜狐网：https：//www.sohu.com/a/341037478_681409。
② 见搜狐网：https：//www.sohu.com/a/340934422_120051457。
③ 《东坡乐府编年笺注》，石声淮、唐玲玲笺注，华中师范大学出版社，1990，第551页。
④ 刘燕飞：《苏轼哲学思想研究》，河北大学博士论文，2011。

宋代书院学祠的兴起及其意义

朱汉民

摘　要： 北宋时期书院就有了专门的祭祀空间，南宋时期出现了大量书院学祠，专门祭祀过往的学术宗师和儒学大家，从而形成具有书院特色的祭祀空间。南宋书院的学祠与书院的学术思想、教育理念密切相关，尤其南宋理学的学统观念，对书院祭祀制度的特色，产生了深刻的历史影响。

关键词： 宋代书院　学祠　学统　书院祭祀

中国古代书院的基本规制是由三个方面构成的，即讲学、藏书、祭祀。在中国书院制度成型的北宋初年，那些著名的书院如岳麓书院、白鹿洞书院即具备完整的讲学、藏书、祭祀的基本规制。但是，书院的规制有一个发展与成熟的历史过程。北宋初期书院的规制基本上还只是对官学制度的模仿，以后才逐渐发展并形成自己的特色。

本文所讨论的书院祭祀制度就是如此。虽然北宋时期书院就有了专门的祭祀空间，但是书院祭祀能够真正具有自己的特色，则是与南宋书院的学术思想、教育理念的发展密切相关，尤其南宋理学的学统观念，对书院祭祀制度的特色，产生了深刻的影响。

本文作者朱汉民，湖南大学岳麓书院教授，博士生导师。研究方向为中国思想文化史。文章为国家社科基金重大项目《宋学源流》（19 ZDA028）的部分成果。

一、北宋书院的祭祀制度

以"书院"命名的藏书、读书乃至教书的机构，萌芽于唐代。但是，作为真正的文化教育组织的书院成型，则是到了北宋。唐、五代时期，书院是一种偶然的、零星的、不确定的藏书、读书或教书之所；而到了北宋初期，书院已成为一种稳定的、普遍的、制度化的文化教育机构。由于统计的文献依据不同，学者们对北宋书院的建置数量结论不太一致，但是总体而言，北宋时期建置的书院具有数量多、分布广、规模大等特点。尤其值得注意的是，北宋书院的讲学、藏书、祭祀的规制完整。

首先，北宋书院的讲学功能完备，拥有讲堂、斋舍等专门设施。书院具有多种功能，而作为教育组织而言，讲学是其最基本的功能。唐、五代时期民间出现那些以"书院"命名的机构，大多只是一些个人的藏书、读书之处，而并不是一种制度化的教育机构。但是，北宋时期所创建的书院不太一样，这些书院普遍是以教书育人为主要职能和任务。如岳麓书院初创时有讲堂五间、斋舍五十二间，"有书生六十余人听诵"①；应天府书院则是有戚同文者，"通五经业，高尚不仕，聚徒教授，常百余人"②。宋初产生的著名书院，还包括白鹿洞书院、嵩阳书院、石鼓书院、茅山书院等，均有固定的生员名额、著名的山长主持教学，在人才培养方面作出了重要的成就。

其次，北宋时期创办的书院，均有一定规模的藏书，有专门供藏书用的书楼，这些藏书主要是为培养人才所用。唐、五代以"书院"命名的民间书舍，主要是民间个人的藏书、读书之所。宋初时期的书院，在藏书方面承袭前朝书院，但是其藏书的来源、规模、用途等方面，均发生了很大的变化。首先是宋初书院的藏书来源大不一样，除了保留民间个人的藏书外，尤增加了官府、朝廷所颁典籍。宋初几所著名的书院如岳麓书院、白鹿洞书院、嵩阳书院，均曾经收受过国子监甚至皇帝的赐书。其次，藏书的规模大大扩展，唐、五代的书院主要是供个人读书的藏书处，而宋初书院的藏书则是为广大生员、教职人员所需，故而藏书的规模扩大。如应天府书院"聚书千五百余卷"，而唐、五代的书院很少谈到藏书规模，少谈的原因应是规模太小不值得谈。

① 《文津阁四库全书》第 0611 册，商务印书馆，2006，第 11 页。
② 同上。

其三，北宋书院基本上具备了祭祀的功能。唐、五代时期民间书院起源于读书人个人藏书、读书的功能需要，即使个别书院已经具有教学功能，但并不具有祭祀功能。北宋初期创建的书院已经成为功能完备的、制度化程度高的学校，故而也模仿官学的"庙学"制度，产生了祭祀的功能，并有了专门祭祀孔子的独立空间和设施。中国古代学校，经历了一个由"学"到"庙学"的发展过程。从西周到两汉，均执行"凡始立学者，必释奠于先圣、先师"的规定。东晋时期，正式在国子学西边建立孔子庙，形成了最早的"庙学"制度。此后自唐太宗至清朝末年，"庙学"制度推广到地方的州学、县学并一直延续。唐代形成的地方官学的"庙学"制度，影响了北宋初期的书院制度。

唐、五代时期的书院，尚未见祭祀功能的记载。但是，宋初创建的书院，关于祭祀的设施已经十分完备，与官学的"庙学"制已无区别。如北宋咸平三年（1000年）王禹偁撰写的《谭州岳麓山书院记》中，就有明确记载：

> 初，开宝中，尚书郎朱洞典长沙。左拾遗孙逢吉通理郡事。于岳麓山枹黄洞下肇启书院，广延学徒。二公罢归，累政不嗣，诸生逃解，六籍散亡，弦歌绝音，俎豆无睹。公询问黄发，尽获故书，诱导青衿，肯构旧址。外敞门屋，中开讲堂，揭以书楼，序以客次。塑先师十哲之像，画七十二贤，华衮珠旒，缝掖章甫，毕按旧制，俨然如生。①

这次记文，记载北宋初年两次修建岳麓书院的过程，其中均讲到其完备的祭祀制度、设施，这种"供春秋之释奠"的制度与官学的"庙学"制度已无区别。除岳麓书院外，其他如白鹿洞书院，也于咸平五年重修时，"塑宣圣十哲之像"②，即也是有专供祭孔用的庙学体制。

北宋书院为什么要仿庙学制，设置专供祭祀先圣先师的殿宇？其文化功能是什么呢？两汉以后，儒学取得了独尊的地位，从而确立了"儒教"在国家意识形态、文化教育体制中的地位。"儒教"之"教"显然有不同于其他宗教的特点，而特别体现出对"教育""教化"的重视。而各级学校之所以要"释奠于先圣先师"，正体现出"崇儒重教"的文化特点。而北宋形成的书院，正是儒家士大夫所体现出的"崇儒重教"的文化追求。书院创办者在书院内部设置专

---

① 《文津阁四库全书》第1090册，第18页。
② 《文津阁四库全书》第0950册，第390页。

门的祭祀空间，确立专门祭祀先圣先师的释奠仪，正是为了彰显书院的儒教文化特质与崇儒重教精神。

二、南宋前期学祠的发展

如果说北宋书院主要是仿官学的庙学制度，而设立祭祀"先圣先师"的祭孔庙堂的话，那么南宋书院则发展出了一套独特的祠堂祭祀，以表达宋儒独有的学统观念与道统意识。通过这种祠堂祭祀活动，书院开始建立起自己独有的学术与教育理念，书院主持人希望将书院祭祀纳入书院学统与道统的建设目标与建构过程中。可见，同是书院祭祀，但学庙祭祀与学祠祭祀却有十分明显的区别。书院的主持者建孔庙祭祀"先圣先师"，还只是一种延续、仿效官学的庙学制行为，体现不出书院主持者独特的文化创新与教育追求。但是，南宋书院主持者开始建造祭祀本学统人物的祠堂，以表达他们新的学术理念与精神追求。不仅体现了这一时期宋儒那种学术创新的独立精神，而且也反映出他们制度创新的不凡气象。

南宋书院设学祠祭祀，有一个初步创始，逐渐推广到制度成型的历史过程。这一节重点讨论南宋前期，即从宋高宗建炎、绍兴年间开始，到宋光宗绍熙年间为止。

南宋初年，最早由理学家创办、主持书院讲学者，应为"开湖湘学统"的胡宏。南宋绍兴年间（1127—1130 年），著名理学家胡安国率其子胡宏等家人隐居湖南湘潭碧泉，在此著书讲学，完成了经学名著《春秋传》。胡安国在世时的讲学处并没有称之以"书院"，后来史著如《宋元学案·武夷学案》也仅称其为"精舍""讲舍"。胡安国逝世后，胡宏才在此地正式修建了"碧泉书院"，并作《碧泉书院上梁文》。与此同时他还修建了"文定书堂"，因胡安国逝世后谥"文定"，这处建筑就是碧泉书院师生为祭祀胡安国而建。胡宏在《文定书堂上梁文》中写道："伏愿上梁以后，庭帏乐豫，寿考康宁；中外雍和，子孙蕃衍；流光后世，受福无疆。"[1]这显然是一个学祠兼家祠性质的祠堂，和《碧泉书院上梁文》中"袭稷下以纷芳，继杏坛而跂济"的教育功能有差别。其实，南宋时期以"书堂"为学祠的例子并不少，如淳熙四年（1177 年）江州太守潘慈明重建庐山的"濂溪书堂"，就是一处学祠性质的书堂。朱熹在《江州重建濂

---

① （宋）《胡宏集》，中华书局，1987，第 201 页。

溪先生书堂记》中说太守"始复作堂其处,揭以旧名,以奉先生之祀"①。文定书堂其实就是一所与濂溪书堂性质一样的奉祀之所,只是文定书堂附属于碧泉书院而已。

在南宋初的高宗、孝宗时代,长江以南地区的学术文化一度得到发展。理学家群体逐渐形成一股较强的社会文化势力,他们推动着理学思潮与书院教育的结合。与此同时,他们特别重视创建北宋理学家的祠堂以供祭祀,尤其是那些在江南地区出生、讲学的理学家,其出生地、宦游地、讲学地更是成了创建专门理学家祠堂的重要场所。至于书院与学祠的普遍性结合,就是在这种文化背景下形成的。

从南宋高宗时期开始,江南地区逐渐修建了许多专门祭祀理学家的祠堂。绍兴二十九年(1159年),湖湘学派的理学家向子忞在周敦颐的老家道州,首次创建道州濂溪祠,胡铨作《道州濂溪祠记》。这所最早的濂溪祠在后来得以不断修建,另永州州学亦建濂溪祠。除了道州与永州之外,崇敬理学的儒家士大夫纷纷于周敦颐宦游、讲学之地创建祠堂予以专门祭祀。如周敦颐曾在韶州做官,淳熙二年(1175年)在韶州建濂溪祠,张栻作《濂溪先生祠堂记》。他们在创建濂溪祠的同时,也修建祭祀其他理学大师的祠堂。如淳熙五年(1177年)张栻在知静江府时,在府学明伦堂旁建"三先生祠",祭祀周敦颐、程颢、程颐三位理学宗师。次年,张栻知袁州,又建三先生祠,请朱熹作《袁州州学三先生祠记》。淳熙六年(1179年)朱熹守南康时创建濂溪祠,张栻作《南康军新建濂溪祠记》。当时的道学家们,经常在地方的州学、府学、县学及纪念地创建祭祀北宋理学家周敦颐、程颢、程颐的祠堂。在张栻、朱熹的文集中,均留下一些祠记。如《南轩先生文集》中,另外有《道州重建濂溪周先生祠堂记》《衡州石鼓山诸葛忠武侯祠记》、静江府学的《三先生祠记》等。而在《朱文公文集》中,亦有大量这类祠记,如《建康府学明道先生祠记》《黄州州学二程先生祠记》《德安府应城县上蔡谢先生祠记》等。

在这种背景下,理学家们亦进一步将这种专门祭祀先师先贤、表达学统传承的祠祭引入到书院。前面已经讲到,早在南宋绍兴年间,胡五峰就在湖南碧泉书院建了祭祀胡安国的"文定书堂"。到了乾道、淳熙年间理学型书院兴起时,理学家开始在他们创建的书院中,设置专门祭祀道学先师的祭祀仪式。这

---

① 《朱子全书》第24册,上海古籍出版社,2002,第3741页。

一点，在朱熹那里表现得特别突出。

南宋淳熙六年（1179 年）朱熹知南康军，上任后即开始修复白鹿洞书院。次年修成后，他率生徒于书院行祭祀先圣先师的释菜礼。可见，这时朱熹还主要是以地方官员身份，在白鹿洞书院举行与庙学制相关的祭孔活动。但是，当朱熹的道统观念逐渐建立起来后，他开始将这种新的道统观念与书院制度建设结合起来。南宋绍熙五年（1194 年），朱熹在福建武夷山创建了沧州精舍，他同样率生徒于书院举行祭祀先圣先师的释菜礼。但是，这次他有意识地将祭祀对象由孔子、颜回、孟子，进一步拓展到宋代的儒学大家周敦颐、二程等人，从而将道统理念制度化为书院的释奠活动。据朱子门人叶贺孙记载：

> 新书院告成，明日欲祀先圣先师。……鸡鸣起，平明往书院，以厅事未备，就讲堂行礼。宣圣像居中，兖国公颜氏、郕侯曾氏、沂水侯孔氏、邹国公孟氏西向配北上。（并纸牌子）濂溪周先生（东一），明道程先生（西一），伊川程先生（东二），康节邵先生（西二），司马温国文正公（东三），横渠张先生（西三），延平李先生（东四）从祀。……先生为献官，命贺孙为赞，直卿、居甫分奠，叔蒙赞，敬之掌仪。[1]

应该说，朱熹早在乾道、淳熙年间，就已经形成了周敦颐、二程等北宋诸儒的道统思想，只是这种思想还没有落实到书院制度层面。而到了绍熙年间创办沧州精舍时，朱熹已经非常自觉地将他建构起来的道统观念，即以北宋以来的理学家周敦颐、程颢、程颐、邵雍、司马光、张载、李桐等七子接续孔孟道统思想纳入书院祭祀活动与制度之中。特别是他将自己的老师李桐列入北宋七子之中，一方面是表明朱熹本人的学统与道统的一致性，表达他在道统脉络中对文化使命的自觉承担；另一方面也是将沧州精舍的学统与儒家道统承传更紧密地结合起来。所以，朱熹在祝文中表达了他的道统理念。

三、南宋后期书院学祠的定型

"庆元党禁"时期，南宋理学与书院均受到禁抑，理学家很难推广这种以标榜道统为旨趣的书院祭祀制度。所以，朱熹通过沧州精舍而祭祀北宋道学家、将道统理念落实于书院制度的创举在当时并没有得到扩广。

---

[1] 《朱子全书》第 17 册，第 3028 页。

直到南宋嘉定（1208—1224 年）以后，特别是宋理宗（1224—1264 年）当朝以后，乾淳之盛时的理学家们纷纷平反，并得到朝廷的表彰。这段时期也是书院发展的重要时期，不仅是书院建置的数量大大增加，书院制度的建设也更加完备，与道统理念相关的书院祭祀制度，到此时才完全成型。正如袁甫的《重修白鹿书院记》所说："伊洛诸先生讲道之功，当时未见也，而见于中兴。南轩、晦庵、象山诸先生讲道之功，当时未见也，而见于更化。"① 北宋周濂溪、二程等人的讲道，至南宋乾、淳理学中兴而更显。有关对周程等北宋诸子的学祠祭祀已经在乾、淳时形成；而南宋乾、淳理学诸君子如朱、张、陆、吕等，到"嘉定更化"以后，则与北宋诸子一道被普遍地列入书院祭祀对象，使书院祭祀与道统理念结合起来。

南宋理宗以后的书院，比较普遍地建有专门祭祀理学人物的祠堂，从而形成了南宋书院祭祀制度的显著特色。如果我们进一步深究即可发现，这个时期书院普遍建立供祀理学家的制度，是通过三种途径来完成的。

第一，将南宋前期专门供祀理学家的祠堂，进一步拓展为包括祭祀、讲学等多种功能的书院。

最著名的是湖南道州的濂溪祠、江西庐山的濂溪书堂等。南宋绍兴二十九年（1159 年），湖湘学者为推崇濂溪之学，首次在道州创濂溪祠。到了宋理宗时期，濂溪祠拓展为濂溪书院，景定三年（1262 年）还获得理宗赐额"道州濂溪书院"。道州濂溪书院开始招收士子就读，并且确立了"盖欲成就人才，将以传斯道而济斯民也"②的教育宗旨，同时保留濂溪祠，专祀周敦颐。又如江西庐山的濂溪书堂创建于淳熙四年（1177 年），为奉祀周敦颐的专祠，但是到了理宗时代也发展成含讲学与祭祀为一体的书院。宋理宗端平年间州守赵善璙"更治其书堂，缮修其祠墓，肄习有庐，祭荐有田"③，成为一所讲习理学、祭祀濂溪的书院。

与此同时，其他供祀理学家的祠堂也纷纷发展为书院。南宋淳熙初，大学士刘珙曾创建明道先生祠于建康府学官内，还请朱熹为之作记。到了南宋理宗淳祐年间，明道祠在得到不断修复的同时，被拓展为明道书院，开始"聘名儒以

---

① 《文津阁四库全书》第 1179 册，第 475-476 页。
② 《湖南通志》卷 29，上海古籍出版社，1990，第 5681 页。
③ 《濂溪志八种汇编》，湖南大学出版社，2013，第 821 页。

为长，招志士以共学，广斋序，增廪稍，仿白鹿洞规，以程讲课，士趋者众"①。明道书院成为一所讲习理学、供祀程颢的著名书院，宋理宗还为之赐额。又如，吕祖谦曾于乾道、淳熙之时在故乡婺州讲学，"嘉定更化"时其弟子在他讲学会友的故地竹轩建祭祀他的专门祠堂。到了南宋嘉熙二年（1238 年）也拓展为东莱书院，成为一所合讲习理学、祭祀吕祖谦为一体的书院。袁甫作《东莱书院竹轩记》②，记载了吕祖谦讲学于此、创建东莱祠、改建东莱书院的过程。总之，这一类祭祀理学家的专门祠堂大多创建于南宋前朝的绍兴、乾道、淳熙时期，而到了南宋理宗时期后，纷纷改建、拓展为书院，具有了祭祀、教学的双重功能。由于这些书院大多与著名理学家周敦颐、二程、朱熹、张栻、吕祖谦、陆九渊有关，故而相关的书院还得到朝廷的赐额。

第二，将以前以讲学为主要功能的书院，增设与该书院学统相关人物的学祠。

北宋、南宋前期建置以讲学为主的书院，虽然大多也建有专供祭祀孔子的空间如礼殿、孔子堂等，但很少有祭祀本朝学者的专门祠堂。朱熹在沧州精舍开展了祭祀本朝道学家的祭祀活动，但无资料证明朱熹创建了专门的祠堂。而到了南宋嘉定年以后，情况发生了重大的变化。许多办学影响很大的书院，纷纷创设了祭祀本朝、本院学者的学祠。如南康军白鹿洞书院创建于北宋，比较早就建有祭祀孔子的庙堂。③到了南宋淳熙时，朱熹修复白鹿洞书院，并恢复祭祀孔子，但无专门祭祀本朝学人的祠堂。直到嘉定十年（1217 年）书院再度重修时，才增设前贤祠，专门祭祀周程朱等前贤，朱熹弟子黄干作《南康军新修白鹿书院记》。至宋绍定年间（1228—1233 年）白鹿书院又新建君子堂，祭祀宋儒周敦颐。据袁甫《白鹿书院君子堂记》："而此堂则新创……堂瞰荷池，取濂溪爱莲语扁以是名。"④又如岳麓书院创建于北宋初，刚建时即僻有专祀孔子的礼殿，这一格局一直延续，南宋初张栻主教时仍然如此。但是到了南宋嘉定十五年（1222 年）真德秀知潭州，于岳麓书院建设本朝先贤朱洞、周式、刘琪的诸贤祠堂。到了元朝，又将朱熹、张栻与上述三人合祀，称诸贤祠。

---

① （宋）周应合：《建明道书院》，《景定建康志》卷29，《文津阁四库全书》第 0488 册，商务印书馆，2006，第 535 页。

② 《文津阁四库全书》第 1179 册，第 4848 页。

③ 参阅高明士《中国书院》第一辑，《书院祭祀空间的教育作用》，湖南教育出版社，1997，第 73 页。

④ 《文津阁四库全书》第 1179 册，第 477 页。

南宋初年朱熹在福建武夷山建竹林精舍，后又改名沧州精舍或沧州书院。到了南宋理宗宝庆年间正式创建朱子祠，以蔡元定、黄干、刘爚、真德秀四高第配享。至淳祐四年（1245年）获得理宗"考亭书院"赐额。可见，朱子祠是沧州书院（考亭书院）的增设部分，这一格局一直延续到元、明、清。又如陆九渊于南宋淳熙十四年（1187年）在江西贵溪老家创象山精舍讲学，门徒甚众，成为"南宋四大书院"之一。南宋理宗绍定四年（1231年），象山门人袁甫请于朝而改建，新建后请理宗赐额"象山书院"，除新修讲堂、斋舍、圣殿外，尤创设了祭祀陆九韶、陆九龄、陆九渊的"三先生祠"。袁甫于绍定六年（1233年）作的《象山书院记》中，记载他们"始至舍奠先圣，退谒三先生祠，竦然若亲见象山先生燕坐，而与二先生相周旋也"①。

第三，创建许多将讲学、祭祀功能合为一体的书院。

南宋理宗时期，理学的地位获得大大提升，同时也出现了一个创办新书院的热潮。在这些新办的书院群中，许多就是在那些著名理学家如周敦颐、程颢、程颐、张载、谢良佐、杨时、李桐、朱熹、张南轩、陆九渊等人的家乡、故居、讲学地、宦游地。"嘉定更化"以来，儒家士大夫纷纷在这些地方创建书院，一方面通过书院讲学，传播理学思想，另一方面通过祠堂祭祀，表达对这些理学家的尊崇。如理宗时期新创办了许多濂溪书院，这些都是将祭祀濂溪、讲习理学合为一体的书院。如湖南地区在南宋嘉定以后先后在道州、邵州、桂阳、郴州、永兴、宁远等地建了6所濂溪书院，除了道州、邵州的濂溪书院系由原来的濂溪祠发展而来，其余几所书院均是新建的。这些新建的濂溪书院均是将讲习理学、祭祀濂溪的功能结合起来。

南宋后期这种合讲堂斋舍与祠堂祭祀为一体的新建书院有很多，如南宋嘉定二年（1209年），为彰显闽学学统，陈复斋在福建南平县创建了专为纪念朱熹的老师李延平而建的延平书院，"以为奉祀、讲学之地"，后亦获得"延平书院"的赐额。福建创建了合讲学、祭祀为一体的考亭书院、延平书院后，亦有崇奉理学的士大夫推动创建纪念杨时的"龟山书院"，认为"道南一脉"始自二程的著名弟子杨龟山。故在杨时故居创建合祭祀龟山、讲习理学的书院，并上奏朝廷赐额"龟山书院"。

总之，宋理宗之后，理学的价值得到了朝廷的肯定，理学家的声誉日益高

① 《文津阁四库全书》第1179册，第471页。

涨，和理学思潮密切联系的书院也获得了蓬勃的发展。无论是老书院还是新创办的书院，大多以讲理学为学术、教育主旨，故而这些书院大多已经或后来增加了祭祀理学先师的学祠，南宋书院的学祠祭祀制度就在这种彰显学统、弘扬道统的追求中得以发展起来。

宋代书院与学祠的结合，一直影响着元明清的书院建设。许多宋代大儒的故居或讲学故地，逐渐创建了与学祠为一体的纪念性书院。如元明清时期，就在苏轼宦游、生活以及出生之地，建有专门的东坡祠、东坡书院或三苏祠。

四、书院学祠的学统意义

两宋时期书院的祭祀制度有一个明显的演变发展过程。北宋书院仿官学而建立了祭祀孔子的礼殿、孔庙等设施，而南宋书院在继承祭祀孔子的基础之上，又发展出了一套创建专门祠堂以祭祀理学大师的祭祀制度。这种新的祭祀制度形成的原因是什么呢？一个最重要的原因，就是与宋学学统的兴起有关。

中国学术史上所说的"学统"概念，形成并兴起于宋代。从字面意义上说，"统"有两种含义：其一，指学术的正统，即清人熊赐履在其《学统自序》所说："统者，即正宗之谓，亦犹所为真谛之说也。"①其二，指学脉的授受传承，即人们通常理解的学术传统，如人们称熊的《学统》一书是"明学之源流派别"②，就是这个意思。宋代以来，学术正统与学脉源流的观念已结合起来，这就是所谓的"道统"。其实，宋代以来学术史盛行的"学统"观念，是受"道统"观念影响而产生的。今人饶宗颐就指出，"学统"是"以正统观念灌输于学术史"。③这一学术史的正统观念就是"道统"观念。

宋代是中国学术发展到极盛的时期，陈寅恪先生说："中国自秦以后，迄于今日，其思想之演变历程，至繁至久。要之，只为一大事因缘，即新儒学之产生，及其传衍而已。"④宋代儒学的特点不仅是将传统儒学发展到致广大、尽精微的程度，尤有特色的是，当时的儒学还体现为一种地域化的学术形态。群星灿烂的新儒家学者分布各个不同的地域，或者是主持不同的书院，从而奠定了

---

① （清）熊赐履：《学说》《学统自序》，凤凰出版社，2011，第17页。
② 同上书，《高商序》，第14页。
③ 饶宗颐：《中国史学上之正统论》，上海远东出版社，1996，第59页。
④ 陈寅恪：《冯友兰中国哲学史下册审查报告》，《金明馆丛科二编》，三联书店，2001，第282页。

各自的地域性"学统"。全祖望在《宋元学案》中描述了宋庆历"学统四起"时的盛况：

> 庆历之际，学统四起。齐鲁则有士建中、刘颜夹辅泰山（孙复）而兴；浙东则有明州杨、杜五子，永嘉之儒志（王开祖）经行（丁昌期）二子，浙西则有杭之吴存仁，皆与安定（胡瑗）湖学相应。闽中又有章望之、黄晞，亦古灵一辈人也。关中之申、侯二子，实开横渠之先。蜀有宇文止止，实开范正献公之先。筚路蓝缕，用启山林，皆序录者所不当遗。①

庆历是宋学初兴之时，各个地域均开创了自己的学统，包括齐鲁、浙东、浙西、闽、蜀、关中等地。从全祖望所描述的"庆历之际，学统四起"，我们看到了宋代学统的地域化形态初起的状况。这是宋代儒学学派普遍以地域命名的缘由，这也是《宋元学案》的编撰为何总是以地域、书院命名的原因。

为什么宋代以来的学术界大兴"学统"？为什么宋元明清的学统主要呈现为地域化学术形态？这显然与宋代以来的学术创造、学术授受的方式有关。两汉也是儒学大盛的历史时期，但汉武帝"罢黜百家，独尊儒术"的学术局面，是中央皇朝自上而下的文化建设运动中产生的。五经博士的设置、太学的经学传授是学术研究与传播的主要方式，经学的研究、传播依赖于那些由朝廷供养的经师们的"家法""师法"。而宋代儒学的大兴则是儒家士大夫从民间讲学开始的一种学术活动。分布在全国各地的儒家士大夫往往是以个人的身份，在其家乡或寓居之地，独立自主地从事知识创新的学术活动，同时从事知识传播、人才培养的讲学活动。所以，宋明以来，学术史上出现一个十分重要而独特的现象，就是大量地域性学统的出现。全祖望在研究、整理宋以后的学术史时，就大量使用这种地域性学统的命名，包括"浙中学统""湖湘学统""婺中学统""甬上学统""粤中学统""横渠学统"②等，这些学统大多是宋代奠定，并延续到明清时期。

宋以后学术界能够建立起学术宗旨各异的地域性学统，还与这个时期兴起的书院组织密切相关。书院是萌芽于唐、大成于宋的文化教育组织，它继承了传统私学的自由讲学、发展学术的教育传统与学术传统，又具有制度化的特点，

---

① 黄宗羲、全祖望：《宋元学案》卷六《士刘诸儒学案》，中华书局，1986，第251-252页。

② 参阅黄宗羲、全祖望《宋元学案》、全祖望《鲒埼亭集》等。

还吸收了佛教禅林的一些特点，故而受到那些希望推动民间讲学的儒家士大夫的特别推崇和喜爱。两宋时期，那些希望振兴儒学、重建儒学的新儒家学者们纷纷创建、主持书院、书堂、精舍、讲舍、私塾等民间性的学术教育机构。学统的构建必须有两个条件：其一，知识创新、独立体系的学术思想；其二，学术传承的学者群体。而书院正是这个学术创新、学者群体的中心。这些书院、书堂的组织成为各个地域的学术中心与教育中心。这个由具有学术创新的儒家学者与承传学术的学者群体构成的文化社群，经过共同努力，建构了书院的学统，同时也建构了地域性的学统。全祖望曾经提到"南宋四大书院"，他说："故厚斋谓岳麓、白鹿，以张宣公、朱子而盛，而东莱之丽泽，陆氏之象山，并起齐名，四家之徒遍天下。则又南宋之四大书院也。"①岳麓、白鹿、丽泽、象山是南宋时期最重要的学术中心和教育中心，由当时最负盛名的理学家张栻、朱熹、吕祖谦、陆九渊主持，并且"四家之徒遍天下"，使他们的学术得到了广泛的传播。因此，南宋四大书院其实就是南宋四个重要学统的所在地。他们所建构的学统，不仅仅是对当时的学术思想、人才培养、地域学风产生很大的影响，也对明清时期的学术传播产生久远的历史影响。这也是全祖望之所以反复讲"学统"的原因。

其实，南宋书院增设祭祀本朝学人的专门祠堂，主要就是祭祀与本书院学统直接相关的学人，以标榜、弘扬本书院的学统，并将这一标榜学统的追求与弘扬儒家道统联系起来。我们可以从南宋的湖湘学、闽学、江西学、婺学等几大地域学统与书院祭祀的关系来做一分析探讨。

首先看湖湘学统与书院祭祀。南宋初年最早创办书院讲学、建立理学学派的是胡安国、胡宏父子等人。南宋绍兴初年胡氏家族在湖南湘潭创碧泉书院讲学，创立湖湘学派。胡安国去世后，胡宏创建了专门祭祀胡安国的"文定书堂"。这是一处将胡氏家祠、书院学祠结合的祠堂建筑。胡宏在修建文定书院时，就明确将这个祠堂赋予了继承学统、弘扬道统的意义。他在《文定书堂上梁文》中写道：

> 抛梁上，道与天通自奋扬。当仁不愧孟轲身，禅心事业遥相望。
> 抛梁下，明窗净几宣凭藉。道义相传本一经，儿孙会见扶宗社。②

---

① （清）全祖望：《鲒埼亭集外编》卷45《答张石痴征士问四大书院帖子》，《四部丛刊》本。
② 《胡宏集》，第201页。

对于胡宏及其湖湘学者而言，文定书堂是碧泉书院内一处专门祭祀胡安国的学祠。它既有继承、坚守湖湘学统的意义，还有"道与天通自奋扬"的尊崇、弘扬道统的意义，因为对湖湘学者来说，道统与学统是一致的。

其次看闽学学统。二程之学经杨时、罗从彦、李桐而传之朱熹，为南宋理学规模、影响最大一派。朱熹亦是有着很强的学统观念与道统意识的学者，他很早就将这种学统与道统观念纳入书院祭祀制度中去。绍熙五年（1194年）朱熹在福建武夷山创办沧州精舍并率诸生行释菜礼，祭祀孔子、四配及周敦颐、二程、邵雍、司马光、张载、李桐。他这种由自己老师上溯到北宋理学、孔孟儒学的脉络，既是闽学学统的脉络，更是儒家道统脉络。朱熹在祝文中说："恭惟道统，远自羲、轩。集厥大成，允属元圣。……周程授受，万理一原。曰邵曰张、爰及司马。学虽殊辙，道则同归。"①可见，朱熹是依据一种合学统与道统为一体的意识，将祭祀先师的活动纳入书院祭祀制度中去。朱熹的这一理念，在朱子后学得到进一步弘扬。后来改名或者创建的濂溪书院、明道书院、龟山书院、延平书院、考亭书院均是强化那些闽学学统人物而建立的书院。这些书院均设有学祠祭祀，并将这种学祠与继承学统、弘扬道统联系起来。如徐元杰在延平书院的祭祀中，就是将周敦颐、二程、李桐、朱熹的学统纳入孔孟的道统系列之中。他在祭文中反复申明："濂溪之教，洙泗之遗，内外交养，敬义夹持。……况以四先生之像与夫子坐列于书堂之祠，岁率二礼而申讲夫仲丁之彝。"②

象山学派也是如此。陆九渊于淳熙十四年（1187年）于江西老家创建象山精舍，他本人自称其学是直承孟子而来，故其学统意识不是特别强。但是，他在象山精舍培养的后学，却倡导并坚持了象山学统，并且在象山书院创建专门祠堂，祭祀陆氏三兄弟。他们在象山书院的祠堂祭祀，同样是基于对本院学统的继承和弘扬。袁甫是陆九渊的再传弟子，他修复了象山书院并创三先生祠，他将这一活动的动机与目标归之为对象山学统的继承与弘扬。他明确"书院之建，为明道也"的宗旨，增设祠祭的目的就是为了表明象山书院的学统是直承孔孟道统而来。他在祭祀象山先生的祭文中说：

先生之学，得诸孟子。我之本心，光明如此。未识本心，如云翳日；

---

① 《朱子全书》第24册，第4050页。
② 《文津阁四库全书》第1185册，第9078页。

既识本心，元无一物，先生立言，本末具备，不堕一偏，万物无蔽。书院肇建，躬致一奠。①

　　袁甫在祭文中反复申明象山学统的大旨在"我之本心"，同时强调这一学派宗旨来之于孟子，其实就是将象山书院的学统与儒家道统联系起来。

　　总之，南宋的书院学祠建设，一直与书院学统建构紧密联系在一起。南宋时期的理学家有一种强烈的建构书院学统，以确立书院在儒家道统史上的意义、地位的精神追求。他们通过创建书院学祠、推动书院祭祀活动，以完成这一文化使命与道义责任。

---

① 《文津阁四库全书》第1179册，第514页。

试论苏轼的教育思想

周裕锴

摘　要：从人格的培养、教育的模式、求学的态度、学习的方法和科考的取向五个方面，论述苏轼对于宋代教育科举一些有争议问题的看法，以及指导后生学子的经验之谈。

关键词：苏轼　教育　求学　学习　科考

在整个中国社会发展史上，"天水一朝"的宋代算是教育事业最为兴旺发达的时代之一。除了官方的太学、州学、县学之外，民间也有不少书院、私塾。读书尚文成为一代风气，以儒家思想为主导的教育理念和方法丰富多彩。在这样重视教育的社会背景下，作为一个文化巨人，苏轼虽未直接出任过任何教职，但对于宋代教育科举一些有争议的问题，他发表过不少精彩的看法；并在指导后生学子方面，留下了不少谆谆教诲，发人深省，切实可行。本文尝试在学界研究的基础上，谈谈我对苏轼教育思想的粗浅理解，以期从中发掘出能为我们当今教育事业所借鉴的智慧和方法。

一、人格的培养

中国古代教育的主要目的是选拔治理国家的人才。孔子说"学而优则仕"，做官大约是中国古代读书人的主要驱动力。《礼记·大学》："大学之道，在明明

本文作者周裕锴，现为四川大学文学与新闻学院教授，博士生导师。中国苏轼研究学会会长，四川大学苏轼研究中心主任。

德，在亲民，在止于至善。"其中还提出"修身齐家治国平天下"的著名观念。苏轼的读书求学当然也是为了履行这样的理想，力求完善自己，成为博学多才、明德亲民的君子。由此出发，他在不同的诗文里，留下了颇具个性特点的关于"明德""亲民""至善"的人格培养的论述。

何为"君子"？苏轼在《仁说》一文里指出，"君子之志于仁"。"仁"作为君子追求的美德，其实就是一种人道主义精神。那么"仁"如何培养呢？苏轼举例说："吾尝学射矣，始也，心志于中，目存乎鹄，手往从之，十发而九失，其一中者，幸也。有善射者，教吾反求诸身，手持权衡，足蹈规矩，四肢百体，皆有法焉。一法不修，一病随之，病尽而法完，则心不期中，目不存鹄，十发十中矣。四肢百体，一不如法，差于此者，在毫厘之内；而失于彼者，在寻丈之外矣。"这个观点来自孟子的话："仁者如射，发而不中，反求诸身。"也就是说，仁的培养如同学射箭一样，不要只看箭靶，只想射中。这样想，这样看十有八九要脱靶，即使射中一次，也属于幸运。善射的人，教人反求诸自己的身体，手的姿势，脚的姿势，四肢百体，都有规矩。自身规矩完善了，射出去的箭就十发十中。仁的培养也如此，自己身体践行都符合规矩，符合"礼"的要求，那么自然就成为一个仁人君子。苏轼认为孟子所说"反求诸身"，与孔子的"克己复礼"相通。作为治国的"君子"，如果"一不如礼，在我者甚微，而民有不得其死者矣"。因此要做到真正的"仁"与"亲民"，就必须"自克而反于礼"，这样就可以使那些有害于仁者的东西都去除干净，"则仁不可胜用矣"（《仁说》）。苏轼这里提到的"仁"的培养，不是一个抽象的概念，而是具体为"礼"之实践，去掉"非礼"的行为。所谓"仁"与"礼"，就是一个"君子"道德的体现，是一个文明人的应具备的素质。一个文明的君子，才能真正成为亲民爱民的好官。

苏轼借为年轻人作《杨荐字说》的机会，阐述了关于"礼"的教育观念。对于古之君子的各种礼节，在有的人看来"无乃为纷纷而无益"。苏轼则认为，这些所谓"迂阔而过当"的行为，"凛乎其若处女之在闺也，兢兢乎其若怀千金之璧而行也"，小心翼翼地谨慎行事，目的乃在于"君子之所以自尊"，使不仁不义者不敢轻易靠近。苏轼借《周易》祭祀荐献时"藉用白茅"的恭敬谨慎，给杨荐取表字曰"尊己"，意思是君子只有行为谨慎，遵守礼节，才能做到真正的自尊。黄震评价说："字杨荐以尊己，俾自爱重，而毋恃聪明，后学所当深味。与妄自尊大为尊者，其说正相南北。"（《黄氏日钞》卷六二《苏文·叙说》）换言之，苏轼所说的"尊己"，是君子的洁身自好，而不是小人的妄自尊大。

关于"仁"的具体实践，苏轼一方面主张忠恕、宽厚，戒骄戒吝（见《张厚之忠甫字说》），另一方面主张刚直不屈，坚持原则，坚守正义。在《刚说》一文中，他引用孔子"刚毅木讷，近仁"以及"巧言令色，鲜矣仁"的说法，并用自己平生的切身体会印证了这一规律。他说："吾平生多难，常以身试之，凡免我于厄者，皆平日可畏人也；挤我于险者，皆异时可喜人也。"并从自己的遭遇中得出"吾是以知刚者之必仁，佞者之必不仁"的结论。由此苏轼谈"士"的培养教育问题，即所谓"长养成就"的问题。世俗的普遍观点是"太刚则折"，但苏轼认为"士患不刚耳，长养成就，犹恐不足"，岂能"忧其太刚而惧之"。那些"太刚则折"的论调，其实是"鄙夫患失者"，与培养士君子的人格背道而驰。所以苏轼特意作《刚说》以申说"刚者之必仁"的品德。

教育的本质是为了培养仁人君子，在苏轼心目中，教育应该"长养成就"的人格是，既有"仁者爱人"的亲民本色，又有"克己复礼"的自尊自爱；既有宽恕包容的仁厚精神，又有刚毅正直的勇气操守。这些观点对于当代人才培养来说仍有借鉴意义。

二、教育的模式

众所周知，苏轼和王安石在政治改革方面有很多不同的观点，他在《上神宗皇帝书》中提出"结人心、厚风俗、存纲纪"的治国主张，与王安石变法的急功近利有根本的冲突。在教育问题上，苏轼也多次对王氏的人才培养模式作出尖锐的批评，以至于把王氏的新学称为"俗学"。客观说来，王安石在政治上和学术上锐意改革，提出很多全新的观点和主张，比如《三经新义》（含王安石撰《周官新义》，王雱、吕惠卿合撰《毛诗义》《尚书义》）自有其冲击传统陈腐训诂的思想上创新的价值。然而，王安石为了达到"一道德"的目的，于熙宁八年将《三经新义》这一研究成果，作为新法教育的标准，颁发于学校，成为法定教材，统一经义，并用以取士。天下的学子只需要阅读《三经新义》，背诵教材，便可获得进入仕途的机会。这样做的恶果是，培养出来的学生耳目闭塞，千人一面，只知道背诵老师传授的知识，毫无独立见解。

苏轼在《送人序》一文中，抨击王氏的教育法给培养士人带来的危害："士之不能自成，其患在于俗学。俗学之患，枉人之材，窒人之耳目，诵其师傅造字之语，从俗之文，才数万言，其为士之业尽此矣。"他直接点明这"俗学"就是王氏之学："王氏之学，正如脱靴，案其形模而出之，不待修饰而成器耳，求为桓璧彝器，其可乎？"意思是说，王安石新学培养的人才，就像翻印出来的东西。按型模模板制作的器物，看起来虽然成器，但要从中挑出真正桓璧彝器一样的国器，则根本不可能。

苏轼得知张耒要做太学博士，管理教育，于是特意作书予以告诫勉励。其《答张文潜县丞书》曰："文字之衰，未有如今日者也。其源实出于王氏，王氏之文未必不善也，而患在于好使人同己。"说王安石的文章固然精妙，但最大的缺点就是"好使人同己"，让大家都要跟他一样。苏轼指出，"自孔子不能使人同，颜渊之仁，子路之勇，不能以相移"，孔子门下每个弟子都有自己的个性和长处。搞教育也应当如此，尊重每个学生的个性和长处。苏轼做了一个精彩的比喻："地之美者，同于生物，不同于所生。"一片肥沃的土地，可以生长各样的植物。相同之处是它们扎根的土地，不同之处在于这些草木各自不同。但只有一种土地上可长出统一的植物，那就是盐碱地，即"荒瘠斥卤之地，弥望皆黄茅白苇，此则王氏之同也"。这样一来，文化变得单一，思想受到禁锢。这种禁锢是非常悲哀的。所以王安石本人的艺术成就很高，但是他的学生里却并没有几个真正的文化名人。而苏轼主张教育环境的"地之美者"，就是"同于生物，不同于所生"。即同样出人才，人才的个性长处却各不相同，因此苏门群星灿烂，风格迥异，苏门四学士、六君子，诗词赋文，各有擅长。

王安石"欲以其学问同天下"的教育措施，也受到其他苏门文人的批评。陈师道《赠二苏公》诗曰："平陈郑毛视荒荒，后生不作诸老亡。文体变化未可量，万口一律如吃羌。"指出万口一律的教育的危害性。黄庭坚在《奉和文潜赠无咎篇末多见及以既见君子云胡不喜为韵》几首诗里，都提到诸生追随王氏之学的坏处："谈经用燕说，束弃诸儒传。滥觞虽有罪，末派弥九县。"（其二）"先皇元丰末，极厌士浅闻。只今举秀孝，天未丧斯文。"（其五）"荆公六艺学，妙处端不朽。诸生用其短，颇复凿户牖。譬如学捧心，初不悟己丑。"（其七）指斥诸生束书不观、浅薄穿凿的不良学风，这种看法跟苏轼是一致的。事实上，苏轼直到晚年贬官岭南，仍对"今程试文字，千人一律，考官亦厌之"的现象痛心疾首（《与王庠书》）。

那么怎样才能改变王氏之学的危害呢？苏轼的方法是："夫学以明礼，文以述志；思以通其学，气以达其文。古之人道其聪明，广其闻见，所以学也；正志完气，所以言也。"（《送人序》）其中"广其闻见"是医治"士浅闻"的良方。具体说来，就是提倡阅读的多样性，"使后生犹得见古人之大全者"（《答张文潜县丞书》）。苏轼自己就是这种教学多样性的榜样，正如南宋人所说："东坡先生之英才绝识，卓冠一世，平生斟酌经传，贯穿子史，下至于小说杂记，佛经道书，古诗方言，莫不毕究。故虽天地之造化，古今之兴替，风俗之消长，与夫山川、草木、禽兽、鳞介、昆虫之属，亦皆洞其机而贯其妙，积而为胸中之文。"（《集注分类东坡先生诗》卷首王十朋序）

广阔的阅读视野，促使苏轼思考传统文化的丰富性和包容性的问题。他在《祭龙井辩才法师文》中指出："孔老异门，儒释分宫。又于其间，禅律相攻。我见大海，有北南东。江河虽殊，其至则同。"正统的儒家学者，都会把道家和佛家视为异端邪说，这未免过分狭隘。苏轼既反对儒家和佛家之间互相斗争，也反对佛教内部宗派之间相互攻击。他认为，在中华民族的文化积累中，各家各派都有自己的精华，为人类和民族的智慧作出贡献。就像每一条江河都要流到大海，无论是浩瀚的大江还是潺潺的小溪，都有它自己的意义和价值。这种观点与《三经新义》试图"一道德"的做法不可同日而语。

三、求学的态度

为了克服新法科举"万口一律"的弊病，苏轼特别强调读书的重要性。他在《李氏山房藏书记》中高度评价读书的意义："悦于人之耳目而适于用，用之而不弊，取之而不竭，贤不肖之所得，各因其才，仁智之所见，各随其分，才分不同，而求无不获者，惟书乎？自孔子圣人，其学必始于观书。"他回顾了古人艰难求书的过程以及精进求学的做法，"欲求《史记》《汉书》而不可得，幸而得之，皆自手书，日夜诵读，惟恐不及"。然而，在印刷业发达之后，诸子百家之书多且易致，"而后生科举之士，皆束书不观，游谈无根"，这就是王安石新法科举考试造成的后果。于是，他大力提倡李氏山房的主人李常的读书法："涉其流，探其源，采剥其华实，而咀嚼其膏味，以为己有。"当今电子书、数据库海量出现，图书信息资料极其易得，而年轻学子束书不观、游谈无根的现象有过之而无不及。苏轼之论对此很有针对性，足可引以为戒。

孔子理想中的"学而优则仕"，在宋代的科举现实中可以是"考而优则仕"。如此一来，读书的目的成为应试，尤其是王氏之学的《三经新义》成为官方教材后，只背经义、束书不观的急功近利的教育更成了一时风气。

急功近利的一个重要体现就是求"早"，早出成果，早出人才，不惜拔苗助长。教育之事如同种庄稼，苏轼早在《稼说送张琥》中就作出精彩的比喻，"种之常不及时，而敛之常不待其熟，此岂能复有美稼哉"？他指出，真正人才的培养过程是："其平居所以自养而不敢轻用，以待其成者，闵闵焉如婴儿之望长也。弱者养之以至于刚，虚者养之以至于充。信（伸）于久屈之中，而用于至足之后；流于既溢之余，而发于持满之末。"也就是说，只有在久屈至足、充溢持满之后，才真正学有所成。清末民初古文大家林纾评论道："所云'不敢轻用，以待其成'八字，此公悟道之言。"又说："如'信（伸）久屈''用至足''流既溢''发持满'四语，皆悟道后语也。"（《古文辞类纂选本》卷三《稼说送张琥》）值得注意的是，苏轼二十出头就考中进士，名满天下，他却能对急功近利求早成速就的教学理念作出反思，对自己成名过早感到担忧，"自以为不足"，因此特别希望能通过"务学"来减少"早"的危害。由此他以"博观而约取，厚积而薄发"告诫友人，而且以之自勉。

苏轼在给年轻学子的书信中，也反复申说《稼说送张琥》中的观点。如《与张嘉父书》说道："公少年高才，不患不达，但志于存养，孟子所谓'心勿忘，勿助长'者，此当铭之坐右。世人学道，非助长也，则忘而已矣。仆少时曾作《杂说》一首送叔毅，其首云'曷尝观于富人之稼'者是也，愿一阅之。"又说："君年少气盛，但愿积学，不忧无人知。'譬如农夫，是穮是蓘，虽有饥馑，必有丰年。'敢以为赠。"告诫张嘉父只问耕耘，不问收获。又说："当博观而约取，如富人之筑大第，储其材用，既足而后成之，然后为得也。"学者当广泛阅读，精炼提取，如富人修房子，先储备各种建筑材料，储备充足后，自然可大功告成。苏轼的观点，与韩愈"无望其速成，无诱于势利，养其根而俟其实，加其膏而希其光"（《答李翊书》）的看法如出一辙。不仅对于新法选拔人才的科举制度有针砭作用，而且对于当今所谓"不要输在起跑线上"的教育理念具有警示意义。

在《盐官大悲阁记》中，苏轼通过美食做比喻，批评那些鄙弃"古之为方"的做法，所谓"求精于数外，弃迹以逐妙"的制作酒食的态度，也就是那些声称古书"是皆不足学，学其不可载于书而传于口者"的态度。苏轼认为，一个学者应该有广博的阅读面，"天文、地理、音乐、律历、宫庙、服器、冠昏、丧祭之法，《春秋》之所去取，礼之所可，刑之所禁，历代之所以废兴，与其人之贤不肖，此学者之所宜尽力也"，不能借口学那些不可载于书而传于口的玄虚的东西。他引孔子的话说："吾尝终日不食，终夜不寝，以思，无益，不如学也。"并借此批评当世的学风："由是观之，废学而徒思者，孔子之所禁，而今世之所尚也。"主张求学过程中"思"与"学"的结合，反对思而不学的习气。

四、学习的方法

一个真正的教育家深知，授人以鱼不如授人以渔。苏轼的侄女婿王庠来信求教读书之法，问及他年轻时参加科举的文章。苏轼作《与王庠书》回答说，自己年轻应科举的题目跟近岁大略相同，过去的文章已被举主取走，都是些无用的文字。对此，他一方面承认在学习方面"实无捷径必得之术"，相信王庠"高材强力，积学数年，自有可得之道"；但另一方面他也深知少年为学者面对"书海"时不知措手的困境。因此根据自己的读书经验，给王庠提出很好的建议："书富如入海，百货皆有之，人之精力，不能兼收尽取，但得其所欲求者耳。故愿学者每次作一意求之。如欲求古人兴亡治乱圣贤作用，但作此意求之，勿生余念。又别作一次求事迹故实典章文物之类，亦如之。他皆仿此。此虽迂钝，而他日学成，八面受敌，与涉猎者不可同日而语也。"面对书海，一个人精力有限，那么每次就只集中于一个类别或一个专题来探究，弄通后又再就另一个专题深入钻研。以此类推，逐步获得多个知识点，解决多个学术问题。这种"八面受敌"的读书方法，迫使读书人具有"八面破敌"的能力，由此融会贯通，这和一般浮光掠影的涉猎浏览有天壤之别。正如苏轼所说，这种方法"甚非速化之术"，不能满足急功近利者的要求，但真正学成之后，知识广博，视野开阔，使人受用无穷。

历代学者都非常称道苏轼"八面受敌"的读书法，如南宋曾季貍《艇斋诗话》称："此最是为学下工夫捷径。"这里所说的"捷径"，不是指"速化之术"，而是说苏轼指出了良好的方法和路径，可使求学的年轻人少走弯路。明代孙承恩《与吴国用书》也以苏轼为榜样："昔苏长公谓观史不宜泛泛，如礼乐，如食货，如兵刑赋财，必各作一类，而以次通之。久之浃洽，自然可以八面受敌。古人求博如此，岂非学者之要诀耶？"（《文简集》卷四十五）杨慎在《苏公读书法》中对此高度评价："尝有人问于苏文忠公曰：'公之博洽，可学乎？'曰：'可。吾尝读《汉书》矣，盖数过而始尽之。如治道、人物、地理、官制、兵法、货财之类，每一过专求一事，不待数过，而事事精核矣。三五错综，八面受敌，沛然应之，而莫御焉。'此言也，虞邵庵常举以教人，诚读书之良法也。"（《升庵集》卷七十二）这种读书方法有学者称之为专题读书法、分类读书法，直至现在对我们教育培养研究生以及从事人文科学研究，仍然有相当大的启示意义。

苏轼也很看重实践经验在求学致道中的作用。比如《日喻》一文，以眇者不识日，比喻抽象的"道"之难见，而未达道者无异于眇。他进一步指出，"达道"的途径不在于"求道"，而在于"致道"，提出"道可致而不可求"的观点，具体方法是"学以致其道"。就像南方的"没人"（潜水者），日与水居，天长日久，自然能得水之道。而北方人要学潜水，向"没人"问潜水技巧，而自己去河里尝试，没有不溺水的。苏轼由此得出从学习实践中求道的方法，指出"故凡不学而务求道，皆北方之学没者也"。这个比喻移到士人科举教育上来说，就是"昔者以声律取士，士杂学而不志于道；今者以经术取士，士求道而不务学"，但苏轼对这两种现象显然有偏向，这就是宁有志于学而致道，不因求道而废学。《乌台诗案》说："轼作文一篇，名为《日喻》，以讥讽近日科场之士，但务求进，不务积学，故留空言无所得，以讥讽朝廷更改科场新法不便也。"

苏轼还在《梁工说》一文中，用寓言的形式批评了求学过程中的浅尝辄止。古时一梁工搞炼丹术，有一方士自海上仙山来，欲传授秘诀给梁工。方士尚"未毕其说，工悦之，然以为尽之矣"。这梁工虽得方士之方，然而未能追根究底，知其一不知其二，最后用尽了家财也没炼出丹来，到死也终不悟。苏轼指出："术之不慎，学之不至者然也，非师之罪也。居士曰：圬墙画墁，天下之贱工，而莫不有师。问之不下，思之不熟，与无师同。其师之不至，圬墙画墁之不若也。"梁工最终的失败，不是老师的责任，而是未能学得老师的本事，"师之不至"的结果。

五、科考的取向

宋代教育的目的之一，是为朝廷选拔人才，而科举考试的内容，将直接引领教育的方向。苏轼虽一向提倡尊重学子的个性和长处，主张教育的多样性和包容性，但总体而言，在考试内容上他更强调诗赋对于选拔人才的重要性。他与王安石科举教育观念的对立，从某种意义上来说，就是诗赋与经义的对立。

早在熙宁二年，朝廷议更改贡举法，各种建议纷纷出现，"或曰乡举德行而略文章，或曰专取策论而罢诗赋，或欲举唐室故事，兼采誉望，而罢弥封，或欲罢经生朴学，不用贴墨，而考大义"。这些大体就是王安石变法的思路，废除明经诸科，进士科考试罢除诗赋、帖经和墨义，而试以经义、策论。苏轼奏上《议学校贡举状》，认为这些更改大可不必，行之有效的祖宗科举之法没必要废除。他首先指出"举德行"的虚伪性，是"教天下相率而为伪"。接着说明"自文章而言之，则策论为有用，诗赋为无益；自政事言之，则诗赋、策论均为无用矣"。虽然知道文章无用，但不仅本朝祖宗以来不废文章，以为设法取士，而且古尧舜也如此。苏轼举以诗赋取士获得的人才为例："夫文章华靡者，莫如杨亿。使杨亿尚在，则忠清鲠亮之士也，岂得以华靡少之？通经学古者，莫如孙复、石介。使孙复、石介尚在，则辽阔矫诞之上也，又可施之于政事之间乎？自唐至今，以诗赋为名臣者不可胜数，何负于天下，而必欲废之？"考文章诗赋，获取的人才众多，如像杨亿这样诗文风格华靡的西昆体领袖，在政事方面，却非常杰出优秀，不害其为忠清鲠亮之士。由此可见，以诗赋取士并无不妥。反过来看，那些"纂类经史，缀缉时务"的所谓"策括"，事先准备好题目，临时剽窃，窜易首尾，更容易欺骗考官，弊端更大。"且其为文也，无规矩准绳，故学之易成；无声病对偶，故考之难精。以易学之士，付难考之吏，其弊有甚于诗赋者矣。"在这篇文章里，苏轼显然认为诗赋取士的考试难度更大，且有规矩可依，同时因为诗赋考试有规矩可依，所以取士也就更为公平。事实上，诗赋考试可检验士人的处理复杂问题的综合能力。诗赋写作难度大，需要博学多才，其声病对偶、丽词典故的处理，不仅需具备文字、声音、训诂的基本知识，还需要对经史子集各类知识的稔熟，同时还得有修辞技巧和表达能力。一言以蔽之，诗赋成就的高低，可显示出一个人智商和学识的高低。有诗赋创作能力的人去从政，知古通今，聪明练达，比从事于"策括"的士人更容易成为好官员。正如日本学者吉川幸次郎所说："我认为，在中国，具有文学能力——这不仅指被动的读者，还指具有主动进行文学创作的能力，是受尊重的，之所以如此，是由于驾驭中国语言做文章，乃是一件非常困难的工作。当时最顽强反对王安石意见的是苏轼，他反对的理由就是，因为写作诗赋是很难的，只要具备了这一才能，就能通晓其他事务。"（《中国文学史》，徐公持《吉川幸次郎论中国文学的特色》摘译）

选拔人才重诗赋的观念，贯穿于苏轼一生有关科举考试的各类文章奏议中。元祐元年，司马光为宰相，朝廷决定恢复科举以诗赋取士之制，与经义兼行，苏轼写下《复改科赋》以示庆贺。在赋中，他先从有司的立场比较了经义、诗赋考试之区别："探经义之渊源，是非纷若；考辞章之声律，去取昭然。"因为经义的渊源没有标准，汉唐宋诸儒各有不同的说法，而辞章的声律却容易辨别考生的水平，谁落韵，谁失律，谁中规中矩，谁文采斐然，一目了然，不存在争论。又从历史的角度讨论了诗和赋的源流，强调其典范性和文化传统，并赞赏本朝百年用诗赋取士"号为得人"的历史经验，这与他在《议学校贡举状》中的看法是一脉相承的。接着他回顾了"朝廷一旦而革之，不胜其弊"的教训。他认为那些鄙薄诗赋的人，"殊不知采撷英华也，簇之如锦绣；较量轻重也，等之如锱铢。韵韵合璧，联联贯珠。稽诸古其来尚矣，考诸书不亦宜乎"，根本不懂诗赋之辞藻韵律之美以及酌古通今之妙，所谓"曲尽古人之意，乃全天下之美"。经义考试有两个弊病，一是经书之旨义各说不一，难定是非；二是论述经义由散文写成，"彼文辞泛滥也，无所统纪"。总而言之，考经义缺乏公正的评价去取标准，而考诗赋则可克服这样的弊病："巧拙由一字之可见，美恶混千人而莫违。正方圆者必藉于绳墨，定隐括者必在于枢机。"巧拙美恶有标准可依据，方圆隐括有绳墨可裁定，这就保证了取士的客观公正。

在《复改科赋》中，苏轼还批评了王安石变法所实行的太学取士法。王安石罢开封府试，将各地解送举子的名额尽归太学。而太学例以官宦子弟为主，这样边远地区的学子无法入太学，又断绝开封府试之途，因而入仕无门。苏轼描写了太学取士带来的恶果："谓罢于开封，则远方之陬者空自韫玉；取诸太学，则不肖之富者私于怀金。虽负凌云之志，未酬题柱之心。三舍既兴，贿赂公行于庠序；一年为限，孤寒半老于山林。"边远地区的人才无法进入仕途，官二代富二代可公然贿赂学官，这就是王氏科举考试制度的不公平之处。所以"公正者为之切齿"，而苏轼正是这样一个为考试公平大声疾呼的"公正者"。

元祐四年，苏轼又上奏议《乞诗赋经义各以分数取人将来只许诗赋兼经状》，对朝廷实行的"诗赋、经义各五分取人"的科举法提出质疑。在恢复诗赋取士之初，因为学子久习经义，一旦改为诗赋，习者尚少，于是以五分立法，即诗赋、经义各占录取一半名额。这是元祐初年的权宜之计。苏轼认为，到了元祐四年，"天下学者寅夜竞习诗赋"，"士人皆以不能诗赋为耻"，"比来专习经义者，十无二三"。这时如果再实行五五开的"平分解名"，就太亏待诗赋进士。苏轼以自己的见闻为例，"臣在都下，见太学生习诗赋者十人而七。臣本蜀人，闻蜀中进士习诗赋者十人而九"。由此他主张应根据习诗赋、经义人数多少来分数发解，这样更能保证科举的公平。

　　苏轼对诗赋考试的强调，源于对孔门"四学"的深刻理解。《论语·阳货》："子曰：小子何莫学乎诗？诗可以兴，可以观，可以群，可以怨，迩之事父，远之事君，多识鸟兽草木之名。"赋源于诗，也有同样的功能。诗赋的学习，涉及中国传统文化的方方面面，德行、言语、政事、文学无不可包容在诗赋里。诗赋的创作是一种综合素养的体现，诗赋考试可避免考生对经义的死记硬背，可淘汰废学徒思、游谈无根之人，可从中选拔有独立意识、文学才华、聪明博学的人才。

　　此外，在苏轼的文集中，还有不少关于学校功能、教育管理的内容，限于篇幅，本文不再一一讨论。仅从以上论述就可知道，苏轼的教育和考试理念，不仅在推动宋代社会教育事业的繁荣方面作出很大贡献，而且对后世教育思想的影响也极为深远。

历史沉淀的吉光片羽

——苏轼书论、画论的教育价值

张　帆

摘　要：苏轼学识广博、诸艺兼通，加之苏轼对天下好学人士，乐于教诲与引导，其书论、画论中有关循序渐进的认知理念，感性与理性并重的创作态度，各艺术门类贯通的学养与境界等，客观上惠及了当时及后世的莘莘学子，与现代人倡导的综合素质培养的内涵也深度契合。这些闪烁在中国文化史中的教育薪火，对当今社会的人文通识教育仍具有宝贵的启迪和借鉴价值。

关键词：苏轼　书论　画论　教育价值

苏轼一生创作勤奋，不仅诗词文俱佳，而且书画兼善，使他在当时就影响广博。单是他的书迹，模仿的人就无计其数，秦观在没见到苏轼之前就开始效仿他的书法。他的学生，后来与之齐名的书法名家黄庭坚也说其师"极不惜书"，且不惜以翰墨为具，与人切磋鼓舞。而事实上，苏轼一生不仅乐于艺术实践，还有许多艺术创作理论，教诲时人，泽被后世。

本文作者张帆，现为西华大学人文学院教授。有专著《苏轼教育思想研究》（四川大学出版社，2015）。

一、强调知其本末，循序渐进的认知理念

（一）苏轼书法的少年之功与博学多参的示范效应

"书"是中华传统的"六艺"之一，历代科举考试在书法上也多有要求。如北齐，对笔迹不佳的求举文人竟要罚以"饮墨水一升"。①唐代科举亦注重对士人书法的考察，尽管这种考察与书法艺术不能等同，但对唐代书学大兴，无疑具有推动作用。这一传统，经历了唐末五代的动乱，发生了变化。北宋科举制度中封弥誊录制的逐步施行，在很大程度上保障了科举考试的公平，但所有试卷都要经过专门的书手誊抄，以副本的形式呈考官评阅，也使学子的书写与科举考试不相关联。再加上宋代印刷术的发展，学子拥有书籍以备科考，已不是难事。②而要在书法上有所造诣，临摹范本就不易获得，前代真实墨迹几经战火，所存寥寥，即使偶有幸存，也很难在民间流传。因此，历代与读书识字相伴随的书法技艺，逐渐从学子的读书生活中淡出。晋唐整体辉煌的书法艺术，到宋代发生了转折。欧阳修慨叹宋人"多学书于晚年"③，一是宋人年轻时的科考与书法无关，二是书者注重临摹，期望获得前人真迹，用意临学。但如前所述，书法资料的占有非常艰难。因此，务期高远本无可厚非，但因此而忽略客观条件的制约，也耽误了不少文人学书的最佳年华。最突出的例子莫过于章惇的追悔：

> 吾若少年时便学书，至今必有所至。所以不学者，常立意若未见钟、王妙迹终不妄学，故不学耳。比见之，则已迟晚，故学迟，恐今但手中少力耳。④

章惇后来得见《兰亭》石刻，日临一本，可谓用心用力，但此时他已年近六旬，大器也难晚成。

与时人相比，苏轼就非常务实，《春渚纪闻》记曰：

---

① 杜佑：《通典》卷一四《选举二》，中华书局，1988，第 1 册，第 340 页。
② 《宋史》卷四三一："是夏（景德二年），上幸国子监阅库书，问员经版几何，昺曰：'国初不及四千，今十余万，经传正义皆具。臣幼从师业儒，时经具有疏者百无一二，盖力不能传写。今板本大备，士庶家皆有之，斯乃儒者逢辰之幸也。'"中华书局，1985，第 37 册，第 12798 页。
③ 《欧阳修集编年笺注》，巴蜀书社，2007，第 7 册，第 168 页。
④ 张邦基：《墨庄漫录》卷一〇《章子厚论书杂书》，中华书局，2002，第 269 页。

苏公少时，手抄经史，皆一通。每一书成，辄变一体，卒之学成而已。乃知笔下变化，皆自端楷中来。①

以上信息透露，苏轼少年即学书且有转移多师的习惯。子由称其兄"幼而好书，老而不倦"②。加之苏洵作书，多口占以授子弟，少年苏轼也有代父书写之事。③

元人吴师道目睹苏辙后人的家藏，更佐证了苏轼早年的书画之功：

右苏文忠公杂书一小册，文定公题识二十八字，册本……此公早年所尝翻阅，往往因余纸信手肆笔，纵横斜正，间见错出，如《道德经》文，杜、韦、韩公诗章及杂事古语，虽无伦次，而皆可讽诵。又作人物面目，檗树水波，游戏妍巧，悉有思致，后来书画之妙，已见于此。拟对制策稿，论列时事十数条。按公嘉祐六年所对策，首用此文……文定公长子涌泉少傅，侨居婺，其家宝藏此册，裔孙某出以示余。三百年物，手泽如新，风规可仰……④

上文中提及的"嘉祐六年所对策"，时年苏轼 24 岁。可见年轻的苏轼不仅文章下足了功夫，书画的爱好也伴随着他。

艺术的成才无捷径可走，须有漫长的基础训练过程。苏轼早年学书之功与博学多参，让其高出时流且与黄庭坚、米芾、蔡襄等人重振书学于有宋一时。苏轼通过自己的书法实践更深知，书法技艺错过了少年时期的基础训练，便很难于此再下苦功。为此，他积极教导后学抓紧时机练就书写之功。即使在儋州生活条件极其艰难的情况下，亦父亦师的苏轼也让其子苏过手抄《唐书》与《汉书》。⑤

他晚年写给二郎侄的信中，也希望后生明白年少学习与今后成才的因果

---

① 何薳：《春渚纪闻》卷六，中华书局，1997，第 94 页。

② 苏辙：《栾城集》后集卷二二《亡兄子瞻端明墓志铭》，上海古籍出版社，2009，第1422 页。

③ 苏轼《跋送石昌言引》："右嘉祐元年九月十九日，先君《送石昌言北使》文一首。其字则轼年二十一时，所书与昌本也。今蓄于陈履常氏。"《苏轼文集》卷六十六，孔凡礼点校，中华书局，1986，第 2068 页。

④ 《景印文渊阁四库全书》《礼部集》卷一七，台湾商务印书馆，1985，第 1212 册，第 239-240 页。

⑤ 《苏轼文集》卷五十五，第 1629 页。

关系：

> 凡文字，少小时须令气象峥嵘，采色绚烂，渐老渐熟乃造平淡；其实不是平淡，绚烂之极也。汝只见爷伯而今平淡，一向只学此样，何不取旧日应举时文字看，高下抑扬，如龙蛇捉不住，当且学此。只书字亦然，善思吾言！①

苏轼年少学书且博学多参对学人的示范效应不言而喻。书者于前人传统学习，自然是前行中不可或缺之事，但一味在前人书法中简单复制，也很难激发旺盛的艺术生命力。北宋词人李之仪说：

> 东坡从少至老所作字，聚而观之，几不出于一人之手。其于文章，在场屋间，与海外归时，略无增损。岂书或学而然，文章非学而然邪？②

可见苏轼不仅注意师法前人，自己也不断尝试创新。

（二）努力倡导知其本末，循序渐进的认知理念

有宋一代，文人辈出，用毛笔书写的人数远超前代，但善书者数量与水准却大幅度降低。面对书学凋敝的现状，大文豪欧阳修一再感叹当时文儒之盛，善书者却极少。更令人啼笑皆非的是，以善书者自矜自诩的人却不少。徽宗朝曾两度为相的张商英就令人啼笑皆非。《冷斋夜话》记云：

> 张丞相好草书而不工，当时流辈皆讥笑之，丞相自若也。一日得句，索笔疾书，满纸龙蛇飞动，使侄录之。当波险处，侄惘然而止，执所书问曰："此何字也？"丞相熟视久之，亦自不识，诟其侄曰："胡不早问，致予忘之！"③

以上书界笑谈，在苏轼熟识的文人中并非特例，甚至书法大家黄庭坚也曾批评自己："少时喜作草书，初不师承古人，但管中窥豹，稍稍推类为之。方事

---

① 赵令畤：《侯鲭录》卷八，"东坡与二郎侄书"条，中华书局，2002，第 203 页。
② 《姑溪居士全集》前集卷三八，丛书集成初编，商务印书馆，1935，第 4 册，第 299 页。
③ 《全宋笔记》第 2 编，大象出版社，2006，第 9 册，第 74 页。

急时，便以意成，久之或不自识也。"① 由此可见，当时学书整体氛围的浮浅，只是很少有人会像黄庭坚那样坦荡而已。

面对众多书者的无所用心，苏轼积极倡导楷书的基本功地位。对此，他有一系列的说教，对亲朋好友、学子乃至后人都有明确的教诲意义。

唐代书者不管以何种书体名世，无不对楷书倾注心力。五代的杨凝式，虽为杰出书家，但楷书功力已略显不足。宋代文人更是忽略对楷书的认知与训练，苏轼却明确地认识到这一基本功的缺失，必然影响书法艺术的长远发展。所以，他极力推崇"宋四家"中蔡襄（字君谟）的"正楷"书法，强化世人学书的认知理念：

> 余评近岁书，以君谟为第一，而论者或不然，殆未易与不知者言也。书法当自小楷出，岂有正未能，而以行、草称也？君谟年二十九而楷法如此，知其本末矣。②

何为"本"？何为"末"？苏轼有深入地阐述："真生行，行生草，真如立，行如行，草如走，未有未能行立而能走者也。"③ 将学书之法同生活的道理融会贯通，将真（楷）、行、草比做人的站、行、跑。首先须学会站，站得稳，才能够走与跑。譬喻生动而准确告诫世人"真、行、草"三者间不可忽视的逻辑关系，真书是本，舍弃真书，而致力于行书、草书，就是舍本逐末。

"宋四家"中，黄庭坚、米芾都不善楷书，苏轼也以行书为最擅，但他如此强调学书的基本规律且底气十足，是因他早年练就的楷书功底，与黄、米及世人都不同，元代善书者宋渤云：

> 前辈文章字画，无不楷谨精密者，正若平生大节。余尝见昌黎韩公福先寺下题名，欧阳文忠公《集古》跋尾，司马文正公《日历》，东坡《论语解》《易说》，皆起草时册子。虽旁注细书，一一端正可读，至圈改行间，悉可见其先后用意处。④

① 《黄庭坚全集辑校编年》《别集》卷七，江西人民出版社，2008，上册，第543页。
② 《苏轼文集》卷六十九，第2182页。
③ 同上书，第2206页。
④ 《景印文渊阁四库全书》第1099册，第438页。

元人郝经论书，将"钟、王、颜、苏"并置，以为此四大家当为楷书取法，其推崇之意，可见一斑。①

事实上，苏轼对楷书十分认真，其传世的楷书碑铭，虽屡经翻刻，我们仍然可以感受到其中书写的点画法度。苏轼正是自己在充分掌握了严谨的书写规律后，才有现身说法的教育功效。特别值得一提的是苏轼对于楷法的倡导，自始至终不曾稍减。元符三年（1100 年）岁末，年逾六旬又历经大劫的苏轼北归中原，途中过韶州（今广东韶关西南），与曲江令陈缜相会。陈氏出示其祖上隐居先生的书作，苏轼看后则曰：

> 轼闻之，蔡君谟先生之书，如三公被衮冕立玉墀之上。轼亦以为学先生之书，如马文渊所谓学龙伯高之为人也。书法备于正书，溢而为行、草，未能正书而能行、草，犹未尝庄语而辄放言，无是道也。②

隐居先生的书迹我们无从查考，但苏轼面对主人的展示，却无一字客套与评价，而对自己一贯主张的楷书基本功地位再次重申与强调。不仅如此，他对自己的学生也有类似的期许，黄庭坚就曾记录苏轼亲自临写颜帖送予他：

> （东坡）又尝为予临一卷鲁公帖，凡二十许纸，皆得六七，殆非学所能到。③

苏轼的主张涉及学习的普遍规律，书法艺术的发展及书法名家的成长经历，无不充分证明了这个由楷书出发的学习规律。王羲之的行书《兰亭序》举世闻名，是建立在他师法钟繇楷书的基础之上。颜真卿纵笔豪放的《祭侄文稿》被誉为天下第二行书，也与他坚实的楷书——"颜体"基本功密不可分。

二、感性与理性并重的艺术教育观

艺术创作是感性的，但成功的艺术创作必须建立在理性的基础之上。因此，苏轼努力倡导以下原则。

---

① 《历代书法论文选》，上海书画出版社，1979，第 173 页。
② 《苏轼文集》卷六十九，第 2184 页。
③ 水赉佑编《黄庭坚书法史料集》，上海书画出版社，1993，第 47 页。

（一）忠于生活的认识观与写实体验

苏轼画论倡导"神似"、书论倡导"尚意"，但苏轼同时也理性地告诫后学，须有观察生活的写实经验。其经典案例有《书戴嵩画牛》：

> 蜀中有杜处士，好书画，所宝以百数。有戴嵩《牛》一轴，尤所爱，锦囊玉轴，常以身随。一日曝书画，有牧童见之，拊掌大笑曰："此画斗牛也。牛斗，力在角，尾搐入两股间，今乃掉尾而斗，谬矣。"处士笑而然之。①

戴嵩是唐代名画家，前人评价其画牛能"穷其野性，筋骨之妙，故居妙品"②。杜处士曾将所藏戴嵩《斗牛图》拿出来晾晒，被路过的牧童指出其牛尾翘起来摇晃不合斗牛实情的瑕疵。虽然瑕不掩瑜，这幅画仍是久享盛誉的名作。但是，戴嵩在画这幅斗牛图时，忽视了对牛尾的细致观察，以致画得不符实情，甚至让笔误永远留在了自己的传世名作中。苏轼特别记载了这段画坛笑料，并感慨"古语有云：'耕当问奴，织当问婢。'不可改也"③。在苏轼《书黄筌画雀》从黄筌画中的飞鸟动态有悖于生活常识，警示世人在艺术创作中，须深入观察，勤学好问。

一般人都十分熟悉苏轼对文同"成竹在胸"的赞赏，但苏轼的前提仍然是认真观察。试看苏轼自己对竹子的观察："竹之始生，一寸之萌耳，而节叶具焉。自蜩腹蛇蚹以至于剑拔十寻者，生而有之也。"④而文同画竹之所以传神，苏轼也幽默地称赞："料得清贫馋太守，渭滨千亩在胸中"⑤，揭示文同画竹之所以传神就在于他将渭滨千亩竹子的形神都吃透于胸中。还有如："君不见韩生自言无所学，厩马万匹皆吾师"⑥等，也都强调写实基础的重要性。

（二）在观察现实的基础上略貌取神

自先秦以来，形神观念即是受到关切的哲学命题。落实到绘画上，晋朝顾恺之（字长康，小字虎头）提出"以形写神"，主张通过描绘人物外形表现其

---

① 《苏轼文集》卷七十，第2213页。
② 朱景玄：《唐朝名画录》，温兆桐注，四川美术出版社，1985，第26页。
③ 《苏轼文集》卷七十，第2213页。
④ 《苏轼文集》卷一十一，第365页。
⑤ 同上。
⑥ 《苏轼诗集》卷二十八，王文诰辑注，中华书局，1982，第1502页。

内在精神特质，即"传神写照"。苏轼的传神论则是对顾恺之理论的更深刻阐发。他说：

> 凡人意思各有所在，或在眉目，或在鼻口。虎头云："颊上加三毛，觉精采殊胜。"则此人意思盖在须颊间也。优孟学孙叔敖抵掌谈笑，至使人谓死者复生。此岂举体皆似，亦得其意思所在而已。使画者悟此理，则人人可以为顾、陆。①

苏轼告诫世人：写形并非要求形貌上的全面准确，分毫不差，只要能抓准特点，抓准神态，就可以由形似达到神似的境界。为了让学画者明白此理，他现身说法，说自己的"意思（个性特征）"就表现在颧颊上："吾尝于灯下顾自见颊影，使人就壁模之，不作眉目，见者皆失笑，知其为吾也。目与颧颊似，余无不似者。眉与鼻口，可以增减取似也。"②幽默的苏轼，以只画自己的侧面剪影，不画眉目也能让观者认出，说明形与神的关系，实质在抓住客体本质进而略貌取神，以少胜多，达到形与神高度统一。

还有如苏轼传世极少的名作之一《潇湘竹石图》（见下图），画面远近交融，烟树迷茫。但作者很快从景色优美的潇湘二水抽身，笔触落在近处的山石与幼竹上。幼竹那冲出山石的重压，茁壮成长的气势，生动地诠释着遇逆境而不畏的精神，这就是形与意的统一！

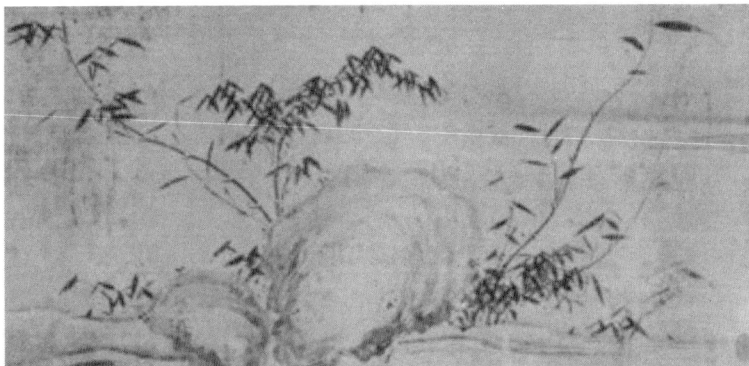

苏轼《潇湘竹石图》

---

① 《苏轼文集》卷十二，第401页。

② 同上。

（三）知法度，通其意

在书法创作上，苏轼除告诫世人须"知其本末"，强调楷书是基本之外，也同时指出各种书体的难度与法度："凡世之所贵，必贵其难。真书难于飘扬，草书难于严重，大字难于结密而无间，小字难于宽绰而有余。"①为此他特别指出要知法度，通其意，然后才能出新意的道理。他认为："知书不在于笔牢，浩然听笔之所之而不失法度，乃为得之。"②书体各有法度与规律可循，书法艺术就是要在普通法度的基础上进行个人的构思与布局，寻求变化与创新。苏轼还说："物一理也，通其意，则无适而不可。"③只有"通其意"，找到共通性的规律，才能无适而不可，才能"出新意于法度之中，寄妙理于豪放之外"④。明白了这个道理，即使全部用旧法，也能出新意。这种新意妙埋是苏轼一贯的文艺主张与诲人之道，他说："颜鲁公书雄秀独出，一变古法，如杜子美诗，格力天纵，奄有汉、魏、晋、宋以来风流。……柳少师书，本出于颜，而能自出新意，一字百金，非虚语也。"⑤

三、倡导各艺术门类贯通的学养与境界

现代艺术教育不是一门单独的课程，而是各艺术门类、哲学、美学等相互渗透融合的综合性素质教育。千年前的苏轼也深谙此理，他本人学问渊深广博，从容出入于诗、词、文、书、画、乐各领域，对文人学子也积极倡导综合素质的全面修养。

（一）人品的修养

真正的艺术教育，除了向学习者传授技能，更重要的是帮助他人孕育丰满的心灵，以培养健全的人格，进而提升整个社会的文明程度和道德水准。不管哪个时代、哪种社会体制，此终极目标本质不变。

传统的文艺美学认为"文品出于人品"。苏轼认为，无论是书还是画都是承载作者个人涵养的媒体。他说："凡书象其为人……古之论书者，兼论其平生，

---

① 《苏轼文集》卷六十九，第 2195 页。
② 同上书，第 2180 页。
③ 同上书，第 2181 页。
④ 同上书，第 2210 页。
⑤ 同上书，第 2206 页。

苟非其人，虽工不贵也。……其言心正则笔正者，非独讽谏，理固然也。世之小人，书字虽工，而其神情终有睢盱侧媚之态，不知人情随想而见，如韩子所谓窃斧者乎，抑真尔也？然至使人见其书而犹憎之，则其人可知矣。"①对颜真卿，苏轼也极力称道其人品："吾观颜公书，未尝不想见其风采，非徒得其为人而已，凛乎若见其诮卢杞而叱希烈……"②夸自己的学生也云："少游近日草书，便有东晋风味，作诗增奇丽。乃知此人不可使闲，遂兼百技矣。技进而道不进，则不可，少游乃技道两进也。"③

书家技法不能忽视，但书家人品更为重要。书如其人，书以人重，是苏轼在很多场合向学书者力荐的习书之道。

（二）学养的积累

苏轼早年所作题画诗《次韵水宫诗》中有言："高人岂学画，用笔乃其天。譬如善游人，一一能操船。"④其后所作《次韵子由论书》中也道："吾虽不善书，晓书莫如我。苟能通其意，常谓不学可。"⑤以上画论、书论均有类似的观点，即艺术创作乃天生而能，不必刻意学习。但随着苏轼亲身体验作画及目睹学子们的浮躁后，其论画评书也开始向"功夫论"转变，在不同的场合强调积学苦练的重要，劝勉学子以学养孕育艺术才能。

一代文豪不惜以自己学画的体会现身说法，说自己已经得了文与可所传的画竹理论与方法。"心识其所以然"，但仍是"识其所以然而不能然者，内外不一，心手不相应"，其原因在"不学之过也"。⑥为此，他还专门为即将应试的渤海后生吴彦律写下《日喻》一文，用生动的譬喻告诫学子："故凡不学而务求道，皆北方之学没者也"⑦，教诲之意十分恳切。还有对其晚辈的鞭策："退笔如山未足珍，读书万卷始通神"⑧等，都在强调学艺的功夫在学养的积累。

---

① 《苏轼文集》卷六十九，第 2206 页。
② 同上书，第 2177 页。
③ 同上书，第 2194 页。
④ 《苏轼诗集》卷二，第 86 页。
⑤ 同上书，第 209 页。
⑥ 《苏轼文集》卷一十一，第 365 页。
⑦ 同上书，第 1980 页。
⑧ 《苏轼诗集》第二册卷一一，第 543 页。

（三）诗书画精神贯通的艺术修养与境界

1. 鲜明地倡导各艺术门类融会贯通

在《书唐氏六家书后》中，苏轼首先提出了"体兼众妙"①的命题，在《书鄢陵王主簿所画折枝二首》中又提出"诗画本一律"②，评价王维："味摩诘之诗，诗中有画；观摩诘之画，画中有诗。"③称赞墨竹大师文与可："与可所至，诗在口，竹在手。"④还有如："古来画师非俗士，妙想实与诗人同。龙眠居士本诗人，能使龙池飞霹雳"⑤等，都表明苏轼希望习画者明白诗画融合，相得益彰的艺术妙趣。

为了进一步说明诗画相生的道理，苏轼还专门将吴道子与王维做过比较："吾观画品中，莫如二子尊。道子实雄放，浩如海波翻。……摩诘本诗老，佩芷袭芳荪。今观此壁画，亦若其诗清且敦。……吴生虽妙绝，尤以画工论。摩诘得之于象外，有如仙翮谢笼樊。"⑥吴道子的"雄放"风格是苏轼所赞赏的，但诗人王维诗画相融相汇的艺术境界就不是"画工"所能企及的了。而这些都是习画与习书之人应该遵循的根本原则，为师之道也应该尽量使学子明白和领悟这些道理，并在掌握了这些道理之后用以指导实践，才能在艺术的道路上越走越远。

2. 倡导"不留于一物"的艺术视野与整体大于局部的艺术法则

除高度赞赏王维的诗画交融外，苏轼还特别倡导画家应拓宽艺术视野。为此，他热心地向世人推荐了画家李公麟（号龙眠居士）：

> 或曰："龙眠居士作《山庄图》，使后来入山者信足而行，自得道路，如见所梦，如悟前世，见山中泉石草木，不问而知其名，遇山中渔樵隐逸，不名而识其人，此岂强记不忘乎？"……居士之在山也，不留于一物，故其神与万物交，其智与百工通。⑦

苏轼特别指出李公麟之所以能生动地画出整个山庄的全貌，并深入人心，

---

① 《苏轼文集》卷六十九，第 2206 页。
② 同上书，第 1525 页。
③ 同上书，第 2209 页。
④ 《苏轼文集》卷七十，第 2212 页。
⑤ 《苏轼诗集》卷五一一，第 1961 页。
⑥ 《苏轼诗集》卷三，第 108 页。
⑦ 《苏轼文集》卷七十，第 2211 页。

就是因为画家有"神与万物交"的艺术视野与"智与百工通"的精湛技艺高度契合，才最终实现了完美的艺术创造。

一般人都认为苏轼的绘画主张重士人画而轻画工画，实际上这里也涉及一个艺术视野的问题。在《又跋汉杰画山二首》中他说：

> 观士人画，如阅天下马，取其意气所到。乃若画工，往往只取鞭策、皮毛、槽枥、刍秣，无一点俊发，看数尺许便倦，汉杰真士人画也。①

画者自己有阅天下马的艺术视野与经历，他才能取其意、传其神，与着眼于局部的画工，当然不能同日而语。虽然苏轼这里论述的是士人画与画工画的区别，但它实质上是阐述了一条整体大于局部的艺术创作规律及诗文修养影响画作意境深浅的理论。

回顾苏轼当年这些精辟论述与见解，有为他人的书画题跋，有书画品评文字，也有不少是写给其学生或晚辈的。其精彩的书画论述，不仅是他以师者的身份提供给学人的谆谆教诲，而且很多论述已成为书画家的口头禅。对今天的习艺者说来，都是可资借鉴可资系统学习和系统研究的理论指导，是我们当今艺术教育工作者案头熠熠闪光的座右铭。

结　语

需要说明的是，苏轼的书论、画论都有具体的针对对象，且有一个相对漫长的时间跨度。很多书论（尤其是笔记式的议论）常有其特殊的针对性，有时它们代表的仅是论者一时一地的看法。再加上苏轼成长也有识见不同的过程，难免存在理论不系统、理论与创作之间的矛盾。但也恰恰是因为这些矛盾，折射了苏轼当年针对不同的对象及不同的语境发表不同见解的真实鲜活的价值。

教育的意义，狭义而言，是教师对学生的直接教育，使学生提高其素养或获取专门的技能；广义而言，是一些重要的学者及影响重大的人物对当时及后世的深远影响。苏轼的书论与画论就艺术创作而言并不系统与缜密，但他交游广泛、生徒众多，常常以出入古今的艺术评鉴与亲朋门生探讨，其狭义的教育意义不言而喻。其广义的人文教育影响则因苏轼本人既是中国文化史上一流的诗人、词人、画家、书法家，又凭借他对中国文化史（包括艺术史）高屋建瓴

---

① 《苏轼文集》卷七十，第 2216 页。

的艺术见解，以及他充分尊重学生差异，师生朋俦、教学相长的为师风范，培养了一批中国文化史上熠熠闪光，并呈现不同色彩的创作团队，在当时和后世都产生了不可低估的创作与人文教育的双重影响。①其书论、画论中的很多针对学子的学习理念也就像教育世界中的艺海散贝，串联起来仍然是可资借鉴的人文教育观。其智慧的光芒，永远照耀着后世人文（素质）教育的前进之路。

---

① 张帆、刘书亮：《苏轼的人格养成及教育理念》，山西人民出版社，2020，第97-125页。